아이도 살리고
부모도 살리는

# 공부
# 동행

# 공부 동행

마음의사 정찬호의 행복한 공부 클리닉

**초판 1쇄 인쇄** 2015년 4월 10일 \ **초판 1쇄 발행** 2015년 4월 15일
**지은이** 정찬호 \ **펴낸이** 이영선 \ **편집 이사** 강영선
**주간** 김선정 \ **편집장** 김문정 \ **편집** 임경훈 김종훈 김경란 하선정 \ **디자인** 김회량 정경아
**마케팅** 김일신 이호석 김연수 \ **관리** 박정래 김양천 손미경

**펴낸곳** 서해문집 \ **출판등록** 1989년 3월 16일(제406-2005-000047호)
**주소** 경기도 파주시 광인사길 217(파주출판도시) \ **전화** (031)955-7470 \ **팩스** (031)955-7469
**홈페이지** www.booksea.co.kr \ **이메일** shmj21@hanmail.net

ISBN 978-89-7483-714-3 03370
값 14,500원

이 도서의 국립중앙도서관 출판시도서목록(CIP)은 e-CIP 홈페이지(http://www.nl.go.kr/ecip)에서
이용하실 수 있습니다.(CIP제어번호: CIP2015010345)

아이도 살리고
부모도 살리는

# 공부
# 동행

마음의사 정찬호의 행복한 공부 클리닉

정찬호 지음

서해문집

# "나를 알면 공부가 즐거워진다"

밤 10시, 대치동 거리로 어린 초등학생부터 나보다 덩치가 큰 학생들까지 한꺼번에 우르르 쏟아져 나온다. 도로에는 아이들을 데리러 온 부모들의 자가용이 이중 삼중으로 줄을 지어 서 있다. 아이들은 서로 부대끼고, 부모들은 주차 문제로 다투기도 하고, 어디선가 호루라기 소리도 들린다. 한마디로 아수라장이다.

과연 이런 장면은 대치동만의 밤 풍경일까? 하지만 대한민국에서 "학생"을 둔 가정이라면 정도의 차이는 있을지언정 날마다 이런 아수라장이 벌어지고 있는 것이 현실이다.

우리가 어쩌다 이 지경이 됐을까? 그 이유는 대체 무엇일까? 근대화를 이루며 지난 50년 동안 성공의 기준은 변했지만 바뀌지 않은 것이 한 가지 있으니, 바로 "명문대 진학"이다. 이 기준 때문에 대한민국 가정 모두가 너무나 지치고 힘들다. 나 또한 내심 내 자식들도 명문대에 진학하길 바라니 무슨 말이 더 필요할까?

아이도 살리고 부모도 살리는
공부 동행

한때 유행하던 "튼튼하게만 자라다오"라는 말은 우리의 이런 자화상을 숨기고 싶어 나온 말일 것이다. 그러니 원하건 원치 않건 부모는 아이들을 무한경쟁이라는 전쟁터로 내몰 수밖에 없고, 제발 무사히 살아 돌아오기만을 바라며 속이 타들어간다. 또 그렇게 안 하는 부모는 아이를 방임하는 것으로 보이는 게 현실이다.

"우리에게 공부란 무엇일까?"

"공부 때문에 상처 난 가정을 어떻게 보듬어야 하는 걸까?"

"그리고 진짜 공부란 어떻게 하는 걸까?"

이런 생각들을 하다가 지금의 학습 클리닉을 열게 되었다. 처음에 내 주변의 지인들 대부분은 "말도 안 되는 소리"라며, "공부를 못하면 과외나 학원을 가지 무슨 학습 클리닉, 그것도 정신과에 가겠니?" 하고 부정적인 조언을 해주었다. 그래도 나는 결국 2001년에 대한민국 최초의 학습 클리닉, 정확히 말하면 교육 클리닉(Edu-clinic)을 개설하고 만다. 그런

무모한 짓을 하게 된 동기는 사실 "나 자신의 문제" 때문이다. 즉 나는 공부 콤플렉스가 심하다. 그래서 제2, 제3의 "정찬호"가 없기를 바라는 마음 때문이었다.

잠시 나의 학창시절 이야기를 하고자 한다.

지금 내가 의사, 그것도 의대생 선호도 1, 2위를 다투는 정신건강의학과 전문의이니 내가 어려서부터 공부깨나 했을 것이라고 오해하는 이들이 많다. 그러나 천만의 말씀이다. 내가 그렇게 우등생이었다면 학습 클리닉을 했을 리 없다. 오히려 "쟤는 왜 공부를 못하는 거지?"라며 이해를 못했을 것이다.

누구나 그렇듯 나도 초등학교 때까지는 그런대로 공부를 잘했다. 그러나 중학교에 올라가면서는 우열반 중 열반 탈출이 쉽지 않았다. 급기야 어머니는 잘나가는 아이들이 모여 있는 소수정예 학원에 나를 집어넣으셨다. 열댓 명 정도 되는 그 그룹에서 나는 늘 꼴찌였고, 결국 더 이상 못 다니겠다며 울면서 어머니께 말해야 했다. 그런 나와 달리 부모님과 누나 모두 서울대 출신이라 공부 지진아인 나를 이해 못할 만도 한데, 어머니는 내게 늘 "대기만성"이란 말로 위로해주셨다. 그게 나에게는 가장 큰 힘이었다.

고교 시절 그나마 조금 공부머리가 트였는지 그런대로 성적이 나오긴 했지만, 여전히 한 반 70명 중 10등 안으로 진입하기란 여간 어렵지 않았다. 그런 콤플렉스 때문인지 내가 중학교 2학년 때부터 가장 존경하게 된 나의 롤 모델이 프로이트였다. 하지만 고등학교 2학년 때 담임선생님과 진로 상담을 하던 중 그가 심리학자가 아니라 정신과 의사라는 사실을 알게 되었다. 원래부터 의대를 가고 싶었던 것도 아니고 또 그렇게 공부를 잘하지도 못했던 내가 의대를 가야 하는 것이다! 이런 청천벽력이 있나?

그래도 어찌하겠는가? 사람의 "마음과 두뇌"를 연구하려면 의대, 그것도 정신건강의학과를 가야 한다니… 참으로 갑갑하기 짝이 없는 상황이었지만, 다행히 친구들이 학업부진아인 나를 잘 돌봐주고 지도해 준 덕에(당시는 과외와 학원이 금지된 시기였다) 어렵사리 의대에 들어갈 수 있었다. 수학의 달인 권정민, 영어 도사 김만복, 그리고 막상막하로 공부는 못했지만 늘 긍정의 힘을 실어준 한신이 아니었더라면 아마 오늘의 나는 없었을 것이다. 이 기회를 빌려 감사의 말을 전한다.

나는 이렇게 뒤늦게 "공부전쟁"을 시작했고, 가까스로 의대에 입학했다. 그리고 6년의 의대 생활과 1년의 인턴 생활을 하면서 정신건강의학과 외에 다른 과(科)를 전공하고 싶다는 생각은 눈곱만큼도 해본 적이 없다. 오죽하면 뻔히 떨어질 걸 알면서도 정신건강의학과에 지원했다가 고배를 마시고 군의관을 먼저 해야 했다. 그리고 제대 후에 재도전… 그렇게 해서 정말 어렵사리 정신건강의학과에 들어갈 수 있었으니, 그날의 기쁨은 지금도 잊을 수 없다. 그런 나의 "공부 트라우마"가 결국 내가 학습 클리닉을 하게 된 근본적인 이유임이 틀림없다.


지금이야 차로 15분 거리인 집에서 나의 클리닉까지 학습 코칭, 학습 매니징, 자기주도학습관, 학습 클리닉 등의 간판이 6~7개 이상 보이지만, 2001년 내가 국내 최초로 학습 클리닉을 열었을 때는 그런 간판이라 곤 찾아볼 수 없었다. 오죽했으면 그것이 너무 특이했는지 KBS 9시 뉴스에 소개될 정도였다. 그러고 보면 참 세월이 많이 흐른 듯하다.

정신과 수련 중에 공부(learning)에 대한 공부(study)를 하면서, 그제서야 똑같이 열심히 죽어라 공부해도 아이들의 성적이 왜 하늘과 땅 차이인지 힌트를 얻기 시작했다. 그리고 해외 인터넷서점 사이트를 통해, 또는 외국으로 학회를 갈 때마다 공부에 관련된 책을 사 모으기 시작했다. 그러면서 번역에 공부에… 그때가 내 평생 가장 공부를 열심히 한 시기다. 그러고는 무릎을 치며 "유레카"를 외쳤다. 무턱대고 열심히 공부만 한다고 성적이 오르고 우등생이 되는 게 아니라는 사실을 조금이나마 알게 되었다. 더불어 내가 왜 그토록 공부를 못했는지도.

지금도 내 클리닉의 벽면에 붙어 있는 문구가 하나 있는데, "나를 알면 공부가 즐거워진다"이다. 그렇다! 전쟁터에서 싸우고 있는 학생들과 할 수 없이 아이를 전쟁터로 내몰고 가슴 졸이는 부모들을 위한 솔루션을 만들고, 이를 해결해주면 공부가 고통이 아닌 즐거움으로 바뀔 수 있다는 사실을 하나 하나 깨달아갔다. 그렇게 15년이 지난 지금, 그간 만났던 수많은 학생과 그 부모들이야말로 나의 진정한 스승이다. 그들을 통해 얇팍한 내 지식은 두터워지고, 내가 "유레카"라고 외쳤던 것조차도 그저 나만의 생각에 불과한 주제넘은 과대망상이란 사실도 깨닫게 되었다.

지난 15년간 그들과 더불어 울고 웃으며 절망 속에서 희망을 찾아갔던 이야기를 한 권의 책에 담았다. 그러나 이 이야기는 성공에 관한 이야기가 아니다. 실패를 실패로 여기지 않게, 절망이 우리를 잠식하지 않게, 자식과 부모가 함께 노력해가는, 진정한 행복을 찾아가는 우리 모두의 이야기다.

2015년 봄
대치동 나의 진료실에서

* 이 글에 등장하는 모든 인물은 의료법 제19조("의료인이 알게 된 내원객에 대한 정보 유출 금지의 의무")와 정신건강의학과의 제1원칙인 "비밀 보장의 원칙"에 따라 모두 가명으로 처리했으며, 가정사, 부모의 직업, 기타 사생활에 대한 내용 또한 모두 각색한 것임을 알려드립니다.

## 차례

## 7 __ 공부의 왕도를 찾아서: 아무리 좋은 방법도 아이에 따라 다르다

# 부모의 자리, 아이의 자리

## 부모 교육이 중요하다

선생님 제발 애 공부 좀 잘하게
해주세요!

## 개천도 아닌 호수에서
## 용이 안 나는 이유

눈두덩이 퍼렇게 멍든 딸의 팔을 끌고 한 어머니가 들어왔다. 이런 상황을 몇 번 겪었더니 '진단서 끊으러 오셨나 보다'라고 미리 판단하게 된다. 최근 학교 폭력이 기승을 부리면서 왕따가 아니라도 친구들에게 뭇매를 맞는 아이가 느는 추세이다. 그래서인지 간혹 정신적 충격을 호소하며 진단서를 요구할 때가 심심치 않게 있다.

그런데 이게 웬일인가? 어머니 입에서 나오는 첫마디에 내 예상은 보기 좋게 빗나갔다.

"선생님! 제발 얘 공부 좀 잘하게 해주세요!"

나는 아이의 멍든 얼굴을 보면서 망치로 얻어맞은 기분이었다.

"하라는 공부는 안 하고 맨날 휴대전화로 친구들이랑 문자나 주고받고 노래방이나 들락거리니 어떻게 좀 해주세요."

어떻게 할까, 잠시 생각한 뒤 어머니를 진정시켜 밖으로 내보냈다. 어머니가 옆에 없으니 아이는 조금 차분해졌다. 자세히 살펴보니 눈두덩에만 멍든 것이 아니라 온몸에 꼬집히고 할퀸 자국이 남아 있었다.

"널 때린 사람이 누구니?"

짐작은 갔으나 아이의 입으로 듣고 싶어 물었다. 여학생은 멍든 눈가에 가득 눈물을 머금은 채 겨우 말문을 열었다.

"엄, 마, 요."

일단 말문을 여니 아이는 자초지종을 쏟아놓았다.

여학생은 어머니가 자신을 로봇처럼 조종하려 한다고 했다. 그냥 간섭하는 정도가 아니라 죄인처럼 감시했다는 것이다. 듣고 있는 내가 믿지 못한다고 생각했는지 증거를 내밀듯 휴대전화를 보여줬다. 문자 메시지의 열에 아홉은 어머니가 보낸 것이었다.

"너 지금 어디니?"

"6시까지 안 들어오면 저녁은 없어!"

"학원 도착하면 연락해."

시시각각 울리는 문자 도착 알람에 깜짝깜짝 놀란다며 그 여학생은 어머니라는 CCTV에 늘 감시당하는 느낌이라고 했다.

"숨이 막혀요. 저도 공부는 하고 싶죠. 하지만 어머니가…."

중학교에 올라와 처음 치른 중간고사 성적이 어머니의 성에 차지 않았는지 그때부터 간섭이 심해졌고, 이에 자신도 반항심이 생기고 공부 의욕도 없어졌다고 했다. 그러면서 "엄마가 없었으면 좋겠어요. 그러면 엄마가 바라는 공부 잘하는 딸이 될 수 있을 것 같아요" 하는 극단적인, 하지만 자신의 심경을 그대로 드러낸 말도 서슴지 않았다.

아이도 살리고 부모도 살리는
공부 동행

여학생의 얘기를 충분히 듣고 나서 이번에는 어머니와 면담했다. 어머니는 대뜸, "쟤가 뭐라고 말했는지 다 알아요. 다 새빨간 거짓말이니 믿지도 마세요" 그러면서 "쟤한테 들어간 돈이 얼만 줄 아세요? 어지간한 집 한 채는 사고도 남을 거예요" 하면서 땅이 꺼지도록 한숨을 내쉬었다.

자식은 전생에 원수라더니, 모녀는 이생에서 그 관계를 여전히 해결하지 못하고 전생의 원수 관계를 유지하고 있었다. 이 정도의 관계라면 가족 사이에 있을 법한 소소한 갈등 수준이 아니다. 딸도 딸이지만 어머니가 교육을 받을 필요가 있었다. 하지만 이럴 때 대부분의 부모는 자신의 잘못을 눈곱만큼도 인정하지 않는다. 어렵사리 부모 교육을 병행해야 한다고 말했더니, 아니나 다를까 돌아오는 반응은 싸늘하다.

"아니! 내 딸을 고쳐달라니까 날 고치려 드시네, 참 나!"

결국 어머니는 상담을 포기하고 딸을 데리고 가버렸다. 두 모녀와는 이렇게 헤어지고 말았다.


대부분 부모는 '부모 교육'이란 말에 상당한 거부감을 느낀다. 세상 모든 부모는 다 똑같이 자식을 끔찍이 사랑한다. 그리고 내 자식은 내가 가장 잘 알고 있으며 양육 방식엔 문제가 없다고 생각한다. 그래서 자식이 생각대로 되지 않으면 자신의 방식을 돌아보지 못하고 자식의 친구나 학교 등의 사회 환경을 탓하고 나아가 자식을 원망하고 괴롭힌다.

하지만 사랑은, 특히 자식 사랑은 전달 방식이 중요하다. 그리고 부모 뜻대로 움직이려는 마음, 즉 자식을 소유하려는 생각이 사랑이란 이름으로 왜곡되는 현상도 종종 본다. 그렇다고 공부를 시키지 말라는 말은 아니다. 그만큼 자식과 부모는 제대로 관계 맺기가 어렵다는 얘기다. 오죽하면 어떤 시인이 '가족은 아낌없이 주는 흉기'라고까지 했을까.

나 역시 학습 클리닉을 운영하면서 내가 누군가를 더 낫게 바꿀 수 있다는 과욕에 빠지기도 한다. 그러나 솔직히 고백하면, 부모가 미처 모르고 있거나 알아도 해줄 수 없는 2퍼센트를 돕는 게 내 일의 전부다. 나머지 98퍼센트, 그러니까 제1의 교육 환경은 부모다. 학습 클리닉을 시작하고 수많은 부모를 만났다. 그런 점에서 어쩌면 나는 행운아이다. 왜냐하면 나 또한 자식을 둔 처지에서 그동안 내게 본보기가 된 부모를 수없이 만날 수 있었기 때문이다. 사람마다 성격이 다르고 표현에 차이가 있지만 그런 부모에게는 몇 가지 특징이 있다. 그 특징을 세 가지로 요약해보면 다음과 같다.

첫째, 믿음이다. 자녀에게 일시적으로 문제가 발생해도 궁극적으로는 자녀를 믿어준다.

둘째, 감사다. 성적이건 인성이건, 자녀가 잘하는 것이 있으면 선생님이나 환경 덕분으로 그 공을 돌린다.

셋째, 겸손이다. 자녀가 잘못되면 '내 탓'으로 돌리고 자신을 되짚어본다.

'개천에서 용 난다'는 말은 힘든 환경을 이기고 훌륭한 사람이 나왔을 때 하는 말이다. 그 말을 좀 뒤집어보면, '넓은 바다나 깊은 호수에서 용 나는 건 당연하다'는 말일 것이다. 비유인 이 속담을 사실적으로 바꿔보면 용은 자녀일 것이고 개천이나 바다, 호수는 환경, 즉 부모가 아닌가 싶다. 즉 부모의 됨됨이에 따라 그 자녀는 미꾸라지가 될 수도, 용이 될 수도 있다.

자녀의 모든 것이 부모 하기 나름이란 말은 아니지만, 가장 중요한 환경은 부모라는 점을 믿어 의심치 않는다. 그런데 부모가 자기식대로 잘하려고 하면 문제가 생긴다. 과유불급(過猶不及), 즉 좋다고 해서 무조건 강요하지는 말아야 한다. 또한 역지사지(易地思之), 즉 자녀의 입장이 돼 생각할 줄 알아야 한다. 말은 쉽지만 실천은 쉽지가 않다. 하지만 어쩌겠는가. 부모 노릇을 포기할 수 없다면, 자식이 잘되기를 바란다면 도를 닦는 마음으로 노력해야 하지 않을까.

# 아이의 첫 번째
## 교육 환경은 바로 부모

중학교 2학년 태우는 어머니 손에 질질 끌리다시피 내 방으로 들어왔다. 지금도 그 장면이 선명하다. 그때 태우는 입은 굳게 다물고 있었지만, 눈에 잔뜩 힘을 실어 어머니와 나를 번갈아 쩨려보는 게 아닌가. 아무래도 분위기가 심상치 않아 태우 어머니의 말을 먼저 들어봤다.

"쟤는 한마디로 머리는 멋으로 달고 다녀요."

아무리 자식이지만 어머니의 말문이 열리자마자 막말이 튀어나왔다. 속이 터지는지 바로 말을 이었다.

"그냥 놔두면 자기가 좋아하는 판타지 게임에 빠져 시간 가는 줄 모르고 날밤을 새우기 일쑤고 학교에선 엎어져 잠만 자요. 학원은 보내놓으면 지각은 말할 것도 없고 아예 샛길로 새버려요."

태우 어머니는 이대로는 안 되겠다 싶어 6학년 때부터는 아예 전담 과외 선생님을 붙였단다. 그러나 반짝 효과가 났을 뿐 결과는 마찬가지였다. 과외 선생님들은 이구동성으로, 아이가 머리는 좋은데 의지도 없고 딴청을 피워 못 가르치겠다고 했단다.

"이제까지 과외 선생님만 여섯 분이 도망갔어요. 어제, 그나마 1년간 버티던 남자 선생님도 도저히 못 하겠다며…."

태우 어머니는 말을 채 끝내지 못하고 깊은 한숨을 쉬었다.

태우는 매우 명석한 아이였다. 말뿐이 아니라 실제로 지능, 집중력 등이 매우 우수했다. 그런데 아니나 다를까, 어머니의 관찰대로 태우는 그 좋은 머리를 쓰려 들지 않았다. 유추능력, 창의력, 논리력과 두뇌 회전 속도가 자기 또래 최하위였다. 그래서 태우에게 초등학교 4학년 문제를 내보았다.

"올해 형과 동생의 나이의 합은 서른셋이고, (중략) 올해 형과 동생의 나이를 각각 구하시오"라는 서술형 문제를 내자 바로 나오는 대답은 "에이, 몰라요"였다. 그러나 같은 문제를 방정식으로 내자 머리를 긁적거리더니 금방 답을 내놓았다. 형은 열여덟 살, 동생은 열다섯이라고 했다. 정답이었다. 이로 볼 때 태우는 머리를 쓰지 않고 답만 맞히려는 전형적인 유형의 아이였다. 비유하자면 태우는, '창고에 먹을거리가 그득히 쌓여 있어도 열흘 굶은 거지 행세'를 하고 다니는 꼴이었다. 도대체 무엇이 태우를 그렇게 만들었을까?

"내 탓이죠."

어머니는 잘 알고 있었다.

"눈앞의 성적에만 급급해 학원 뺑뺑이를 돌려서 그런가 봐요."

그랬다. 태우는 초등학교 입학 때부터 단원 평가, 중간고사, 기말고사에 대비하느라 그때그때 급한 대로 학원에서 선생이 씹어주는 고기를 받아 삼키듯 공부해왔다. 그렇게 하다 보니 어떻게 고기를 잡는 건지, 또 요리는 어떻게 해야 하는지도 모르는 '받아먹기식 교육'에 익숙해져버렸다. 그 결과, 스스로 문제를 해결하는 능력이 현격히 떨어졌다.

한마디로 태우는 머리를 써서 문제를 푸는 게 아니라 답을 찍는 요령만 반복 학습이 돼 있었다. 이런 공부법이 몸에 익숙해지다 보니 통합적 사고가 필요한 중학교에 들어가자 태우에게 공부는 고통 그 자체였다. 이것이 초등학교까지 상위 5퍼센트 수준이던 태우가 중학생이 되면서 성적이 바닥을 치게 된 주된 원인이었다.

태우와 함께 두뇌 트레이닝(brain traing)을 시작했다. 처음에 태우는 엎드려서 꿈쩍도 하지 않았다. 뭘 한다고 해도 단순 암기만 할 뿐 능동적인 학습은 피해갔다. 집중, 기억, 어휘, 시공간 지각과 스피드 훈련 등 전체 10단계 중에서 3단계까지는 곧잘 하지만 진짜 머리를 써야 하는 4단계부터는 머리를 쥐어짜며 괴로워했다. 그리고 돌아오는 말은, "너무 어려워요, 못해요"였다.

이럴 때 부모는 인내가 필요하다. 부모와 함께 이리 달래고 저리 어르며 태우를 트레이닝시키길 1년, 태우의 머릿속에서 거미줄과 먼지를 털어낼 수 있었다. 처음에는 단순 반복만으로 문제를 해결하려 들더니 4개월쯤 흐르자 부호화, 조직화, 연상 등 고차원적 방식을 사용하며 문제에 접근하기 시작했다. 때론 자기만의 방식으로 유추해내고 창의적으로 문제에 접근하기도 했다. 어느덧 학교 성적도 서서히 오르기 시작했고 마침내 꿈도 생겼다. 과학고등학교를 가고 싶다는 꿈. 그 꿈이 당장 이뤄지지 않아도 한 아이가 스스로 사고하고 꿈꾼다는 것만으로도 대단한 일이었다.

요즘 우리 주변에 태우 같은 아이들이 정말 많다. 그 이유는 유아부터 초중등학생은 물론, 다 자란 고등학생까지 발등의 불 끄기 식 공부, 당장 성적을 올려야 하는 공부를 하기 때문이다. 얼마 전, 한 고3 학생이 한 말을 잊을 수 없다.

"선생님, 공부는 어떻게 하는 거예요?"

이 원초적인 질문에 나는 말문이 막혀 아무 말도 해줄 수 없었다.

공부는 곧 '학습(學習)'이다. 말 그대로 배우고 익히는 것인데, 지금 우리의 현실은 어떤지 곰곰이 생각해보지 않을 수 없었다. 익힘[習]은 없고 온종일 배움[學]만 있을 뿐이다. 그나마 익히는 것은 고작 학교와 학원에서 내주는 숙제가 전부다. 그마저 베끼기 일쑤니 진정 공부할 줄 아는, 아니 머리를 쓰는 학생이 사라져가는 것은 누구의 책임일까?

의학적으로 볼 때, 배우는 시간과 익히는 시간의 비중은 배움 1, 익힘 3이 가장 이상적이다. 태우처럼 공부 때문에 고통받는 학생이 나오게 않게 하려면 부모는 다음의 세 가지를 명심하고 실천해야 한다.

첫째, 성적 중심의 조급증에서 벗어나야 한다.

둘째, 어린 시절부터 정답을 맞히는 것만 칭찬해주기보다는 자기 나름의 풀이 과정을 찾아갈 때 더 큰 칭찬을 해주어야 한다.

셋째, 좀 둘러간다 싶어도 창의력, 유추력, 논리력을 길러주는 엄마표 공부가 필요하다.

《논어》에 나오는, '배우고 때때로 익히면 또한 기쁘지 아니한가(學而時習之不亦說乎)'라는 말은 이 시대에도 분명 유효하다. 아이를 제대로 공부하게 하려면 부모도 배워야 한다. 그러면 분명 두 가지 기쁨이 찾아올 것이다. 자녀가 스스로 공부함으로써 기쁘고, 스스로 배워가는 일에 또 한 번 기쁠 것이다.

# 부모 교육이
## 아이 교육보다 중요하다

배치고사 3등으로 중학교에 입학한 진만이가 1년 반 만에 받아든 2학년 1학기말 성적표는 370명 중 223등이다. 입학 후 치른 여섯 번의 시험에서 번번이 평균 40등씩 떨어지는 진만이의 성적을 보며 진만이 어머니는 '추락하는 것은 날개가 없다'는 것을 깨닫고 부랴부랴 클리닉을 찾았다. 진만이를 검사한 결과 '가면성 우울(청소년기우울증)에 의한 반항심과 좌우 뇌 불균형' 때문이었다.

'가면성 우울'의 원인은 진만이의 가족을 들여다보면 짐작할 수 있다. 부모는 모두 명문대 출신이고, 위로 누나가 둘 있는데 첫째 누나는 서울대 사학과, 둘째 누나는 과학영재고등학교 2학년이었다. 진만이는 초등학교까지 부모로부터 인정을 받기 위해, 또 누나들과 비교당하기 싫어 과도한 학습량에도 반발하지 않고 우수한 성적을 유지해왔다. 당시 모 대학 영재원을 다닐 정도였고 꿈도 의사였다.

 그러나 중학교에 입학하면서 '부모'에게 인정받기보다는 '친구들'에게 인정받고 싶은 마음이 앞서기 시작했다. 그래서 선택한 길이 일진 친구들과 어울리는 것이었다. 청소년기 우울은 반항이라는 가면을 쓰고 나타난다. 그래서 '청소년기우울증'이라고도 한다. 진만이의 반항은 교칙을 어기고 부모는 물론 부모와 동일시되는 권위적 인물인 교사에게도 대들고 심지어 약한 친구를 집단 구타하기에 이른다.

 심각한 '좌우 뇌 불균형'의 원인은 부모의 그릇된 교육 방식에서 비롯됐다. 부모의 학력 지상주의, 1등 지상주의가 한몫한 것이다. 부모는 어린 진만이에게 '선행학습+심화학습'이란 채찍을 가했다. 그러다 보니 소위 총알에 비유되는 좌뇌의 기능은 상위 2퍼센트지만, 총알을 과녁에 맞히는 총에 비유되는 우뇌의 성능은 그의 절반가량에 불과한 41퍼센트였다. 비유컨대 왼쪽 날개만으로 나는 새라고나 할까. 어머니의 생각과 달리 '추락하는 것은 날개가 한쪽밖에 없다'는 결론에 이르게 됐다.

 이런 경우는 당사자인 자녀보다 '부모 교육'이 급선무다. 그래서 먼저 진만의 부모에게 부모 교육을 시작했다. 두 분을 모시고 지금까지 중시하던 외형적 성취보다는 내면의 정서적 고통을 이해하고 공감하도록 모

아이도 살리고 부모도 살리는
공부 동행

두 열두 번의 만남을 가졌다.

그리고 진만이에게는 그동안 쌓였던 공부 스트레스와 가면성 우울을 떨쳐내는 상담을 병행하면서 반 토막 난 우뇌 살리기 트레이닝을 6개월간 실시했다. 처음에는 부모나 진만이 모두 "내가 정신병자냐"며 거부감을 드러냈다. 그러나 시간이 지날수록 점차 협조적으로 변해갔다. 아니, 치료자인 나보다 더 적극성을 보였다.

그 덕분이었을까. 결과는 대성공이었다. 1년간의 치료 끝에 어느덧 우울은 날아갔고 오른쪽 날개가 왼쪽 날개만큼 자라 있었다. 이때부터 진만이의 새로운 날갯짓이 시작됐다. 어엿한 고3이 된 진만이는 지난 9월엔 평가원 모의고사 성적표를 스캔해 보내왔다. 전 과목 1등급. 더욱이 백분위 전국 0.8퍼센트였다. 그러고는 얼마 뒤 2015학년도 수능 성적표를 들고 나를 찾아왔다. 전과목 1등급이었다. 진만이는 당당히 고려대 의대에 합격했다.

그야말로 비행 청소년(卑行靑少年)에서 비행 청소년(飛行靑少年)으로 변한 것이다. 정말 다행한 일이다. 성적이 우수해서가 아니라, 그가 겪은 추락의 경험이 그를 훌륭한 의사로 성장시키는 좋은 밑거름이 될 것이기 때문이다.

나는 스스로를 '땜장이'라고 부른다. 즉 학생이라는 그릇의 어느 부분에 얼마만 한 구멍이 몇 개나 나 있는지를 찾아 그곳을 때워 물이 새지 않도록 해주는 것이 내 일일 뿐이다. 그 그릇에 물을 채우느냐 마느냐는 '공부는 자신이 하는 것'이란 만고의 진리처럼 오롯이 학생 자신의 몫이다.

그러나 무엇보다 자녀라는 그릇을 빚는 이는 다름 아닌 부모라는 사실을 명심해야 한다. 자녀에게 공부라는 물만 아낌없이 따라주는 부모는 삼류 부모다. 많은 물을 채울 수 있는 큰 그릇으로 빚어주고 혹 금이 가지 않았는지 물이 새지 않는지 세심하게 살피고 대처하는 부모가 바로 일류 부모다.

아무리 과외와 학원에 비싼 돈을 갖다 바쳐도 성적이 오르지 않는다면, 부모로서 자녀를 큰 그릇으로 만들어주지 못하는 건 아닌지 혹은 '밑 빠진 독에 물 붓기'를 하는 건 아닌지 먼저 살펴보길 간곡히 부탁한다. 루소는 "교육의 목적은 아이를 기계로 만드는 것이 아니다"라고 경고한 바 있다. 비단 이는 지난 시대의 명제만은 아닐 것이다.


# 다그치지 말고
## 공감해야

고등학교 입학 후 최상위권을 유지하다가 2학년 들어서면서 성적이 곤두박질친 정희. 정희의 어머니는 이런 상황이 도대체 이해가 되지 않아 클리닉을 방문했다. 어머니는 정희 과외 선생님의 실력을 의심하는 듯 보였고, 정희는 모든 걸 포기한 듯 우울해 보였다.

정희와 상담을 시작했다. 먼저 정희의 학교생활이 어떤지 담담하게 물어보았다. 그런데 별 감정이 실리지 않은 평범한 질문이었는데도 정희는 눈물을 쏟기 시작했다. 한참을 그렇게 운 뒤 정희는 조금씩 자신의

학교생활을 펼쳐 보였다.

2학년이 되면서 친했던 친구들과는 모두 다른 반이 됐고 낯선 아이들 틈에서 많이 힘들었다고 한다. 그런 가운데 가까스로 친해진 친구들이 있었는데, 그들 속에서 오해가 생겼다. 그 오해로 정희는 친구 사이를 이간질하는 아이가 돼버렸다.

때론 들으라는 듯이 노골적으로 수군대기도 하고, 급식실에서 새치기하거나 복도에서 툭툭 치고 지나가며 째려보는 등 흔히 말하는 전형적인 '왕따'가 된 것이다. 학교에서 자습시간을 주어도 활용하지 못하고 수업시간에도 집중할 수 없었다. 과외나 학원 수업시간은 말할 것도 없고 혼자 공부하는 시간에도 계속 그때의 억울했던 상황이 생각나 공부에 집중할 수 없었다. 이 일이 깊어져 시도 때도 없이 화가 나고 그러다가 때로는 우울해져 공부하고 싶어도 공부가 되지 않았다. 그러니 성적이 떨어지는 것은 불 보듯 당연했다.

정희와 이야기를 마친 뒤 어머니와 상담했다. 정희가 교우 관계로 심리적 어려움을 겪고 있다는 사실을 모를 줄 알았는데 정희 어머니는 이미 다 알고 있었다. 그런데 문제는 어려움을 어려움으로 아는 게 아니라, 그냥 객관적인 사실로만 안다는 데 있었다.

"그런 사소한 일로 쓸데없이 시간을 뺏기는 건 바보 아니에요? 열심히 공부해서 성적만 오르면 누가 정희를 무시하겠어요? 정말 힘들다면 힘들게 하는 모든 걸 잊고 공부만 전념하면 되는데 뭐가 문제인지 모르겠어요. 난 정말 그 아이를 이해할 수 없다니까요. 일단 성적만 올려주시고, 애가 어떻게든 공부할 수 있도록 도움을 주세요, 선생님."

'학생의 행복은 곧 상위권 성적'이라는 것이 정희 어머니의 논리인 듯했다. 과연 그럴까? 나는 이후 정희와 상담하는 동안 공부의 '공' 자도 꺼내지 않았다. 일단 정희가 받았을 마음의 상처와 그 상황에서 어떤 느낌과 생각이 들었는지를 들어주는 데 많은 시간을 할애했고 오랜 시간 그 아픔을 함께 나누는 시간을 가졌다.

물론 그사이 정희 어머니는 공부 잘하는 방법은 안 알려주고 쓸데없는 넋두리나 들어주고 있다며 여러 차례 항의하기도 했다. 그럼에도 나는 수개월 동안 이 같은 '공감과 이해'의 시간을 이어갔다. 정희 어머니는 지루했을 이 시간이 흐른 뒤 드디어 정희의 마음이 안정돼갔다. 그리고 어머니도 바라마지 않는 공부도 수용하기 시작했다.

이때부터 공부 습관의 문제점이 무엇인지 알아보기 시작했다. 정희는 어릴 적부터 유명 과외 선생님과 함께 공부한 습관 때문에 혼자서 스스로 공부하는 데 약했다. 전체적인 학습 계획을 세우고 시간을 어떻게 활용할지를 늘 어머니나 학원, 과외 선생님의 틀 안에서 움직이는 학습 습관을 지니고 있었다. 그러나 학년이 올라가 고등학교 2학년이 되면서 과외나 학원 선생님의 틀 안에서 공부할 수 있는 시간적 여유가 없어졌던 것이다. 당장 가장 시급한 것은 혼자서 계획을 세우고 공부해가는 학습 습관이었다. 그래서 하나하나 이 같은 습관을 만들어나갔다.

제일 먼저 정희에게 하루, 일주일, 한 달을 어떻게 보내는지 관찰하고 그 결과를 시간 사용 일지에 써보도록 했다. 정희가 작성한 일지 대부분이 학원이나 과외의 숙제와 수업으로 이뤄져 있었다. 자연히 다른 과목에는 소원해지고 늘 숙제만 하다 끝나는 시간표였다. 당연히 시간이 부

족해 과외나 학원에서 하지 않는 과목은 시험 범위까지 훑어보지도 못
하고 시험을 치르곤 했다.

몇 달간 함께 시간표를 작성하고 계획적으로 시간을 관리하며 우선순
위 순으로 할 일을 처리해나가는 습관을 갖도록 도움을 주었다. 이후 이
를 습관화하는 과정에서 힘든 시간이 없었던 것은 아니지만 정희는 무
난히 스스로 하는 공부 습관을 익혀나갔다. 이 같은 습관대로 공부하며
얼마간의 시간이 지나자 정희는 드디어 상위권을 회복했다.

이유와 동기 없이 무작정 따라 하는 공부는 사상누각과 같아서 얼마
지나지 않아 이내 무너지고 만다. 학습이라는 것은 스스로 공부하면서
알아가는 기쁨을 느끼고, 그 속에서 성취감도 느끼며 무엇인가 완성돼
가는 동안 공부하는 사람에게 자신감을 가지도록 해주는 것이다. 이로
써 자신이 얻는 것은 공부의 값진 결과물이 된다. 이를 뒷받침하려면 성
적 지상주의의 '성취 지향적 독재 부모'가 아닌 '공감 지향적 민주 부모'
가 돼야 한다. 민주주의는 국가의 체제에도 필요할 뿐만 아니라 우리 아
이들의 공부에도 꼭 필요한 환경이다. 공감하는 부모, 가족의 민주적인
소통은 아이들의 성적에도 큰 영향을 미친다.


## 따뜻한 한마디가
## 인생을 바꾼다

지방에서 공부한 현주 씨는 현재 누구나 부러워하는 대학의 신입생이

다. 의대를 목표로 열심히 공부해 지난 수능시험에서 국어, 영어, 과학탐구2 모두 만점을 받았으나 안타깝게 수학을 망치는 바람에 의대는 포기해야 했다. 대학에는 진학했으나 소심한 탓에 누구에게 피해를 주는 것을 극도로 꺼리다 보니 조별 과제 때면 엄청난 스트레스에 시달렸고 결국 나를 찾아왔다. 우선 가족구성원이 대단하다. 부모는 서울대 출신에, 언니는 의대를 다닌다. 그래서일까?

"전 한 번도 칭찬을 받아본 기억이 없네요."

나를 만나고 약 6개월이 지나서 하는 말이었다.

어린 시절로 돌아가보자. 초등학교 때부터 워낙 성적은 물론 인성까지 훌륭해 늘 학교에선 칭찬을 받았다고 한다. 그러나 부모님 특히 아버지는 그런 어린 현주에게 한 번도 칭찬하지 않았다고 한다. 등수가 나오는 중학생이 돼 전교 1등을 했고 기쁜 마음으로 성적표를 들고 냅다 뛰었다. 그런데 이게 어찌 된 일일까? 아버지 왈 "이런 지방 똥통 학교에서 1등 해봐야 인(In) 서울 대학도 못 가"라며 저주스런 말을 했다고 한다. 그리고 근처 명문 고교를 졸업할 때까지 전교 1등을 두 차례 빼고 놓친 적이 없지만 칭찬의 ㅊ 자도 들은 바 없고, 오히려 언니와 비교당하거나 올백이 아니면 때론 30분씩 팔을 들고 벌서거나 손바닥을 맞기도 했다. 그러다 보니 고3 2학기 때 난생처음 수학을 2등급 받았을 때 성적표를 찢어버렸다고 한다.


나른한 오후, 햇볕을 쬐며 참새 열두 마리가 전선 위에 앉아 있다. 그 중에 네 마리가 '다른 곳으로 가야겠다'고 생각했다. 한참 뒤에 전선 위에는 몇 마리의 참새가 남아 있을까? 열두 마리 참새는 여전히 남아 있다. 왜냐하면 '다른 곳으로 가야지'라고 생각만 했기 때문이다.

아이들에게 공부는 참으로 지루하고 힘든 일일지도 모르겠다. 만약 성적이 좋지 못해 부모에게 자주 야단맞는 아이라면 더더욱 그럴 것이다.

무조건 아이에게 공부하라고 닦달하기보다 아이 성격이나 능력을 파악하고, 현재의 성취 수준에 맞춰 이끌어주어야 한다. 만약 이러한 부모의 배려 없이 무작정 열심히 공부만 하라고 요구한다면 자칫 아이들은 부모의 사랑을 의심하게 된다. "엄마 아빠는 나를 사랑하지 않아. 단지 내 성적에만 관심이 있으셔"라고 말이다.

부모가 억지로 아이의 공부량을 늘리려 한다면 오히려 역효과를 불러오게 된다. 성적만을 강조하다 보면 결국 모든 노력은 무위로 날아가버리기에, 아이들은 노력을 아예 포기해버리거나, 수단과 방법을 가리지 않고 결과에만 집착하게 된다. 아이가 부모가 잡아놓은 목표대로 움직이지도 않겠지만, 혹여 부모의 요구대로 공부해서 성적을 올렸다 하더라도 아이는 공부에 흥미를 잃을 수 있다.

공부하는 과정에서 찾아오는 성공과 실패는 아이들의 자존감엔 영향을 미치지만, 실제로 아이들의 학습 동기에는 거의 영향을 주지 않는다. 보통 우리가 생각하기에는 시험 점수가 잘 나오면 학습 동기가 높아질 것 같지만, 점수 그 자체가 아이들의 동기를 높여주진 않는다. 오히려 점수에 대한 부모와 교사들의 반응이 학습 동기에 결정적인 영향을 미친다. 특히 현주 씨와 같은 우수한 학생은 더더욱 그러하다. 칭찬 없는 구

박은 결국 '나는 엄마(아빠)가 공부하라고 해야 책상에 앉는 아이'라는 부정적인 자아상을 가지게 해 스스로 공부하는 자신감을 잃게 될 수 있다. 아이의 학습 동기를 높이고 싶다면 실패할 때는 용기를, 성공할 때는 칭찬을 아끼지 말아야 한다.

부모는 어떤 활동이든 조금이라도 나아지고 성장하는 아이의 노력을 격려해야 한다. 아이가 무엇인가를 성취했을 때 칭찬해주고 관심을 보여주는 것이 좋다. 아이의 눈높이에서 보면 절대 헛된 노력은 없다. 사실 아이들은 부모를 기쁘게 해줄 수 있는 일이라면 무엇이든 하려 한다. 아이가 노력했을 때 부모는 아이의 노력을 알아주어야 한다. 아이의 노력에 감동한 모습을 보여주어야 한다. 그러면 아이 스스로 더욱 노력하게 되고 그만큼 아이의 자신감이 더욱 높아질 것이다.

현주 씨는 자전거를 못 탄다. 그럴 수도 있는 일인데 그 이유가 너무 기가 차다. 초등학교 시절 유원지에서 처음으로 자전거를 빌려 타다가 시궁창에 빠졌을 때 아버지가 "아이구 더러워, 다신 자전거 타지 마"라며 버럭 화를 내셨고 그 후로 자전거 근처에 가본 적이 없단다. 그러다 보니 대학생 현주는 익숙한 과제에는 자신이 있지만 낯설고 처음 해보는 과제는 불안하기만 하다. 아직 다가오지 않은 일까지 불안해하는 '예기 불안증'이 생겨 실패가 두려워 도전도 하지 못하는 소심한 겁쟁이가 돼버린 것이다.

과정이 시원찮아도 100점을 받은 학생이, 최선을 다해 80점 받은 학생보다 더 칭찬받는다. 클리닉에 찾아온 100명 중 99명의 부모가 그랬다. 과정이야 어찌 됐건 결과만 보는 거다. 마치 우리 사회의 일그러진

자화상이 그대로 투영된 느낌이다.

"칭찬할 때 가장 중요한 법칙은, 결과를 칭찬하지 말고 노력으로 성취하는 그 과정을 칭찬하는 것이다."

우리 모두 하임 기너트(Haim Ginott)의 말을 마음에 새겨야 한다.


# 아이의 비서 노릇
## 그만두어야

미정이를 처음 만난 건 미정이가 막 중학교에 입학한 후였다. 만들기를 좋아해 움직이는 작은 자동차며 탱크를 무척 잘 만들었고, 교내외 할 것 없이 과학이나 만들기 분야와 관련한 상도 많이 받았다. 친구들 이야기며 학교에서 있었던 일 등 '조근조근' 이야기를 잘 풀어내고 웃음도 많은 편이었다. 초등학교 때는 따로 공부하지 않아도 반에서 1, 2등을 했는데 중학교에 와서는 과목이 많아지고 초등학교와는 다른 공부 방법이 필요할 것 같은 마음에 어머니와 함께 찾아오게 됐다.

먼저 어머니와 상담했다. 미정이는 초등학교 때 알림장을 제대로 써 오지 않았고 준비물도 먼저 챙기질 않아 자신이 챙겨줬다고 했다. 이처럼 꼼꼼하지 못한 성격이니 수행 평가가 잦은 중학교에 진학해 공부를 잘할 수 있을지 염려가 된다고 했다. 미정이 어머니는 직장 생활 때문에 하나부터 열까지 다 챙겨주기 어려운데 미정이가 하는 것을 옆에서 지켜보고 있으려니 답답한 마음이 하루도 풀릴 날이 없다고 했다.

심지어 알림장을 제대로 챙기지 않아서 같은 반 친구에게 전화를 걸어 어머니가 준비물이며 과제를 챙겨준다고 해서 미정이 어머니께 조심스럽게 물었다.

"미정이가 혼자서 자기 가방을 챙기거나 준비해본 적이 있습니까?"

내 질문에 어머니는 "아뇨, 어릴 때부터 제가 다 해줬어요"라는 대답이 쉬이 돌아왔다. 미정이 어머니는 딸의 맞춤식 비서 역할을 해왔던 것이다.

이런저런 이야기를 나누며 상담하는 동안 어머니와 미정이가 생활 습관이나 계획을 세우는 면에서 확연하게 다름을 알 수 있었다. 어머니는 처음부터 끝까지 완벽한 계획을 세워서 일을 처리하고 그 중간에 실수가 없게끔 하는 성격이었다. 이에 견줘 미정이는 닥치는 대로 일하지만 천천히 하면서 하고 싶은 것 먼저 하는 성향이었다.

이런 성격의 차이였으니 미정이 어머니는 얼마나 속이 터지고 답답했을까. 어머니가 나서서 미정이의 일정을 계획한 뒤 그 안에 미정이를 집어넣고 키워온 건 어머니 입장에서는 당연했을 것이다.

상황을 알았으니 이제 해결의 실마리를 찾아야 했다. 미정이를 만나서 앞으로 상담하는 동안 어떤 이야기를 하고 싶으냐고 물었더니 아니나 다를까, "꼼꼼해지고 싶어요"라는 말이 돌아왔다. 귀에 딱지가 앉을 정도로 많이 들은 말이라고 부연하면서. 얼마나 자주 들었으면 이렇게 얘기할까 싶었다.

하루는 상담을 마치고 미정이가 돌아갈 때 "미정아 다음에 올 때 성적표 꼭 챙겨와"라고 하자, 옆에 있던 어머니가 먼저 "아, 성적표요? 네! 알겠습니다" 하는 게 아닌가. 안 되겠다 싶어 어머니를 따로 만나 "이번에는 미정이가 기억해서 스스로 챙겨볼 수 있게 어머니께서는 지켜봐주세요"라고 당부했다.

일주일 후 미정이를 만났을 때 미정이의 손에는 성적표가 들려 있었다. 무척 기쁜 마음에 "잊지 않고 성적표를 가져왔구나" 하고 칭찬하자, 집을 나설 때 잊어버리고 나왔는데 한참을 걸어오다 성적표를 안 가져온 게 갑자기 생각나 재빨리 돌아가 챙겨왔다면서 자랑스럽게 이야기했다. 미정이에게 충분히 칭찬해주고 이렇게 잊지 않고 챙겨오는 것도 미정이가 되고 싶은 꼼꼼한 사람의 조건이라고 덧붙였다. 칭찬은 고래도 춤추게 한다고 했던가? 미정이의 어깨가 으쓱하고 올라갔다.

상담 후 어머니를 만났을 때 미정이가 성적표 안 챙겨갈까 봐 사실 전전긍긍했었다고 웃으며 말했다. 이후 중간고사가 다가오면서는 과목별 노트 정리를 해보자며 노트를 챙겨오라고 말했을 때, 빠트리지 않고 잘 챙겨오는 등 좋아진 모습을 계속 보여주었다.

어머니가 손을 놓으면 미정이는 혼자 못 챙길 것만 같았는데 기회를 주고 천천히 시간을 주면서 습관을 들이니 스스로 기억하고 이를 충분히 챙겨올 수 있는 아이였던 것이 증명됐다. 어머니와 아이가 같은 성격이고 같은 스타일을 타고났다면 키우기도 편하고 혼낼 일도 없고 서로 답답할 일이 없을 것이다. 하지만 자식 키우는 데 어디 편하기만 하다면 그게 무슨 재미겠는가.

아이가 자라는 속도도 다르고 그 아이들 각각의 개성도 너무나 다르다. 어머니가 수십 년 동안 갈고 닦아 만든 생활 습관을 아이가 그대로 따라오도록 강요하기보다는 잠시 고개를 낮추고 아이의 눈높이에서 아이의 입장이 돼볼 필요가 있다. 어머니의 속도를 조금만 늦추고 그동안 해왔던 비서직을 사표 내고 아이의 일은 아이에게 맡겨야 한다.

그 이유는 간단하다. 언제까지나 그 일을 부모가 대신해줄 수 없기 때문이다. '자기 일은 자신이 하도록 하자'는 것이 말처럼 쉬운 일은 아니지만, 공부든 생활이든 더 길게는 인생을 살아가는 데 이는 꼭 필요한 조건이 아니겠는가.

아이도 살리고 부모도 살리는
공부 동행

못난 부모를 용서해다오

과도한 집착이 아이들을 망친다

엄마!
엄마는 내가 없었으면 좋겠지?

# 진격의
## 엄마

"애가 두 번씩이나 왔는데 변한 게 하나도 없네요?"

중학교 2학년 남학생 동식이 어머니의 말씀이다. 동식이는 공부 습관이 몸에 배어 있지 않고 집중력이 떨어져 책상에 앉으면 20분을 버티지 못한다. 화장실, 냉장고, 거실을 배회하는 일명 '순례자'이다. 이런 동식이를 공부에 집중하게 하려고 클리닉을 방문했는데 아무런 변화가 없다며 어머니는 불만을 토로했다. 나는 동식이 어머니를 어떻게 이해시켜야 할지 난감했다.

"두 번 만에 제가 동식이를 환골탈태(換骨奪胎)시킬 수 있다면 인간이 아니고 신이겠지요?"

그래도 동식이 어머니는 서운함을 감추지 못했다. 자식의 생활이나 공부 태도에 뭔가 빠른 변화를 원하는 동식이 어머니 같은 소위 '패스트푸드 맘'이 점차로 늘고 있다. 이유는 간단하다. 자고 나면 바뀌는 입시 제도, 쏟아지는 교육 정보, 선행학습, 조기교육 등이 어머니들의 조급증을 부채질하기 때문이다.

그래서 나는 성적은 물론 정서적 어려움이나 행동 문제를 단번에 해결할 수 있다고 광고하는 사람이나 기관의 리스트와 전화번호를 내 컴퓨터에 저장해놓았다가 동식이 어머니 같은 분에게 프린트해 드리며 "이 중에 맘에 드는 곳으로 가세요"라고 해버리는 괴팍한 행동도 자주 한다.

공부와 늘 비교되는 스포츠를 예로 들어보자. 지금은 은퇴한, 세계역도선수권대회 4연패의 바벨을 들어 올린 장미란 선수. 그녀는 왜 육상선수도 아닌데 러닝머신 위를 달리고, 체조 선수도 아닌데 균형 유지에 애써야 하며, 씨름 선수도 아닌데 하체 강화 훈련을 했을까? 바벨 들기에만 힘써도 시간이 모자랄 지경이었을 텐데. 그것은 이런 기초 체력 없이 180킬로그램이 넘는 바벨을 들어 올리는 것은 불가능하기 때문이다.

공부도 마찬가지. 매일매일 오직 점수를 목표로 '문!' '답!'만 외운다거나 족집게 과외만 하는 건 매일 바벨 들기에만 매달리는 것과 같은 이치다. 이런 방식으로는 세계선수권, 즉 수능시험 전국 몇 위는커녕 한 학교에서도 전교 1등, 올 1등급은 절대 받을 수 없다.

그럼에도 '패스트푸드 맘'은 마음만 급하다. 성적 지상주의에 빠져 빨리빨리 점수를 올리기에만 급급하다. 창의력, 비판력, 집중력 등 소위 장미란 선수의 4연패의 기틀이 된 기초 체력 키우기는 '배부른 소리'로밖에 들리지 않는다. 그러다 보니 '패스트푸드 맘'의 이런 심리를 꿰뚫어

보고 그 입맛에 맞는 말을 해주는 사람이 나타난다. 그리고 이들과의 '공모'가 이뤄진다.

'4주 완성, 내신 1등급 만들기', '초등 4년, 두 달이면 고등 수학 완성', '특목고 합격에 모자란 2퍼센트를 채워드립니다', '귀댁의 자녀, 이번 기말고사에서 결과로 확실히 보여드리겠습니다' 등등. 듣기만 해도 귀가 쫑긋 서는 말에 자신도 모르게 자녀의 팔목을 잡고 나서는 것이다.

동식이의 경우도 예외는 아니었다. 중간고사 수학 성적이 떨어지면 그날로 과외 선생님을 갈아치운다. 영어 문법이 약하다 싶으면 학원은 학원대로 다니게 하면서 소위 '문법 전문 고액 과외 선생님'을 집으로 들인다. 기말시험에서 기술가정이나 사회 같은 암기 과목(이런 분류도 어이없지만) 성적이 떨어지면 암기 과목 전문 학원으로 자녀의 손을 붙들고 직행한다. 그야말로 이 어머니가 "A학원이 좋다", 저 어머니가 "B선생이 대단하다"고 하면 그때마다 옮겨 가거나 시간이 허락하는 대로 모든 학원, 과외를 다 섭렵한다. 말 그대로 자식을 위한다고 생각하며 무한 투자를 아끼지 않는 것이다.

그러나 조금만 길게 생각해보면 이것이 바로 '내 아이를 망치는 최선의 길'임을 알 수 있다. '패스트푸드'는 배고픔을 바로바로 해결하고 높은 열량으로 힘을 쓸 수 있을지 모르지만 얼마 못 가 건강에 적신호를 주는 독과 같은 음식이다. 그러므로 내 아이를 최고로 만들고 싶다면 '패스트푸드' 같은 마음을 버리고 '슬로푸드' 같은 부모가 돼야 한다. 혹시나 내가 '진격의 거인'처럼 목적을 향해 무조건 돌진만 하는 그런 엄마는 아닐까, 한 번쯤 찬찬히 자신을 돌아보길 권한다.

조금 늦더라도 공부의 기본이 되는 집중력, 기억력, 논리 창의력, 유추력 등을 키워주는 것, 이것이야말로 자녀에게 공부에 관한 한 무엇과도 비교할 수 없는 유산을 남기는 것이다. 진정한 부모의 도리는 돈으로 해결되는 것이 아니다. 시간이 필요하다. 여유 있는 부모의 마음이 아이의 미래를 결정한다.

# 워킹맘은
## 괴로워

강남 한가운데서 워킹맘은 '엄따'로 통한다. 엄마 왕따, 즉 어머니들 사이에서 왕따라는 말이다. 소위 아이들 공부나 입시 정보의 지식이 없는, 어머니 세계에서 아이들에게 관심이 덜한 어머니를 일컫는다. 이런 어머니 중에 클리닉을 찾는 경우가 종종 있다.

여고 1학년 민영이의 어머니는 은행 고위직에 오른 직장 여성이다. 그녀가 클리닉을 찾아온 이유는 민영이의 공부 매니저가 돼달라는 것이었다. 아무래도 '엄따'당한 그간의 맘고생이 심했나 보다. "도대체 무슨 말인지 알아들을 수가 있어야 말이죠." 짬을 내서 입시설명회에 가도 도통 무슨 말인지를 모르겠단다.

입학사정관제, 비교내신, 내신실질반영률, 지역균형선발제도까지는 그나마 단어로 유추라도 해볼 수 있지만, 학생부종합중심, 학생부내신중심, 논술중심, 4+2 제도, 수시 2-1, 2-2 등은 무슨 암호 같아서 눈치도

통하지 않는다고 했다. 도저히 알아들을 수 없는 '전문용어'가 쏟아져 나와 마치 '외계어'를 듣는 듯했다. 곁에 앉은 아줌마는 고개를 끄덕이며 뭔가를 열심히 받아 적는데 민영이 어머니는 '멍' 하게 있다 오기를 서너 번, 이제는 아예 가지도 않게 됐다.

민영이 어머니는 민영이를 낳고 석 달 출산휴가를 제외하면 단 한 번도 민영이와 함께한 적이 없다고 했다. 근무 시간도 만만치 않아 저녁 8시나 돼야 귀가하니 아이를 봐줄 시간도 없었다. 민영이 동생은 이제 중학교 2학년이니 그래도 여유가 있다고 생각하지만, 민영이는 이미 코앞에 입시가 기다리고 있으니 손을 놓을 수도 없고 그렇다고 직장을 관둘 수도 없는 실정이었다. 당시 쉰두 살이었던 민영이 어머니의 과거를 거슬러 올라가 보는 것이 민영이와 어머니를 이해하는 핵심 열쇠가 될 것 같았다.

민영이 어머니는 고등학교를 졸업하고 은행에 취업해 직장 동료와 3년 연애 끝에 결혼했다. 그런데 두 집안 모두 형편이 좋지 못하다 보니 부부는 일심동체가 돼 맞벌이 전선에 나섰다. 민영이 부모는 육아와 돈벌이를 맞바꿀 수밖에 없었다. 그러다 보니 서른넷에 민영이를 낳았다.

민영이가 초등학교에 들어간 뒤 학부모 총회에 나갔을 당시 그녀의 나이는 마흔둘.

"막내 따님인가 봐요."

"큰애는 몇 학년이에요?"

"아무래도 저희보다는 큰아이를 먼저 키우셨을 테니 노하우 좀 알려주세요."

민영이 어머니는 아무 말도 안 했는데 어느덧 선배 어머니가 돼버렸다. 이런 분위기가 싫어 그때부터 학교 근처에도 안 갔다고 했다.

눈에서 멀어지면 마음에서도 멀어지듯 민영이 어머니는 다른 어머니들과 점차 멀어졌고, 민영이도 덩달아 또래 그룹에 끼지 못하는 아이가 돼갔다. 그래도 '내 철학만 있으면 뭐든 해낼 수 있을 거야'라는 소신(?)으로 민영이를 키우다 보니 결국 완전히 나 홀로 섬에 사는 어머니가 돼버렸다.

하지만 민영이가 중학생이 됐을 때, 그래도 학교운영위원회 간부라도 맡지 않으면 민영이에게 불이익(?)이 생길까 봐 울며 겨자 먹기 식으로 학교운영위원회 총무를 맡았다. 아무래도 회장이나 부회장은 일이 많을 것 같아서였다. 그런데 뭐 피하려다 뭐에 치인다는 말처럼 총무라는 게 회장보다 힘들다는 사실을 몰랐던 것이다. 모임의 모든 연락과 예결산 등 잡일이 한둘이 아니다. 더욱이 모임 시간을 정할 때면 거의 모든 어머니가 오전 11시에 만나자고 하는데 민영이 어머니는 휴일이 아니고서야 불가능했다. 그러다 보니 학교운영위원회 내에서도 왕따가 됐다. 결국 '엄따' 신세가 되고 만 것이다.

사실 전업주부 사이에서 소위 '워킹맘'은 차려진 밥상에 숟가락 하나 올리려는 사람으로 취급된다. 결국 민영이는 민영이대로 어머니들끼리 만든 그룹에 속하지 못하다 보니 친구에게 물어물어 좋다는 학원을 돌아야 했다. 그렇게 해서 결국 두 모녀는 클리닉을 찾게 된 것이다. 클리닉을 찾아온 민영이는 어머니를 원망했다.

"다른 엄마는 학원과 과외도 알아봐주고 라이드(ride)도 해주는데, 나만 이 모양 이 꼴이에요!"

어머니도 죄책감에 시달린다. 사실 어머니란 존재는 특이하다. 아이가 감기만 걸려도 '임신 때 내가 약을 잘못 먹어 그런 거 아닐까?' 하고 자책하는 사람이다. 아이가 조금만 '삐딱선'을 타면 '내가 애를 제대로 키우지 못한 건 아닐까?' 하며 모든 잘못된 결과를 내 탓으로 돌리기 일쑤다. 교육 환경이 하루가 다르게 변화무쌍하게 바뀌는 가운데 민영이 모녀는 어쩌면 이 사회의 희생양이라고 볼 수밖에 없다. 하지만 사회만 탓하기에는 현실의 괴로움이 매우 깊다. 그럼에도 자녀교육에 성공한 '워킹맘'의 공통점을 되새길 필요가 있다. 그 비결은 다음의 세 가지로 축약된다.

첫째, 기본기에 충실하라! 자녀가 어릴 때부터 스스로 시간과 환경을 통제할 수 있도록 교육해야 한다. 주말이나 휴일에 아이와 함께 일과를 정하되, 아이가 스스로 정한 일을 완성하면 칭찬을 아끼지 말아야 한다.

둘째, 결과보다 과정을 중시하라! 워킹맘은 결과밖에 볼 수 없는 약점이 있다. 그러다 보면 결국 성적표로 모든 것을 평가하기 때문에 자녀와 갈등의 골이 깊어진다. 업무 중간에도 짬을 내 전화하고 방과 후에도 연락해 어머니의 관심과 사랑을 보여줘야 한다.

셋째, 멘토를 찾아줘라! 워킹맘은 공통적으로 죄책감에 고액 과외나 유명 학원에 자녀를 집어넣으려 한다. 그들에게 맡기면 그래도 면피는 하지 않을까라는 생각에서다. 그러나 천만의 말씀. 그보다는 마음을 열어놓고 속 깊은 얘기를 들어줄 선생님이 필요하다. 어머니와 선생님 두 가지 역할을 할 수 있기 때문이다.


# 독 사과를 든
## 신데렐라의 계모

한 부모가 자신의 고민을 편지로 보내왔다. '열 손가락 깨물어 안 아픈 손가락 없다'는 속담은 잘 알면서 그 열 손가락을 비교하는 부모는 참 많다. 이 편지는 그와 같은 부모에 관한 이야기다. 그럼 먼저 편지 내용을 간접화법으로 간략히 정리해보겠다.


올해 초등학교 6학년이 되는 큰아이는 아래로 하나 있는 남동생과 모든 면에서 다르다. 큰아이는 도대체 무슨 생각을 하는지 모르겠다. 말수도 적고 학교에서 어떻게 지냈는지를 물어도 대답을 잘 안 한다. 그저 학교 마치고 돌아오면 자기 방에 들어가 무엇을 하는지 나오지도 않는다.

중학생이 되면서 큰아이의 이런 행동은 더욱 심해지는 듯하다. 뭘 물으면 대답도 '네', '아니오' 하는 식으로 어쩔 수 없이 내뱉는 짧은 응답이 고작이다. 첫째라 신경 써서 엄하게 키운다고 매도 들긴 했지만, 4학년 때까지만 해도 싫은 내색을 하면서도 시키는 일에는 고분고분 따라주던 아이였다. 그러다가 작년부터는 내 아이지만 왠지 대하기가 껄끄러울 정도가 됐다.

지난 학기에는 몇 차례 학교에서 친구들과 싸우고 얼굴에 시퍼렇게 멍이 들어 들어오기도 했다. 게다가 시험을 보던 중에 그냥 무작정 일어나 집으로 돌아오기도 해 참으로 어처구니가 없었던 적도 있다. 담임선생님을 통해 나중에 안 일이지만, 자신을 꾸짖는 다른 교과목 선생님께 "선생님은 돈 받잖아요"라며 막말을 한 일도 있다고 한다. 집에서는 말수가 적고 대답이 없어서 답답할 뿐이었지 그 정도로 예의 없고 대책 없는 아이라고 생각해 보지는 않았다.

이와 달리 초등학교 3학년인 여동생은 매사 자기의 일은 스스로 알아서 하고 준비물 하나도 챙겨줄 필요가 없을 만큼 스스로 꼼꼼히 자기 것을 챙긴다. 작은아이가 큰아이보다 특별히 공부를 잘해서가 아니다. 학교에서 친구들과 있었던 이야기도 재잘거리며 하는 것이 큰애와 달리 그렇게 살가울 수가 없다.

내 속으로 낳았지만, 어쩌면 이렇게 형제가 다른지…. 큰애를 바라볼 때마다 이제는 화가 나고 어찌해야 할지를 모르겠다. 그런데 최근 더욱 놀랐던 것은 큰애가 밤중에 안방으로 건너와서는 한다는 말이, "엄마는 내가 없었으면 좋겠지?" 하는 것이 아닌가. 한방 얻어맞은 듯 어이가 없었지만, "말이 되는 소리냐"며 핀잔을 주어 돌려보낼 수밖에 없었다.

무슨 생각으로 그런 말을 했는지…. 큰아이의 속에는 도대체 무엇이 들었을까? 앞으로 큰애를 어떻게 키워야 하는 건지 자신이 서질 않는다. 공부를 잘하는 것도 이제는 바라지 않는다. 부모와 자식 간에 평생 남처럼 살아갈 수는 없는 노릇이기에 답답하다.


'비교하는 것'이 자녀교육에 가장 안 좋다는 사실을 모르는 부모는 없다. 그러나 눈앞에서 벌어지는 일을 눈감아버릴 수도 없을 것이다. 사람은 누구나 자라면서 남과 자신을 비교하면서 내 존재를 인정받아온 것 또한 사실이다. 그래서 좋지 않다는 것을 알면서도 자녀를 서로 비교하게 되는 것이 인지상정이다.

그런데 특히 누나가 있는 집안의 남동생은 이럴 때 천덕꾸러기가 되기 십상이다. 편지의 예처럼 여동생과 나이 차가 적게 나는 오빠도 비슷한 대우(?)를 받기 쉽다. 매사에 딱 부러지고 애교가 많은 아이가 좀 더 부모의 사랑을 받기에 그렇다. 이렇게 여자아이와 남자아이가 여러모로 차이가 나는 이유는 발달학적으로 여자가 남자보다 약 1~2년, 크게는 3년 이상 성장이 빠르기 때문이다.

어찌 보면 여자가 남자보다 좀 더 완성된 상태에서 태어나고 또 자란다고 보면 된다. 삶은 달걀에 비유하자면 여아는 완숙 상태로 태어나지만 남아는 반숙 상태로 태어나 천천히 익어간다고 할 수 있다. 또 대인관계에 필요한 의사소통 수단도 남녀 간에 차이가 있다. 단순화하면 남자는 행동, 여자는 말이다. 더욱이 사춘기로 접어들게 되면 가족보다는 친구들이 대화의 주된 상대인데, 그러다 보니 거의 모든 부모는 아들 키우기가 어렵다고 한다.

발달과 정서의 차이를 이해해야 한다. 영어로 '이해하다'라는 뜻의 'understand'라는 말은 아래에 선다는 뜻이다. 아들과 눈높이 친구가 아닌 오히려 그 밑에 설 때 그 아이를 이해하게 된다고 할 수 있다.

열 손가락 깨물어 안 아픈 손가락 없다지만, 실제 둘 이상의 아이를 함께 키워본 어머니라면 정이 더 가는 아이가 있음을 부인하지는 못할 것이다. 그렇다면 정말 정이 덜 가는 아이는 깨물어도 안 아픈 걸까? 그

아이도 살리고 부모도 살리는
공부 동행

건 아닐 것이다. 오히려 하도 깨물어서 아픔을 느낄 감각이 둔해진 탓일지도 모른다.

자녀와 자연스러운 대화가 어렵다면, 그건 서로 간에 마음이 잘 전달되지 않기 때문이다. 큰아이가 느끼고 있고 또 느껴왔을 감정은 어떤 것일까 한 번 더 생각해보고 큰아이를 대하는 것이 좋다. 오빠로서 자기보다 모든 면에서 잘난 동생과 살아가야 하는 것이 그리 녹록지 않았을 것이다.

부모는 두 아이를 모두 사랑하고 모두 잘되기를 바라서 한 말이 큰아이에게 혹시 상처가 되지 않았을까 하고 되짚어봐야 한다. 사랑은, 특히 자식 사랑은 사랑한다는 의도보다는 그 사랑을 어떤 식으로 표현하는지에 따라 간섭이 되기도 하고 배려가 되기도 한다. 더욱이 "너는 동생보다 어쩌고저쩌고" 하는 말은 비교당하는 아이에겐 비수와도 같다. 아직 분별력이 없는 아이에게 평생 지고 갈 짐을 하나 더 얹어주는 것뿐이다.

만약 이런 식으로 아이와 관계를 맺어왔다면 그 관계를 제대로 푸는 데는 좀 더 많은 시간이 필요하다. 어느 한순간에 관계를 회복할 수 있는 묘약은 없기 때문이다. 다만, 아이의 수준에 맞춰 어머니의 심정을 오해 없이 전달하는 것이 중요하다. 마음의 여유를 가지고 조금씩 다가간다면 아이는 분명히 마음의 문을 열어줄 것이다. 다행인 점은 큰아이가 어머니의 애정과 관심을 간절히 바라고 있다는 것이다. 집 밖에서 돌출되는 아이의 행동은 관심과 애정을 받고 싶은 마음의 왜곡된 표현이기 때문이다.

다소 쑥스러울 수 있겠지만, 어머니의 마음이 담긴 쪽지를 건네보는 것도 좋을 듯하다. 노력하는 엄마의 모습에 뜻밖에 감동할 수도 있기 때문이다. 아이들은 어른들과 달리 그렇게 복잡하지 않다. 진정으로 마음을 주는 만큼, 아니 그보다 더 많이 느낀다. 마음만을 강조하지 말고 어떻게 잘 표현할지 고민하고 작은 표현부터 조금씩 시작하면 시간은 어머니의 편이 될 것이다.

## 엄친아도 자빠지는 것은
## 한순간

현준이는 태어나면서부터 부모의 기대를 한몸에 받았다. 생후 10개월에 걷기 시작했고 돌 때는 한글을 혼자서 줄줄 읽어대는 바람에 동네에서도 알아주는 신동으로 명성이 자자했다. 창의력이나 영재성도 대단해서 하나를 가르쳐주면 열은 물론 백을 알아버렸다. 남들은 현준이 어머니를 경외의 대상으로 숭배(?)했다.

그러나 정작 현준이 어머니의 속 앓이를 알아주는 이는 고교 동창생 단 한 명밖에 없었다. 현준이가 문제를 일으키기 시작한 건 초등학교 1학년 때. 그때는 그래도 사소한 문제였다. 선생님께서 식목일을 맞아 '나무의 소중함'이란 제목으로 글을 써 오도록 했다. 그날 종례를 마치려는데 현준이가 느닷없이, "그런 건 인터넷만 뒤지면 다 나오는데 뭐 하러 숙제로 내주세요?"라고 질문을 한 것이 화근이었다.

현준이가 천재형인 것은 분명하지만 성격이 괴팍하다. 4학년 때는 담임선생님이 삼각자 준비물을 챙겨오지 않은 친구를 체벌했다. 현준이는 자신의 삼각자가 친구 것이라고 말했다. 그리고 대신 자신이 벌을 섰다. 여기서 끝났으면 그래도 '의리파'로 인정받았을 것이다. 그런데 쉬는 시간에 선생님께 다짜고짜 따지고 들었다.

"삼각자 안 가져왔다고 그렇게 벽 보고 팔 들게 하는 벌은 가혹해요. 그깟 삼각자 없어도 오늘 문제는 그냥 줄자 하나면 다 풀 수 있는 문젠데 왜 꼭 삼각자를 가지고 오라고 하신 거죠?"

현준이 말에 선생님은 할 말을 잊고 어찌할 바를 몰랐다.

그뿐이 아니다. 5학년 때는 약한 친구를 약 올리는 일진 아이들 일곱 명과 한판 용쟁호투를 벌여 온몸이 만신창이가 돼 병원 신세를 지기도 했다. 현준이 어머니는 그때 일을 생각하면 지금도 아찔하다고 했다. 공부는 신이요, 불의를 참지 못하는 용감한 학생 현준이. 그러나 학교라는 제도권에서는 영 문제아가 아닐 수 없었다. 어머니는 늘 노심초사했다.

"공부만 잘하면 뭐해요. 하루하루가 살얼음판인데…."

그래서 어머니가 생각한 것이 기숙형 국제중학교에 보내 규율과 인내를 배우게 하겠다는 것이었다. 현준이는 우수한 성적으로 어렵지 않게 국제중에 입학했다. 그러나 2학년에 올라가기도 전에 스스로 자퇴를 선포했다.

"내가 기계예요? 아침 6시에 일어나서 운동장 몇 바퀴 돌고, 밤 10시면 무조건 소등을 해버리고…. 도대체 사람을 기계로 만들어서 어쩌겠다는 건지, 내 참!"

부모는 현준이를 아무리 구슬려봤지만 소용없었다. 결국 현준이는 자퇴를 하고 일반 중학교에 다니게 됐다. 현준이의 입에서는 그제야 이런 말이 튀어나왔다.

"그나마 살겠어요."

이렇게 틀에 박힌 교육이 싫어 기숙형 국제중, 자사고, 과고, 영재고를 그만두는 학생이 눈에 띄게 늘어난다. 이는 인성의 문제라기보다는 삶의 철학이 교육 요건과 맞지 않기 때문이다. 그러나 현준이 같은 학생보다는 부모의 품이 그리워 뛰쳐나오거나 혹은 친구와의 갈등 때문에 자퇴하는 경우가 훨씬 많다.


국내에서 알아주는 자립형사립고의 2학년인 승희는 집안의 지나친 기대에 스트레스를 받았다. 고작 한 달에 한 번 오는 집에서도 '공부' 이야기만 듣게 되니 점점 부모와 거리감을 느끼고, 친구들과도 무한 경쟁을 벌이다 보니 그 스트레스를 이기지 못하고 '성격이 나빠졌다'가 결국 휴학하고 면담을 신청해왔다. 한눈에도 수척해 보이고 검사 결과 중증 우울증 상태였다.

의학적으로는 만 16세가 돼야 성인 취급을 받는다. 고1이 만 16세이고 스스로 판단을 할 수 있는 나이인데, 이때 이미 폭탄을 메고 화염 속으로 뛰어든 셈이다. 승희는 "인간성이고 뭐고 다 필요 없는 곳이에요. 친구는 다 적이고요. 집에 가면 아빠는 성적 이야기만 하세요"라며 자신의 심경을 드러냈다.

이런 세태를 반영하듯 "모 외고는 1년에 한 명씩 반드시 자살한다", "모 과고는 1년에 두세 명은 정신병원에 입원한다", "모 자사고는 임신과

낙태가 비일비재하다"는 흉흉한 소문이 돈다. 그러다 보니 소위 8학군 부모 중 자녀가 기숙학교에 합격해도 보내지 않겠다는 사람이 많다.

부모와 떨어져 지내거나 그렇지 않다 해도 거의 모든 시간을 학교에서 보내야 하는 아이들에게는 대한민국이란 나라는 몹시 병든 나라로 인식될 뿐이다. 이들을 위해 부모들은 무엇을 해야 할까? 그 답을 나는 기숙형 과학고에 다니는 영철이 어머니를 통해 배웠다.

영철이 어머니는 주말밖에 만날 수 없는 영철이를 위해 매주 파티를 열어줬다. 단순히 맛있는 음식을 사주는 파티가 아니었다. 소위 깜짝 이벤트를 준비하는 것이다. 영철이가 좋아하는 빅뱅 등 아이돌 스타의 콘서트 입장권을 웃돈을 주고라도 인터넷으로 구매해 함께 공연장으로 향했다. 어머니는 겸연쩍지만 일어나 함께 손을 흔들기도 하고 여고 시절 클리프 리차드의 내한 공연 때처럼 "꺅" 하고 소리도 질러본다. 시험 기간 한 달 정도를 제외한 모든 주말이 이런 식이다.

의사인 아빠도 주말만은 영철이와 함께하려 노력한다. 요즘 부쩍 외모에 신경 쓰는 영철이를 위해 동대문 새벽시장에 함께 가서 영철이가 고르는 옷을 사준다.

영철이 부모는 이틀에 한 번 영철이에게 문자를 보낸다. 그 문자에는 몇 가지 철칙이 있다. 써서는 안 되는 단어가 있으니 '공부', '성적', '명문대' 등이다. 대신 반드시 들어가야 하는 말은 '사랑하는', '자랑스러운', '믿음직한'과 같은 단어다.

반면 승희는 기숙학교와 집 모두에서 영철이 부모가 금기시하는 말을 매번 들어야만 했다. 그리고 반드시 들어가야 하는 말은 들어본 적이 없었다.

부모 자식 사이처럼 어려운 관계도 없다. 무조건 오냐오냐 하는 것은 문제이지만, 그러잖아도 입시에 내몰린 아이에게 애정 표현을 좀 '오버'해서 한다고 아이들이 소위 '싸가지'가 없어질 것이라는 생각은 기우에 불과하다. 안 그래도 질풍노도의 시기에 공부에 매달려야 하는 아이들이다. 그들에게 부모는 멘토의 역할을 해주는 든든한 버팀목이어야 한다. 그리고 언제나 '너를 믿는다'는 보이지 않는 메시지야말로 기숙학교에서 지내는 아이들에게 최고의 원동력이 될 것이다.

## 부모의 가슴에
## 묻은 아이

클리닉을 운영하다 보면 모든 일이 다 뜻대로 돼가는 것은 아님을 절실히 깨닫는다. 극히 드물지만 이런 사례를 접하게 되면 스스로 겸허해지면서, 우리 삶에서 더 중요한 것이 무엇인지, 그리고 아이들의 미래를 위해 우리 부모가 어떤 자세로 어떤 노력을 기울여야 할지 더 깊이 고민하게 된다.

2010년 7월 중순, 장마가 시작될 무렵 한 대학생이 찾아왔다. 간혹 대학생들도 학점 스트레스와 취업 문제 때문에 클리닉을 찾는 일이 드물지 않아 통상적인 일이려니 생각했다.

"어디가 불편하신가요?" 질문을 먼저 했다.

아이도 살리고 부모도 살리는
공부 동행

그런데 돌아온 대답은 내 예상과는 거리가 멀었다.

"혹시 철구라고 기억나시나요?"

"글쎄요? 기억이 잘…."

"2004년도에 선생님이 봐주셨던 고3 학생인데…."

나는 얼른 철구의 차트를 찾아보았다. 차트를 보니 기억이 생생하다.

"차트를 보니 기억나네요. 혹시 어떤 관계이신지요?"

"저는 철구 형입니다."

"아! 그래요? 철구와 어머님은 잘 지내시는지요?"

돌아오는 대답 대신 긴 침묵이 흘렀다. 철구의 형은 자신이 현재 모 의과대학 본과 3학년이라고 했다. 아직 학생이지만 정신과 공부를 하다 보니 문득 궁금한 것이 있어 찾아왔다고 한다.

"당시 제 동생이 정신분열증 아니었나요?"

"정확한 검사는 못 했지만, 분명히 정신분열증으로 보여서 다른 기관 에서 치료받아보시라고 말씀을 드린 것으로…."

또다시 긴 침묵이 흐르더니, 철구의 형은 갑자기 말똥 같은 눈물을 흘 리며 이를 악물더니 내 책상 위에 엎어져 끝내 엉엉 울면서 대성통곡을 한다. 당황스러운 일이 아닐 수 없었다. 그저 나는 철구의 차트를 뒤적거 릴 뿐 어떤 말도 할 수가 없었다. 그러면서 6년 전 철구와의 만남부터 헤 어짐까지 마치 영화의 한 장면처럼 당시의 기억이 떠올랐다.

철구는 고2 겨울방학, 그러니까 고3을 앞두고 어머니와 함께 클리닉 을 찾아왔다. 보통 고등학생쯤 되면 주로 학생과 이야기를 많이 나누어 야 하는데, 어머니가 거의 모든 말을 하셨다.

"얘는 고3씩이나 돼서 하라는 공부는 안 하고 맨날 학원을 빼먹고 집에서 뒹굴기만 해요. 내버려두면 밤새 인터넷만 하고요."

"밥도 집에선 안 먹고 맨날 나가서 혼자 사 먹고, 그것도 무슨 쓰레기 같은 인스턴트만요."

"학교 담임선생님은 아무것도 모르는 주제에 얘가 늘 멍하게 공상에 빠져 있으니 상담받아 보라는데, 나 참! 고3이 상담이라? 뭔 호사스런 소린지?"

나는 우선 검사를 해보자고 했지만 어머니는 "아이구, 그런 거 필요 없어요. 저도 상담심리학을 배웠기 때문에 어지간한 건 다 알아요. 그냥 제가 바라는 건 최소한 과외나 학원만이라도 가게 해달라는 거죠" 하신다.

그렇게 철구와의 동행이 시작됐다. 철구는 위에 형이 하나 있는데 재수 중이라고 했다. 늘 그렇듯이 나는 철구에게 꿈, 즉 장래 희망을 물었다.

"엄마는 형이나 저나 둘 다 아빠처럼 안과 아니면 피부과 의사 하래요."

그제야 내 머리에 가계도가 그려졌다. 당시 아니 지금도 그렇지만 안과나 피부과는 의사 중에서도 가장 수입이 좋은 전공과 중의 하나다.

"그건 엄마 말씀인 듯하고 너도 의사가 되고 싶니?"

"아뇨."

"그럼?"

"음, 글쎄요?"

철구의 말수가 워낙 없어 한 시간 면담해도 오가는 내용이 부족할 수밖에 없었다.

또 문제는 철구가 가고 나면 엄마가 클리닉으로 전화해 "오늘 철구가 무슨 이야기 하고 갔나요?"라는 고문을 받아야 했다. "어머니도 상담심리학을 배우셨다면서, 매번 이렇게 대화 내용을 물으시면 안 되죠"라고 하면, "지금 걔가 상담을 해요? 빨리 한 글자라도 공부할 수 있게 해야할 판국에?"라는 성화가 되돌아왔다.

조급증 페스트푸드 맘을 진정시켜가면서 철구와 신뢰를 조금씩 쌓아갔다. 그러던 어느 날, 철구가 이런 말을 했다.

"저… 전에 뭐가 되고 싶으냐고 하셨죠? 비웃지 마세요. 우주 정복을 위해 무인로켓과 탐사로봇을 만들 거예요."

나는 매우 놀랐지만 표정 관리를 하며 다시 물었다.

"우주 정복을 한다고? 왜 우주 정복을?"

"아시면서…" 하고 철구는 피식 웃는다.

순간 나는 머리를 망치로 얻어맞은 느낌이 들었다. 혹시? 불길한 예감이 엄습했다. 그리고 얼마 후 "왜 집에서 밥을 안 먹니?"라고 묻자, "엄마가 밥에 독(毒)을 집어넣는데 어찌 먹어요? 제가 잘 때면 거실에서 '쓰레기만도 못한 놈'이라고 욕하고, 매번 독서실에 찾아와 '나가 죽어'라고도 해요"라는 대답이 돌아왔다.

나는 여기까지 철구의 말을 듣고는 다급하게 어머니께 직접 만나자고 요청했다.

어머니는 다짜고짜 "철구가 여기 다닌 지 벌써 두 달이 지났는데 아무것도 변한 게 없고 더 심해지는데, 이게 뭐하는 짓이에요?"라고 언성을 높이며 당장에라도 싸울 기세였다. 나는 어머니를 진정시킨 뒤 "어머니, 아무리 봐도 철구는 정신분열증 같습니다"라고 어렵게 말문을 열었지만 돌아오는 답은 싸늘했다.

"정신과 의사는 다 똘아이라더니 내가 그럴 줄 알았어."

나는 모멸감을 참고 어머니께 물었다.

"어머니가 음식에 약을 탄 적 있나요? 그리고 쓰레기만도 못하다느니 나가 죽으라느니 하는 말을 하신 적이 있나요?"

"진짜 미치겠네! 내가 계모도 아니고, 행여 계모라 해도 음식에 독을 타겠어요? 그리고 쓰레기는 무슨 소리며, 하도 난리를 부리고 자신을 못 믿는다고 해서 독서실 근처엔 한 번도 가본 적이 없어요."

"그러시죠? 현재 철구는 과대망상, 피해망상, 환청, 사회적 회피 등 정신분열증이 시작된 듯합니다."

"에라, 이 미친 새끼! 지랄하네!"

그래도 참아야 하는 게 정신과 의사다.

"어머니, 저 돌팔이 맞습니다. 그러니 꼭 다른 곳에서라도 치료는 받으셔야 합니다."

이렇게 철구와 나는 두 달 만에 헤어졌다. 그리고 지금 내 앞에 당시 재수하던 철구의 형이 의대생이 돼 찾아와 대성통곡을 한다. 형은 억지로 울음을 참고 흐느끼며 말을 꺼냈다.

"철구는 죽었어요."

"뭐!"

"고3, 5월에 아파트 옥상에서 뛰어내려…"

그랬다. 어머니는 차마 내 말을 믿고 싶지 않았고, 이후 병원도 데리고 가지 않으셨다. 결국 철구는 망상과 환청에 시달리다가 얼마 뒤 죽음을 선택한 것이다. 그 사건을 겪고 철구네 집안은 풍비박산이 났다고 한다. 철구 부모는 이혼했고, 지금 철구의 형은 아빠와 살면서 그 뒤로 어머니는 한 번도 본 적이 없다고 했다.

"저는 그 여자를 저주해요. 철구가 정신분열증이라는 건 처음 알았지만, 정상이었어도 못 견뎠을 거예요. 저야 아침 일찍 학원 갔다 밤 11시에나 들어오니 그 여자 낮짝 볼 일이 없지만 철구는 미쳐버렸을 거예요. 공부, 과외, 학원, 의대, 의사… 입만 열면 그 소리였으니…."

내가 의사가 된 지 25년. 철구의 죽음은 내 의사 생활 중 가장 뼈에 사무치는 일이다. 그 뒤로 나는 강연 때마다 철구 이야기를 반드시 한다. "자녀가 SKY, 의대, 하버드 가면 뭐합니까? 죽으면 그만이니 늘 정신건강을 돌봐주세요"라고 목청 높여 이야기한다.

그런데 "입시"나 "공부 잘하는 법" 강의 중에는 눈이 초롱초롱 빛나다 못해 덤벼들 것만 같던 부모들도 이런 정신건강 이야기만 나오면 대부분 꾸벅꾸벅 졸거나 심지어 슬그머니 나가버린다. 참으로 슬픈 현실이다.

## 정신분열증(조현병) 바로 알기

우리는 '정신분열증' 하면 아주 딴 나라 먼 사람 이야기로 듣고 흘려버리지만, 알고 보면 이 병은 100명 중 1명이 걸리는 병이다. 즉 3학급 중 1명 정도 환자가 나타날 수 있다는 말이다. 정신분열증은 대부분 10대 후반에서 20대 초반에 발병하는데, 우리나라로 이야기하면 고등학교 1, 2학년에서 대학교 2, 3학년 사이가 이 병이 주로 발생하는 시기다.

가장 중요한 것은 조기발견과 조기치료이다. 앞서 철구의 경우도 정신분열증이 고착된 것은 아니었고 서서히 시작되는 단계였다. 그러므로 병이 시작될 때의 징후를 포착해 빨리 치료하면 완치율이 높다.

## 환자의 초기 징후

- 자칫 독특하게 보일 수 있으나 생각이 평범하지 않다.
- 가끔 기기묘묘한 이야기를 한다.
- 친구 관계나 대인관계에서 사회성이 현격히 부족해 보인다.
- 대개는 조용하고 수동적이며 내성적이라 친구가 적다.
- 집단행동을 피하고 혼자서 인터넷이나 스마트폰, TV, 음악만 들으려 한다.
- 논리에 맞지 않는 이야기를 해서 주위 사람들을 어리둥절하게 만든다.
- 평소 말투와는 달리 엉뚱한 이야기를 해서 "뭔가 변했다"는 인상을 준다.
- 복잡하고 심오한 내용의 철학, 종교 등에 심취한다.
- 괴상한 생각에 빠지거나 이상한 행동을 보이며 감정이 메마른다.
- 어떨 때는 희로애락을 잊은 듯이 보이기도 한다.
- 보통 환각 중 환청이 가장 먼저 발생하는 편이다.
- 때론 누가 부르지도 않았는데 "나 불렀어?" 등과 같은 증상을 보이기도 한다.

아이도 살리고 부모도 살리는
공부 동행

## 이혼 부모라도 자신 있게 양육하라

작년 한 해 동안 서울시에서만 하루 212쌍이 결혼할 때 79쌍이 이혼했다는 통계 발표가 있었다. 최근 급증하는 이혼율 보도를 귀에 못이 박히게 들어왔던 터라 그리 놀랍지 않았다. 그런데 며칠 전 "자식만 아니면 벌써 이혼했을 겁니다"라고 말한 환자 한 분의 말이 떠오르자 갑자기 소름이 돋았다. 말마따나 이런 사람들이 진짜 이혼을 했다면 앞의 통계는 어떻게 변했을까? 거꾸로 생각하면 자식을 두고 이혼한 부부들은 얼마나 많은 고통을 받고 있을까? 실로 자식이란 이혼하려는 사람들의 최후의 바리케이드이며 동시에 이미 이혼한 사람에게는 가장 무거운 짐이다.

자식을 두고도 이혼한 사람들을 "무책임하다"고 비난할 수도 있고 "용기 있는 행동"이라고 격려할 수도 있다. 그러나 이런 시각차와는 별개로 이제 그들이 겪는 어려움에 우리 모두 관심을 둘 때가 됐다. 이혼자들이 자녀 양육에서 심리적으로 가장 힘든 것은 "내가 아비(또는 어미) 없는 자식을 만들었다"라는 자책감이다. 그런 자책감은 자칫 "그렇기에 남들보다 더 잘 키워야 한다"는 강박관념으로 연결되기 십상이다. 이 때문에 지나치게 간섭하게 되면서 아이가 자율성 없는 나약한 모습이 되거나 반대로 반기를 들고 반항하게 된다. 이런 못마땅한 자녀의 모습은 "아이가 저 모양 저 꼴이 된 게 다 내 탓이다"라는 더 깊은 자책감으로 이어져 더 간섭하는 악순환을 불러온다. 이런 악순환을 끊으려면 자녀의 모든 것을 내가 책임지겠다는 "슈퍼 엄마, 슈퍼 아빠"보다는 아이와 함께 고민을 해결하는 "눈높이 친구"가 돼야 한다. 또 한부모 가정도 정상적인 가정의 한 종류라고 확신해야 한다. 이혼이 "더 나은 삶을 위한 선택"이었다는 점에 당당해질 때 비로소 자녀도 자신감 있게 자랄 수 있기 때문이다.

우선 사회적 편견에 당당히 맞서야 한다. 이혼자들은 "남들이 내 아이를 어떻게 볼까?"라는 생각에 기가 죽어 위축되기 쉽다. 이렇게 남의 눈을 의식하다 보면 자격지심에 아이가 다니는 유치원, 학교 등의 행사에 참가하기를 꺼리게 되고 선생님과의 관계도 멀어진다. 그럼 자녀는 "난 다른 애들과 다르구나"라는 생각을 하게 된다. 즉 부모의 위축이 전염돼 아이는 주눅이 들어버리고 만다.

### 이혼 가정 자녀의 나이별 대처 방법

이혼이 아동 심리에 미치는 영향은 개인 차가 심하므로 획일적으로 말할 수는 없다. 여기에서는 다만 아동의 인지발달 특성에 따라 일반적으로 나타날 수 있는 이혼의 영향과 그에 따른 부모의 대처법을 소개한다.

### 1. 유아기 (0세~2세 6개월)

**• 부모의 이혼에 가장 영향을 적게 받는 시기다.**

- 양육을 맡은 아빠나 엄마는 될 수 있는 대로 과거와 같은 일상생활 리듬을 그대로 유지하는 게 좋다.
- 빨리 새로운 가족 형태, 즉 조부모와 함께 산다거나 재혼을 해 새로운 가정을 만들면 아이도 금세 적응하게 된다.

### 2. 전(前)학령기 (2세 6개월~7세)

**• 부모의 이혼에 가장 영향을 많이 받는 시기다.**
**• 부모의 이혼에 매우 놀라고 혼란스러워한다.**
**• 부모의 이혼이 자기 잘못 때문이라고 생각한다.**
**• 자신도 엄마나 아빠에게 버림받을 것으로 생각한다.**

아이도 살리고 부모도 살리는
공부 동행

- 부모가 재결합할 거라는 환상을 가진다.
- 심리적 퇴행을 보인다.


- 비록 엄마 아빠는 이혼하지만 우리는 영원히 너를 사랑한다는 확신을 준다.
- 이혼은 어디까지나 엄마 아빠의 문제이지 네 잘못이 아님을 반복해 알려준다.
- 내가 배우자와는 헤어졌지만, 너만은 버리지 않는다는 확신을 심어준다. 매일 아침 자녀와 함께 그날그날의 일정 등을 알려주고 상의하면 효과가 있다.
- 절대로 재결합은 없다는 걸 알려 자녀의 재결합 환상을 깨주어야 한다.
- 대소변을 갑자기 못 가리게 되거나 손가락을 물어뜯는 등의 퇴행을 보이면 그건 부모의 관심을 요구하는 신호다. 될 수 있으면 무관심하게 대처하고 부모의 사랑을 재확인시켜준다.


## 3. 학령전기 (8세~11세)
- 강렬한 분노를 표현하며 부모의 이혼을 창피해한다.
- 언젠가 계부(계모)가 들어올지 모른다는 두려움을 느낀다.
- 친부모를 그리워한다.
- 학습장애나 정서장애를 겪을 수 있다.


- 운동이나 취미생활로 분노를 표출할 방법을 찾아주고 부모가 당당한 모습을 보여줌으로써 이혼이 창피한 것이 아니라는 메시지를 전달한다.
- 혹시 누군가와 사귀고 있다면 그 사실을 자녀에게 알린다. 그렇게 함으로써 자녀의 극렬한 재혼 반대를 예방할 수 있다.
- 친부모 그리움은 당연한 감정이므로 자유롭게 표현할 수 있도록 허락한다.
- 학교 선생님에게 가정사를 솔직히 털어놓고 도움을 청한다. 정신과 의사 등 전문가와 상의해 문제 해결 방법을 모색한다.

## 4. 학령후기, 청소년기 (12세 이후)

• 가장 심하게 분노를 표현하는 시기이며 동시에 한 명의 인간으로서 부모를 이해하고 위로할 수도 있는 시기다.
• 비판적 사고가 강한 시기이기 때문에 부모 중 한쪽 편에 서려는 경향을 보인다.
• 분노를 행동으로 표출하는 경향이 있다. 가출, 무단결석, 약물남용, 폭력 등 비행을 저지를 수 있다.

– 자신의 사춘기 시절을 돌이켜 생각해보라! 최소한 자녀의 행동 중 일부는 이해가 갈 것이다.
– 자녀를 위안의 대상으로 삼아서는 안 된다. 즉 이혼은 부부 사이의 문제이므로 자녀가 자기 편에 서도록 강요해서도 안 되고 전 배우자를 탓하는 것을 방관해서도 안 된다.
– 학교 선생님에게 가정사를 솔직히 털어놓고 도움을 청한다. 또 그동안의 가정 규율을 그대로 유지한다. 예를 들어 이혼 전 자녀의 귀가 시간이 10시였는데, 이혼 후 "나 혼자 키워야 하니 6시까지 돌아오라"는 식의 지키기 어려운 규율을 적용하는 것은 오히려 반항심을 불러일으킨다.

마지막으로 덧붙이자면 대부분 사람은 이혼이 자녀에게 악영향만을 미친다고 생각하지만, 사실은 부모의 이혼이 갈등 해소를 불러와 자녀의 발달에 긍정적인 영향을 미칠 수도 있다. 즉 늘 갈등과 싸움 속에서 사는 친부모 가족보다 사랑이 충만한 한부모 가족이나 재혼 가족의 자녀가 더 잘 성장할 수 있다는 사실도 잊어서는 안 된다.

아이도 살리고 부모도 살리는
공부 동행

## 피그말리온 효과, 무시할 수 없다

어느 날, 흔한 식빵을 포장 용기에 넣고 같은 조건에서 한쪽은 "미워해"를, 한쪽은 "사랑해"를 써서 붙여놓고 집사람과 딸과 아들에게 시간 날 때마다 말해보라고 했다. 가족들은 이게 무슨 짓이냐며 비웃었지만 그래도 재미 삼아 해보았다. 처음에는 아무런 차이가 없던 식빵이 하루하루 변해갔다.

일주일이 지나자 둘 다 곰팡이가 피기는 했지만, 분명히 "미워해" 식빵에 곰팡이가 더 많이 증식했다. 그리고 보름 뒤 누가 봐도 한눈에 다른 빵이라고 생각할 정도로 "미워해" 식빵이 심하게 부패해버렸다.

나는 개인적으로 신비주의를 제일 싫어한다. 그런데 과학적으로 증명하기 어려운 현상이 벌어진 거다.

첫날

일주일 뒤

보름 뒤

난 의사 즉 과학자다 보니 혹시 앞의 실험에 무슨 오류가 있을지 몰라 다시 한 번 실험해보았다. 아래 사진처럼 첫 실험과 마찬가지로 똑같은 결과가 나왔다.

이런 현상을 뭐라 설명할 수는 없지만, 교육 용어 중 그리스신화에서 유래된 "피그말리온의 법칙"과 유사한 듯하다. 피그말리온 효과(Pygmalion effect)는 그리스신화에 나오는 조각가 피그말리온의 이름에서 유래한 심리학 용어인데, 다른 말로 로젠탈 효과, 자성적 예언, 자기충족적 예언이라고도 한다. 조각가였던 피그말리온은 아름다운 여인상을 조각하고, 그 여인상을 진심으로 사랑하게 된다. 여신 아프로디테(로마신화의 비너스)는 그 사랑에 감동해 여인상에 생명을 불어넣어 주었다. 이처럼 타인의 기대나 관심을 받아 능률이 오르거나 결과가 좋아지는 현상을 피그말리온 효과라고 한다.

1968년 하버드대학교 사회심리학과 교수인 로버트 로젠탈(Robert Rosen-thal)과 미국에서 20년 이상 초등학교 교장을 지낸 레노어 제이콥슨(Lenore Jacobson)은 미국 샌프란시스코 한 초등학교의 전교생을 대상으로 지능검사를 시행했다. 그러고는 검사 결과와 상관없이 무작위로 한 반에서 20퍼센트 정도의 학생을 뽑아 교사에게 맡기면서 '검사 결과 이 학생들은 지적 능력이나 학업 성취의 향상 가능성이 높다'라고 소개했다. 그리고 8개월 뒤 이전과 같은 지능

아이도 살리고 부모도 살리는
공부 동행

검사를 다시 했는데, 그 무작위로 뽑힌 학생들이 다른 학생보다 평균 점수가 높게 나왔다. 그뿐만 아니라 학교 성적도 크게 올랐다. 이 연구 결과는 교사가 학생에게 거는 기대가 실제로 학생의 성적 향상에 효과를 미친다는 것을 입증한다. 이처럼 심리학에서는 남이 나를 존중하고, 누군가 나에게 기대하는 바가 있으면 그에 부응하는 쪽으로 노력하게 된다고 말한다.

부모도 마찬가지다. 자녀에게 "너는 소중한 아이야", "난 네가 자랑스럽다", "사랑해"라는 말을 자주 해주어라. 부모의 한마디는 자녀의 미래를 바꾸는 촉매이다. 피그말리온 효과의 정반대엔 "골렘 효과"가 있다. 부정적으로 자녀를 대하면 자녀의 성적이 낮아지는 효과이다.

# 아이들이 병들어간다

암보다 무서운 마음의 질병

언어 듣기평가 시간인데 갑자기 아무것도···
안 들리더라고요.

# 정신질환?
## 우리는 아직도 마녀재판 중

중학교 1학년에 올라가는 형석이는 한눈에도 '투레트증후군(Tourette syndrome)'임을 확진할 수 있었다. 투레트증후군이란 자신의 의지와 무관하게 눈을 깜빡이고 코를 찡긋대는데, 증세가 심하면 목이나 어깨, 몸통까지 돌아가는 운동성 틱(motor tic)으로 발전하는 경우가 대부분이다. 간혹 "킁킁", "캑캑" 하는 음성틱(vocal tic)이 먼저 나오는 때도 있다. 이런 틱 이후 음란한 욕설을 반복하는 외설증, 같은 말을 반복하는 반향언어증이 나타난다.

형석이는 초등학교 입학 전 다섯 살 때부터 지금까지 투레트증후군의 전형적인 코스를 그대로 밟아온 사례다. 그럼에도 왜 치료를 받지 않았을까? 바로 정신과에 대한 편견 때문이었다. 형석이 어머니는 치료를 받으려 했지만, 아버지는 "형석이를 정신과에 데려가면 이혼할 줄 알라"고 협박 아닌 협박을 했다고 한다.

나를 찾아왔을 때도 형석이 어머니는 "남편이 이 사실을 알면 저는 죽어요"라며 불안에 떠는 모습이 역력했다. 그래서 어머니는 소위 틱이나 투레트에 좋다는 민간요법은 물론 용하다고 소문난 곳이면 효과와 관계없이 찾아가 수천만 원을 썼다고 한다. 하지만 그 방법 중에는 단 하나, 정신과만 빠져 있었다.

형석이를 검사해보니 인지 기능과 학습능력 면에서는 대한민국 1퍼센트의 영재였다. 그러나 6학년 졸업 성적은 꼴찌였다. 이유는 단 한 가지, 투레트로 겪는 심리적 고통 때문에 공부할 수 없었기 때문이다. 집에서는 아빠가 "야! 너 자꾸 킁킁댈래? 목 좀 움직이지 마"라며 소리 질렀고, 심지어는 매질까지 했다고 한다. 학교에서는 친구들이 상대를 안 해주고 심지어 왕따까지 당하다 보니 학교에 가는 것을 거부하기도 했다. 또한 학교에 가도 수업을 제대로 들을 수 없었다. 제아무리 머리가 좋아도 가정과 학교에서 인정받지 못하면 우등생이 될 수 없기에 이는 당연한 결과였다.

시쳇말로 '4, 5월은 소아정신과 특수'라고들 한다. 이유는 상급 학교에 진학한 뒤 한 달여가 지나면 담임으로부터 부모는 소위 '경고 메시지'를 받기 때문이다. 초등학생은 틱이나 ADHD(주의력결핍과잉행동장애)로, 중학생은 반항장애나 학습장애로, 고등학생은 비행이나 학습 부진, 우울증이 경고 메시지의 주된 원인이다.

형석이의 문제는 부모, 특히 아버지다. 형석이 아버지는 강남에 사는 고학력 전문직 종사자다. 그럼에도 정신과에 대한 극도의 편견 때문에 형석이를 여기까지 몰고 온 것이다. 만약 미국이었다면 자녀 방임죄가 성립될 만한 아주 심각한 수준이다. 정신과 진료에 대한 편견은 학력과 재력에 상관없이 무척이나 광범위하고 다양한데 이를 일반화하면 대략 세 가지로 요약된다.

첫째, 진료 기록이 남아 취업도 안 되고 시집 장가도 못 가는 거 아닌가요?

둘째, 직장도 구할 수 없고 보험도 들 수 없다면서요?

셋째, 운전면허도 못 따고 가고 싶어도 군대도 못 간다면서요?

대한정신건강의학회에서 이런 사실이 대부분 허구이고 심지어 보건 복지부 건강보험공단까지 나서서 아니라고 해명해도 한번 퍼진 괴담은 쉽사리 사라지지 않는가 보다. 나 역시 15년 전 처음 학습 클리닉 문을 열었을 때부터, "여기 정신과잖아? 내가 미쳤어?"라는 소리를 귀에 못이 박이도록 들어야만 했다. 그러나 지금은 정신 건강의 중요성과 더불어 의사란 과학적으로 입증되지 않은 방법으로 검사와 치료를 할 수 없게 끔 돼 있다는 것을 대부분 동의하는 듯하다.

하지만 아직도 정신과에 대한 편견 등으로 내게 오기 전에 검증된 바 없는 도구로 검사하고 치료받다 증상이 깊어져 오는 학생을 심심찮게 본다. 특히 형석이처럼 치료의 적기를 놓친 채 거액을 날리고 오는 경우 를 보면 만감이 교차한다.

내가 정신과 의사가 되겠다고 생각한 것은 중학교 2학년 때다. 프로이 트의 《꿈의 해석》이란 책을 본 후 '나도 이런 사람이 돼야지' 하고 마음 먹었다. 정신과 의사! 얼마나 멋진가. 사람의 마음과 뇌과학을 접목하는 것, 즉 가슴과 뇌를 함께 다루는 직업이기에 그때 느낀 매력은 지금 생각해도 가슴이 설렌다. 그래서일까? 의대생이 가장 선호하는 전공 중의 하나가 정신과이다.

그런데 참 이상하다. 21세기가 열리고도 이미 10년을 훌쩍 넘겼는데도 '정신과는 미친 사람이 가는 곳'이라는 생각이 아직도 사람들 무의식에 깔려 있다. 무슨 사건 사고만 나면 '정신이상자의 소행'이라는 말부터 시작하는 매스컴의 일방적 보도도 문제이거니와, 정신병을 무슨 귀신 들린 병으로 생각하는 우리의 뿌리 깊은 고정관념도 이제는 버려야 할 때이다.

여기에 한몫 더하는 것은 '주홍글씨처럼 아이에게 죽을 때까지 기록에 남는다'는 낭설이다. 이러다 보니 여기저기 헤매고 돌아다니게 된다. "지문으로 모든 걸 안다고 해서, 답답한 마음에", "우리 아이는 지도자형이라고 ○○기관에서 말해주기에", "운동 통합 훈련이 필요하다고 해서", "한 달만 나랑 떨어져 있으면 혹시 애 버릇이 나아질까 봐" 등등.

물론 이런 곳이 다 사이비라는 말은 절대 아니다. 하지만 문제는 최소한 11년간 공부를 해서 '국가가 인정하는 전문의 자격증'이 있는데도 전문 클리닉을 피한다는 데 있다. 이는 법적 문제가 생겼을 때 법조인보다는 조직 폭력배를 동원하는 것과 다를 바 없다.

그리고 빙빙 돌아 찾아오는 부모를 보면 때론 이 사회의 무지와 그 순진무구함에 화가 난다. 부모도 배워야 한다. 학력이 높다고 세상의 모든 것을 아는 것은 아니다. 특히 자식 문제는 학교에서 가르쳐주는 것이 아니다. 몰라서 그러는 것이 아니다. 아는 것을 제대로 적용하는 것이 필요하다. 이제는 옥석을 가릴 줄 아는 부모의 힘이 필요하다. 그렇지 않으면 그 피해는 고스란히 자식에게 간다.

물론 이 같은 경우를 당하고 내게 상담하러 온 어머니들도 다 알고 속는다고 한다. 인터넷 검색창에 아이 공부에 대한 궁금증을 쳤을 때 가장 위에 올라오는 사이트의 광고 문구에 혹해서 발이 간단다. 또 아닌 줄 알면서도 'O주 완성', '책임집니다'라는 말을 '믿고 싶다'고 했다. 하지만 아이의 정신 건강 문제, 특히 이것이 공부와 연관돼 있을 때는 그렇게 쉽게 해결되지 않는다.

결국 나를 찾은 어머니들은 정신과 의사라서 좋다고 하신다. 믿음이 가기 때문이다. 그러나 한편으론

첫째, 애가 심약해서 그런 거 아니냐?
둘째, 맘만 먹으면 되는데 의지박약 아니냐?
셋째, 나 때는 이렇지 않았는데, 요즘 애들 너무 오냐오냐 편히 살아서 그런 거 아니냐?
넷째, 정신과 약은 한 번 먹으면 죽을 때까지 먹어야 하는 거 아니냐?

등의 이유로 멀쩡한 아이를 정신과에 보낸다며 부부싸움을 한 어머니도 많다. 참으로 아이러니한 일이다. 정신과는 하다 하다 안 되면 마지막에 찾는 곳이 돼버렸다. 이것이 선진국 문턱에 들어섰다는 대한민국의 현재 모습이다. 자식 문제에, 특히 공부와 관련된 이 같은 문제에 대한민국 부모는 누구도 자유롭지 못할 것이다.

최근 미국 시사주간지 〈타임〉 지는 "마음으로 몸을 치유하기(How your mind can heal your body)"라는 제목의 특집기사를 다뤘다. 기사 내용을 한마디로 요약하면 "마음만 잘 다스리면 무병장수할 수 있다"는 이야기이다. 구체적인 예로 우울증을 제대로 다스리면 골다공증, 심장병, 당뇨병은 물론 암과 치매의 예방에 효과가 있다는 것이다. 또 호흡법이나 점진적인 근이완법 같은 스트레스 관리 요령 몇 가지만 알고 있어도 심장과 위 기능이 좋아지며 수술 회복도 빨라진다고 한다. "모든 병은 마음에서 비롯된다"는 말이 하나 둘씩 과학적으로 입증되면서 정신 건강이 모든 건강의 중심 화두로 떠오르는 셈이다.

그런데도 우리의 현실은 어떤가? "우울하다", "스트레스 받는다"라는 말을 입에 달고 다니지만 정작 그 정체가 무엇이며 또 어떻게 다스려야 하는지 제대로 아는 사람은 그리 많지 않다. 그 대신 술 소비는 세계 으뜸을 다투고 있고, 어디에 좋다는 정체 불명의 건강보조식품이 우리 식탁을 점령한 지 오래이다. 더 심각한 문제는 정신 건강의 문제에서만큼은 아직도 증상이 좀 심하다 싶으면 부적을 쓰고 굿판을 벌인다는 것이다. 정말이지 중세의 마녀재판과 다를 것이 하나도 없다.

반면 과학적이고 전문적인 도움을 받는 데는 아직까지 대단한 용기(?)가 필요해 보인다. 여론조사를 보면 알 수 있는데, 국민의 75퍼센트가 "정신과" 하면 부정적인 이미지가 먼저 떠오른다고 한다. 또 열에 아홉은 자녀에게 정신과 치료가 필요하다 해도 편견 때문에 치료를 망설일 것이라고 답했다. 실제로 다른 과 의사들도 환자에게 뺨 맞을 각오가되어 있지 않는 한 정신과 진료를 권하지 못하고 있다. 우리는 언제까지 손바닥으로 하늘을 가리고 살 것인지 묻고 싶다.


# 호환 마마보다 무서운
## 시험불안

29살 현영 씨는 국내 굴지의 법무법인에서 국제소송팀의 변호사로 활약 중이다. 누구나 부러워하는 법무법인에 입사한 것은 2010년, 명색이 변호사지만 아직 햇병아리이고 거대 법무법인이다 보니 잡일은 모두 현영 씨의 몫이다. 거의 매일 밤을 새우다시피 하지만 그래도 그녀는 일이 즐겁기만 하다.

현재의 모습만 본 이들은 그녀를 서울대 법대 수석 졸업, 2학년 때 1차 합격, 4학년에 2차 합격, 사법연수원 1등, 대한민국 최고 연봉을 받는 멋있는 변호사로만 안다. 공부에 관해서는 거칠 것 없는 듯이 보이는 현영 씨, 하지만 그녀에게도 어려운 시기가 있었다.

때는 바야흐로 2004년 11월 17일, 바로 2005학년도 수능시험일이었다. 마침 EBS에서 수능시험 특집 방송을 마치고 정오 즈음 클리닉에 도착했는데, 한 여학생이 대기실 소파에서 시선을 떨구고 울고 있었다. 나는 갑작스러운 손님의 방문에 당황하지 않을 수 없었다. 이내 간호사를 불러 자초지종을 물었으나, "잘 모르겠는데요. 그냥 10시경부터 저렇게 앉아만 있네요?" 하는 것이 아닌가.

나는 그 학생을 들어오라 하고 대화를 시도했다.

"혹시 어떤 일로?"

"…"

그 학생은 여전히 눈물을 훔치며 아무 말도 하지 못했다. 침묵이 계속됐지만, 나는 그저 여학생이 입을 열기만을 기다릴 수밖에 없었다. 그러고도 한참 시간이 지났을까? 이윽고 울먹이며 나온 한마디는 놀라웠다.

"언어 듣기평가 시간인데 갑자기 아무것도… 안, 들, 리, 더, 라, 고, 요."

앗! 그렇다면 지금 수능시험을 보고 있어야 할 학생이 내 앞에? 그랬다. 그 여학생은 수능시험 1교시 언어 듣기 다섯 문제가 하나도 들리지 않고, 6번 문제부터는 시험지가 하얘지면서 눈에 들어오지 않았다고 했다. 그 순간 자신이 목표로 한 S대 법대는 날아갔다는 생각에 1교시만 마치고 클리닉을 찾아온 것이다. 12년 고된 농사를 단 10분 만에 망쳐버렸던 것이다. 그리고 당연히 재수를 해야만 했다.

현영 씨는 당시 모르는 게 없을 정도로 공부를 잘하는 학생이었다. 그런데 긴장만 하면 머릿속이 하얘지는 타입이다. 학생 현영이는 모의고사 성적은 전국 2퍼센트였지만 내신 성적은 그만큼 나오지 않았다. 그 이유는 바로 긴장 때문이었다. 모의고사야 대입 성적에 반영되지 않는, 말 그대로 수능시험을 대비해 자신의 성적을 진단해보는 시험이지만, 중간고사나 기말고사는 내신으로 반영돼 대입에서 30퍼센트를 차지하는 중요한 시험이니 긴장할 수밖에 없었던 것이다.


긴장 때문에 성적이 좌우되는 또 다른 예로 고등학교 2학년 순미가 있다. 순미 역시 대입과 무관한 모의고사에서는 평균 1~2등급 정도를 유지하지만, 대입과 직결되는 내신은 3등급도 턱걸이하기 어려웠다. 순미는 "선생님이 시험지만 들고 교실에 들어오시면 심장이 터질 것같이 쿵쾅거려요. 분명히 화장실을 두 번이나 다녀왔는데 또 소변이 마렵고, 심할 때는 눈앞이 아득해지면서 시험지가 하얗게 보일 때도 있었어요"라며 괴로워했다.

옆에서 어머니도 "시험 첫날 첫 시험 망치면 이후 시험은 빵점이라고 보시면 됩니다. 자기도 다시 풀어보면 다 아는 문제였다며 엉엉 울기만 해요"라며 한마디 거들었다.

이런 순미의 증상은 이미 중학교 1학년 때부터 시작됐다. 순미는 심한 시험불안(test anxiety) 증상을 겪고 있었다. 시험불안이란 다음과 같은 순서로 진행된다.

> 시험을 보는 상황(스트레스) → 긴장 → 교감신경 자극 → 아드레날린 분비 → 각성과 의욕 상승 → 집중과 기억력 향상(반짝 효과) → (과도해지면) 기억을 관장하는 뇌의 해마 부위의 에너지 공급 차단, 뇌 활성도 감소 → 집중과 기억력 감소 → 당황 → 더욱 긴장 → 더욱 집중과 기억력 감소 → 시험 실패

스트레스를 받으면 우리 몸에서는 코르티솔(cortisol)이라는 스트레스 호르몬이 분비돼 스트레스를 물리친다. 그러나 스트레스가 지나치면 코르티솔이 과다하게 분비된다. 마치 건전지의 산(acid)이 건전지 자체를 녹이듯 과다 분비된 코르티솔이 뇌의 신경과 신경 사이의 연결을 끊어

버리는 것이다. 이 때문에 기억을 관장하는 해마(Hippocampus)가 완전히 위축되면서 급기야 '머리가 텅 빈 느낌'이 들게 되는 것이다. 바로 이게 시험불안의 원인이며, 연습엔 강하고 실전에 약한 학생들이 시험장에서 겪는 고통의 정체이다.

시험을 앞두고 마음이 호수처럼 평온한 학생은 시험을 포기한 학생이 아니라면 아마 찾아보기 어려울 것이다. 특히 수능시험 같은 한판 승부일 때는 두말할 것도 없다.

순미는 바로 가상현실 체험에 들어갔다. 이 가상현실은 자신이 실제로 아침에 일어나 수능시험 고사장으로 향하고 후배로부터 응원을 받으며 입실해 1교시 언어 영역 시험지를 받아드는 내용이다. 처음 순미는 눈물을 펑펑 흘리며 "그만 볼래요"라고 말했다. 나는 억지로 순미를 설득해 네 번 연속 가상현실 동영상을 보게 했다. 그제서야 순미는 "이젠 좀 괜찮아졌어요" 했다. 이 가상현실 체험은 3D 입체 영화 수준은 아니지만, 수험생들을 사뭇 긴장시키도록 만들어졌다. 처음 보면 오히려 불안이 더욱 증가하지만 보면 볼수록 불안감이 감소하는 탈감작효과(Desensitization) 이론을 이용한 영상이다.

몇 년 전, 시험불안으로 고통받는 79명의 재수생을 대상으로 시험불안을 해결하기 위해 이런 가상현실 체험을 시켜보았다. 그 결과는 놀랄 정도였다. 시험불안이 줄어드니 수능 점수가 무려 9.3점 높아진 것이다. 이는 의과대학을 지망하는 학생이 시험불안으로 9.3점을 잃어버린다면 서울에 있는 공대에 지원할 수밖에 없는 어마어마한 점수 차인 것이다.

순미는 그 후 인지행동치료를 통해 더욱 시험에 강한 '철녀'로 변해갔고, 지금은 시험 때 오히려 담대한 모습을 보인다고 한다. 자녀에게 "실수도 실력이고 불안한 건 누구나 마찬가지야"라는 틀에 박힌 말을 해주는 것보다는 그 원인을 찾아 해결해주는 것이 진정 부모의 도리가 아닐까?

| 성별 | 구분 | 시험불안 상황 | 신체 증상 | 인지 반응 | 정서 반응 | 행동 증상 |
|---|---|---|---|---|---|---|
| 여 | 고3 | 1교시 타종 소리 | 복통, 손 떨림 | | 긴장 | OMR 마킹 실수 |
| 여 | 고3 | 수능 전날, 수능 당일 | | 기억이 안 남 | 예민 짜증 긴장 | 모르는 문제에 많은 시간 사용, 시험 시간 부족, 쉬운 문제 틀림, 지문을 여러 번 읽음. |
| 여 | 재수 | 수능 당일 아침부터 | 가슴 떨림, 한숨 | 시험 중 잡념(노래) 발생 | 짜증 | 마음이 급해지고, 쉬운 문제도 틀림. 시험 집중력 저하 |
| 남 | 고3 | 시험 당일 | 소화불량, 가슴 떨림 | 공부를 안 한 느낌이 들면서 불안 | 짜증 불안 | 시험지를 받으면 눈앞이 멍해짐 |
| 남 | 고3 | 시험 이틀 전부터 시험 당일까지 | 두통, 소화불량, 불면 | 성적 저조 불안감 | 우울 예민 | 마킹할 때 손 떨림 |
| 남 | 재수 | 시험 시작 10분 전부터 | 복통, 빠른 맥박, 식은땀, 머리가 멍해짐 | 시험 망치면 안 되는데 하는 생각 | 걱정 불안 | |
| 남 | 고3 | 시험 전날, 시험지 받을 때 | 심장박동 증가 | 아는 문제가 나와도 틀리면 어쩌나 하는 걱정 | 불안 | 안절부절, 잦은 실수 |
| 남 | 고3 | 시험 당일 1교시 | 복통, 잦은 방뇨 욕구 | 부모님 기대에 대한 부담감 | | 문제를 읽어도 이해가 잘 안 됨 |

위의 표는 내가 진료하며 얻은 임상 사례의 일부인데, 시험불안이 얼마나 무서운가를 보여주는 사례다. 내가 조사한 바로는 거의 100명 중 8명의 학생이 시험불안이라는 마귀의 손아귀에 잡혀 시험을 망치고, 재수나 3수, 심지어 4수를 시작해야 했다. "나는 예외야"라고 생각한다면 그건 분명 오판이다.

### 시험불안 자가 진단표

각 문장을 자세히 읽고 자신의 상태를 가장 잘 나타낸다고 생각되는 번호를 선택해주십시오.

0 어쩌다 그렇다.
1 가끔 그렇다.
2 보통 그렇다.
3 대체로 그렇다.
4 아주 그렇다.

| | | | | | | |
|---|---|---|---|---|---|---|
| 1 | 시험에는 자신이 없고, 긴장하게 된다. | 0 | 1 | 2 | 3 | 4 |
| 2 | 시험 기간 줄곧 마음이 편하지 못하다. | 0 | 1 | 2 | 3 | 4 |
| 3 | 시험 점수 생각에 시험공부가 잘 안 될 때가 있다. | 0 | 1 | 2 | 3 | 4 |
| 4 | 시험 걱정에 매달려 마음의 여유가 없다. | 0 | 1 | 2 | 3 | 4 |
| 5 | 1) 수험생: 시험을 치는 동안 내 성적으로 원하는 학교에 합격할지 걱정된다.<br>2) 일반학생: 시험을 치는 동안 내가 목표했던 점수가 나올지 걱정된다. | 0 | 1 | 2 | 3 | 4 |
| 6 | 문제를 푸는 순간에도 걱정돼 애를 태운다. | 0 | 1 | 2 | 3 | 4 |

아이도 살리고 부모도 살리는
공부 동행

| 7 | 혹시 틀리지 않을까 하는 생각에 주의집중이 잘 안 된다. | 0 | 1 | 2 | 3 | 4 |
|---|---|---|---|---|---|---|
| 8 | 시험을 칠 때 안절부절못하고 몹시 서둔다. | 0 | 1 | 2 | 3 | 4 |
| 9 | 시험공부를 아무리 많이 해도 시험시간만 되면 초조해진다. | 0 | 1 | 2 | 3 | 4 |
| 10 | 시험 점수를 알기 전에는 도무지 마음이 놓이지 않는다. | 0 | 1 | 2 | 3 | 4 |
| 11 | 답을 쓰는 순간 손발이 떨린다. | 0 | 1 | 2 | 3 | 4 |
| 12 | 이제 시험이나 성적 걱정에서 벗어났으면 좋겠다. | 0 | 1 | 2 | 3 | 4 |
| 13 | 식욕을 잃고 속이 불편할 정도로 신경이 날카로워진다. | 0 | 1 | 2 | 3 | 4 |
| 14 | 시험은 나에게 좌절감과 패배감을 갖게 한다. | 0 | 1 | 2 | 3 | 4 |
| 15 | 시험을 치는 동안 몹시 당황한다. | 0 | 1 | 2 | 3 | 4 |
| 16 | 시험일이 다가오면 나도 모르게 몸과 마음이 굳어진다. | 0 | 1 | 2 | 3 | 4 |
| 17 | 시험을 치는 순간에도 성적이 떨어질까 봐 마음 졸인다. | 0 | 1 | 2 | 3 | 4 |
| 18 | 시험을 치는 동안 가슴이 두근거리고 입이 마른다. | 0 | 1 | 2 | 3 | 4 |
| 19 | 시험을 치고 난 다음에도 시험 걱정을 한다. | 0 | 1 | 2 | 3 | 4 |
| 20 | 몹시 긴장해서 아는 것도 생각나지 않을 때가 있다 | 0 | 1 | 2 | 3 | 4 |

## 분석 / 대처요령

**30점 이하**  정상적인 시험불안입니다. 시험 칠 때 적절한 이완감을 유지해서 자신의 실력을 충분히 발휘할 수 있는 통제력을 가지고 있습니다.

**31~50점**  가벼운 시험불안입니다. 자기 통제력을 가지고 있지만, 자기 통제력을 상실할 수도 있으므로 간단한 이완 훈련이 도움됩니다.

**51~60점**  중간 수준의 시험불안입니다. 시험에 대한 긴장과 부담 탓에 행동, 정서, 생각의 통제력을 점차 잃어가고 시험 성적이 떨어질 수 있습니다. 이완 훈련과 교사와 부모의 적극적인 도움이 필요합니다.

**61~80점**  심한 시험불안 증세입니다. 과도한 시험 부담감으로 행동, 정서, 생각의 통제력을 상실할 수 있습니다. 전문가와의 상담을 권합니다.

## 시험불안을 이겨내는 점진적 근육 이완법

- 양 주먹을 꼭 쥐어 긴장시킨다.
- 한쪽 주먹을 반대쪽 어깨로 올리며 팔에 힘을 준다.
- 발과 다리를 쭉 뻗은 채 최대한 힘을 주어 긴장시킨다.
- 두 다리를 모아 들고 허벅지를 눌러준다.
- 숨을 참은 상태로 아랫배에 힘을 준다.
- 숨을 깊게 들이쉰 채로 양 어깨가 서로 만나듯이 자세를 취하며 힘을 준다.
- 이를 악물고 입가를 최대한 귀쪽으로 당긴다.
- 눈과 코를 찡그리면서 긴장시킨다.
- 미간을 최대한 모으고 눈썹을 가능한 한 높이 치켜뜬다.
- 턱을 드는 동작과 내리는 동작을 동시에 한다는 느낌으로 최대한 목에 힘을 준다.

### 점진적 근육 이완을 돕는 몇 가지 팁

이 훈련법은 점진적으로 긴장을 조절하는 방법이다. 다음과 같이 머리부터 발가락까지 근육 군으로 나누어서 시행하되, 적당히 긴장을 시킨 뒤 이완시킨다.

- 서서히 이완하면 오히려 몸을 긴장시킨다. 한 번에 강도 높게 긴장하고 갑자기 힘을 빼 20초가량 이완 상태를 유지하면 효과가 있다.
- 한 번에 하나의 근육에 집중해야 한다.

아이도 살리고 부모도 살리는
공부 동행

- 한 근육을 이완한 뒤 다른 근육을 긴장시키기까지 적절한 시간을 둔다.
- 충분한 이완을 느낄 수 없다고 실망할 필요는 없다. 자신의 근육 긴장도를 느끼는 것이 첫 번째 목표이다.
- 긴장이 잘 풀어지지 않을 때는 '썰물처럼 빠져나가는 느낌'을 생각하면 도움이 된다.
- 너무 지나친 노력은 오히려 이완을 방해한다. 최대한 긴장한 뒤 자연스럽게 이완되도록 내버려두는 것이 좋다.

# 100명 중
## 80명이 겪는 슬럼프

수능시험을 코앞에 두고 안타깝게도 거꾸러지는 수험생들을 자주 본다. 고3 창현이가 그랬다. 6월까지만 해도 책만 보면 머리에 쏙쏙 들어오고 지난 4년 동안의 기출문제를 풀어도 어지간하면 1등급이 나와서 그야말로 호랑이에 날개를 단 듯했다. 그러던 창현이가 8월 초부터 서서히 피곤해져 온종일 잠만 자려 하고 공부할 의욕과 집중력이 떨어졌다. 냉방병이려니 했지만 그도 아니다. 창현이는 공부하다가도 수능시험을 망칠 것만 같은 생각에 휩싸였다. 창현이 어머니는 광고에 나오는 수험생에 좋다는 약을 먹여봤지만 소용이 없었다. 재수할까 하는 고민을 수능시험을 치르기도 전에 먼저 할 정도였다.

이런 현상을 슬럼프라고 한다. 즉 모든 것이 부진한 상태라는 뜻이다. 다른 말로는 '번 아웃(burn out)'이라고도 하는데, 스트레스성 신경쇠약을 이르는 말이다. 나는 우리나라 수험생의 스트레스 지수를 알아본 적이 있다. 미국의 심리학자 홀메스(Holmes)와 라체(Rache)가 개발한 프로그램으로, 스트레스를 받는 상황 43가지를 설정하고 100점부터 11점까지 스트레스 지수를 매기는 방식을 따랐다. 가령 배우자 사망은 100점으로 1위, 사소한 법률 위반은 11점으로 43위라는 식이다. 이들의 임상 연구에선 1년 동안 스트레스 지수의 합이 300점을 넘는 사람 중 79퍼센트가 몸과 마음의 질병을 얻었다. 이 기준에 따라 우리나라 수험생의 스트레스 지수를 측정하면 어떤 결과가 나올까? 꼼짝없이 갇혀 있는 상태(63

아이도 살리고 부모도 살리는
공부 동행

점) + 생활 조건의 변화(25점) + 수면 습관 억제(24점) + 취미 활동 제한(19점)…. 모두 합쳐보니 우리나라 수험생이 받는 스트레스 지수는 300점을 훌쩍 넘겨버린다. 당연히 수험생 10명 중 8명은 슬럼프를 겪을 수밖에 없다는 결론이다.

수험생 슬럼프는 다양한 스트레스가 뒤섞인 상태에서 발생하는 '자연스러운 현상'이다. 이런 상태에서 억지로 공부하려 애쓰는 건 문제 해결에 전혀 도움이 되지 않을뿐더러 오히려 상태를 더 악화시킬 수 있다. 그보다는 본인이 슬럼프라는 사실을 인정하고 탈출을 모색하는 게 훨씬 현명한 방법이다.

그런 방법에는 어떤 것이 있을까? 이심치심(以心治心), 심리적 문제에서 발생한 문제는 심리적 대응으로 푸는 게 최선이다. 슬럼프 탈출에 효과적인 세 가지 마음가짐을 소개한다.

첫째, 나만 그런 게 아니다. 앞서 말했듯이 80퍼센트의 수험생이 슬럼프를 겪는다. 만일 슬럼프가 없다면 그건 역설적으로 공부를 안 했다는 뜻이다. 처음부터 공부를 포기하고 놀기만 했다면 슬럼프란 손님은 찾아오지 않는다. 내게 찾아온 슬럼프는 그만큼 내가 열심히 공부했다는 증거이므로 손님을 반갑게 맞이하자.

둘째, 나에게 상을 줄 때가 왔다. 앞서 말했듯이 슬럼프란 노력의 결과이다. 그러므로 슬럼프가 찾아오면 '내가 나에게 상을 줄 때가 왔다'고 생각하라. 자신이 하고 싶었던 운동이나 여행, 영화를 즐겨라. 적어도 그 시간만큼은 시간을 아까워할 필요가 없다. 일 보 후퇴는 이 보 전진을 약속한다.

셋째, '다 잘될 거야' 하고 낙관적으로 생각하라. 아프리카인은 구두를 신지 않는다. A는 '그러므로 아프리카에서 구두를 파는 건 불가능하다'고 하고, B는 '그러므로 구두를 무진장 팔 수 있다'고 한다. 미국의 심리학자 마틴 셀리그만은 A처럼 비관적인 사람보다 B처럼 낙관적인 사람이 성공한다고 했다. 수험 생활도 마찬가지. 비관주의자가 되지 않으려면 긍정적으로 말하고 생각하는 연습이 필요하다.

창현이는 수능시험이 다가올수록 점점 스트레스는 쌓여가고 그러다 보니 슬럼프란 손님이 찾아왔다. 나는 창현이에게 위에 말한 첫 번째와 세 번째 방법을 알려주고, 또 전에 내가 봤던 슬럼프를 겪다가 이를 극복한 사례를 이야기해주었다. 이런 말 한마디로 슬럼프를 딛고 일어나는 학생도 간혹 있다. 그러나 창현이는 그렇지 못했다.

"아무리 책을 잡고 있어도 전혀 내용이 눈에 들어오질 않아요."

"친구들과 말도 하고 싶지 않아요."

"그냥 다 포기하고만 싶어요."

"여행이요? 수능이 며칠 남았다고, 그런 말 꺼냈다간 부모님께서 불호령을 내릴 걸요?"

나는 안 되겠다는 생각을 했고, 어렵게 창현이 부모의 동의를 받아 일요일 오전 창현이와 함께 2호선 지하철에 몸을 실었다. 그날은 수능시험 20여 일 전이었다. 일요일이라 등산복 입은 사람들과 자전거를 들고 올라타는 이들이 유난히 많이 보였다. 창현이는 내가 그리 일렀건만 배낭에 공부할 책을 몇 권 들고 왔다. 나는 당장 그 배낭을 뺏어 지하철 사물 보관함에 집어넣어 버렸다. 그건 다 이유가 있었다. 나는 오늘 공부라는 새장 속에 갇혀 있는 창현이와 함께 새장 밖으로 날아보기 위해 만난 건데, 그 배낭과 책은 방해물이기 때문이다. 교대역, 우리 둘은 한 시간 반 걸리는 2호선 순환 지하철을 탔다. 늘 내 방에서 마주 보고 앉다가 다른 장소에서 옆에 같이 앉으니 또 다른 분위기다.

쭈뼛거리는 창현이에게 내가 먼저 말을 건다.

"오늘은 그냥 아무 생각 없이 잡담이나 하자."

나는 늘 창현이 이야기만 듣던 터라 그날은 그냥 내가 살아온 이야기를 했다. 초등학교 때 "천궁"이라는 중국집 하는 아이가 제일 부러웠던 이야기. 창현이는 키득거리며 "저도 문방구 하는 친구가 제일 부러웠어요"라고 화답한다. 중학교 때 몰래 영화관 들어가 영화 〈흑마〉(인순이 주연의 애로영화)를 보다가 깜짝 놀란 이야기. 고등학교 때 담치기해서 순댓국 먹고 오락실에서 인베이더, 겔로그 하다가 학생주임에게 걸려 반성문 쓰고 엎드려뻗쳐 한 이야기. 앞에 앉은 친구 이름 모른다고 이기주의자라며 물리 선생님에게 열나게 쥐어 터져 실신했던 이야기. 갑자기 교실로 웬 아저씨가 찾아와 "내 딸 네가 책임질 거냐?"라며 멱살 잡혀 교무실 끌려갔다가, 알고 보니 다른 반에 동명이인이 있었던 황당 사건 이야기. 사실은 의사가 되고 싶지 않았고 심리학과에 가고 싶었다는 이야기. 그래서인지 첫 애인이 모 대학 심리학과 여학생이었단 이야기. 인턴 때 술이 덜 깨 여자 숙소에 들어갔다가 성추행범으로 몰린 이야기….

창현이는 처음엔 피식 피식 웃기만 하더니, "전 선생님은 무지 공부만 하는 모범생인 줄 알았어요" 한다.

"야! 내가 그렇게 공부 잘했으면 뭐하러 학습 클리닉 하겠니?"

주로 내 이야기로 시작했지만 창현이는 "오!", "정말요?", "에이 뻥"이라며 점차 리액션이 늘어났다. 우린 이렇게 공부의 ㄱ 자도 꺼내지 않고 2호선을 한 바퀴 돌아 다시 교대역 근처에서 산채비빔밥을 먹고 헤어졌다. 약 두 시간 반의 남자끼리의 데이트가 창현이에게 뭔 도움이 되겠나 싶었지만, 저녁 늦은 시간 내 휴대전화에 메시지가 도착한다.

"선생님, 오늘 여행 재미있었어요. 감사합니다. 남은 기간 열심히 할게요."

이런 사소한 것에서도 다시 힘을 얻을 수 있다. 비록 창현이는 그해에 자신이 원하던 대학과 학과는 못 갔지만, 이듬해에는 그 꿈이 실현됐다. 창현이는 지금 군에 가 있다. 보고 싶은 놈.

골프 천재 타이거 우즈를 모르는 이는 없다. 그러나 그의 주치의가 정신과 의사라는 것을 아는 사람은 거의 없다. 우즈는 종종 자기 제어에 실패하면 그때마다 비싼 진료비를 내고 정신과 전문의의 도움을 받는다. 고도의 집중력이 필요한 골프에서 최종적으로 승부를 가르는 건 마음가짐이기 때문이다.

공부 역시 다를 게 없다. 슬럼프는 수험생이라면 누구나 겪는 난관이지만, 동시에 누구나 통과할 수 있는 유용한 연습 코스이기도 하다. 아무리 심한 슬럼프라도 결국엔 마음 상태에 따라 발생하고, 마음먹기에 따라 소멸한다는 사실을 분명히 기억해두자. 누군가 그랬듯 '이 또한 지나가리니…'. 그러나 빠르면 빠를수록 좋다.

# 순둥이들이 걸리기 쉬운
## 스트레스성 강박

A는 삼수 끝에 어렵게 자신이 원하던 대학과 학과에 입학했다. 지난 2년간의 일은 지금도 생각하고 싶지 않다고 했다.

"3학년 첫 수능시험 때, 앞에 앉은 수험생이 다리를 떠는 게 신경 쓰였어요. 그런가 보다 하고 지나치려 했는데, 언어 듣기평가 하는데도 계속 신경이 쓰이는 거 있죠? 안 보려고 일부러 고개를 시험지에 파묻어도 소용이 없더라고요."

A는 신경 쓰지 않으려고 스스로 암시를 걸기도 했지만, 그러면 그럴수록 더욱 신경이 쓰여 평소 실력의 60퍼센트도 안 되는 성적이 나와 바로 재수를 결심하게 됐다고 했다. 그리고 재수를 하면서도 평소 학원 자체 평가 때는 별반 신경이 안 쓰이던 것이 6월, 9월 평가원 모의고사같이 중요한 시험 때면 옆 좌석에 놓인 파란색 사물함이나 벽 모서리가 신경에 거슬려서 제대로 실력 발휘를 못 했다.

하지만 B에 견주면 A는 약과다. B는 수능시험 전날 긴장을 풀기 위해 취침 전에 들었던 가요가 머릿속에서 계속 맴돌아 도저히 시험을 볼 수 없어 울면서 포기했다. 이런 사례는 수를 헤아릴 수 없을 정도로 많다. C는 시장통 속에 위치한 학교에서 시험을 봤는데, 때마침 "두부 사세요"라는 장사꾼의 외침에 수능시험을 망쳤다. 1교시 국어시험은 물론 점심 후 탐구시간까지 그 소리가 귀에서 떠나지 않아 도저히 시험을 볼 수가 없었다.

위의 사례처럼 수능시험 당일 이 같은 어처구니없는 일로 1년, 아니 12년 농사를 망치는 수험생을 자주 보게 된다. 심지어 자기 얼굴의 안경테가 신경 쓰인다거나, 의자가 삐걱거려 문제를 풀 수 없다거나, 감독교사의 일거수일투족이 나를 주시하는 것만 같았다거나, 히터나 온풍기 때문에 갑갑해 숨이 턱까지 차올랐다거나 해서 시험을 완전히 망쳐버린 학생도 있다.

이 학생들은 수능시험 당일 '재수 옴 붙었다'라고 생각하고 또 한 번 고난의 길을 걸을 수밖에 없다. 또 부모들은 "말 같지도 않은 핑계를 댄다"며 핀잔을 주기 일쑤다. 이런 현상은 시험불안과는 또 다른 종류의 적군이다. 무엇인가 신경에 거슬리는 것이 있으면 그것이 수능시험 시간 내내 머릿속에서 마치 뫼비우스의 띠처럼 끝도 없이 맴도는 것이다. 이는 수능시험이라는 극도의 스트레스로 말미암은 취약한 심리적 상황에서 나타나는 강박 현상의 일종이다.

이런 학생들은 평소 수줍음이 많고 예민해서 온갖 것이 다 스트레스로 작용한다. 또 나보다는 남을 배려하고 남에게 피해를 주지 않으려 하는 소위 '예민한 순둥이' 학생이라는 공통점이 있다. 이들은 또한 조금은 소심하기도 하고, 자기주장을 내세우기보다는 친구들의 의견을 그냥 따르는 경우가 많다. 그러다 보니 꾹 참고 지내는 것이 버릇이 돼 자기 감정이나 의견을 분출하지 못하고 속에 쌓아둔다. 이것이 원인이 돼 심인성질환(심리적 문제가 신체적으로 나타나는 질환)을 일으키기도 한다.

그래서 B는 스트레스만 받으면 배탈이 나서 수험 생활 내내 병원 신세를 지지만 병원에서는 속 시원한 대답 대신 매번 '과민성대장증세'라는 말만 듣고 거의 매일 약에 의지해야만 했다. 이러한 스트레스성 강박이나 심인성질환은 인지행동적 접근이 매우 효과적이다. 즉, 이런 현상을 일으키는 이유가 무엇이며 그때 내 생각은 어떻게 돌아가고 그 때문에 어떤 행동을 하게 되는지를 함께 짚어보며 그것이 얼마나 비합리적인가를 파헤치는 작업이다.

또한 이 진단은 자기만의 스트레스 해소법을 하나씩 가르쳐주기도 한다. 명상, 점진적 근육 이완법, 안구 운동법 등이 이에 속한다. 이런저런 방법이 모두 통하지 않거나 이를 배우기에는 시간이 부족하다면 의학적 접근도 마다치 말아야 한다. 이런 유사한 경험이 있는 '예민한 순둥이'들이라면 대형 사고를 막기 위해 미리 진단하고 대처법을 찾는 것이 큰 시험에서 제 실력을 낼 수 있는 보증수표임을 알아야 한다.


# 생각보다 치명적인
# 공부 스트레스

서울 양천구의 한 초등학교에 다니는 5학년 용철이의 상태가 이상해진 것은 서너 달쯤 전이었다. 건강하던 아이가 갑자기 배앓이를 시작했다.

학원 갈 시간만 되면 복통을 호소하는 것이다. 부모는 아이가 꾀병 부린 다 생각하고 억지로 용철이를 학원에 끌고 갔다. 그러나 증상은 갈수록 악화해 오줌소태까지 시작됐다. 학원 수업 도중에도 10~20분마다 화장 실을 들락거려 강사에게 '산만하다'고 혼나기도 했다. 부모는 용철이를 소아청소년과에 데려갔으나, 병원에만 가면 증상이 씻은 듯 사라졌다. 그러기를 몇 번, 소아청소년과 의사는 부모에게 조심스레 '심리적 문제 인 것 같다'며 정신과 진료를 권유했다.

심리검사 결과 용철이는 '과도한 학업 스트레스'에 의한 과민성대장 증세였다. 용철이는 일주일에 영어 과외 세 번, 수학학원 다섯 번, 피아 노학원 두 번과 한자학원, 글짓기·논술학원, 축구·사회체육 과외, 바이 올린, 태권도, 창의력 수업 등을 받고 있었다. 매일 학원 두세 곳을 다녀 야 했던 것이다.

용철이는 학원 때문에 저녁 식사는 늘 8시를 넘겨야 했다. 어머니가 승용차로 이 학원에서 저 학원으로 이동시켜줄 때 차 안에서 햄버거나 떡볶이로 간단하게 때울 때도 잦았다. 용철이는 "학교 다닌 이후부터는 밖에 나가 놀아본 적이 없다"고 했다. 학원 숙제까지 끝내고 잠자리에 들면 자정을 넘기는 건 다반사였다.

용철이처럼 '공부 스트레스'라는 마음의 병을 앓는 학생은 특수한 경 우가 아니다. 건강보험공단과 통계청의 발표를 보면, 7~19세의 학령기 아동 871만 명 가운데 용철이 같은 학생이 17만 9,000명으로, 100명당 2.06명꼴이다. 서울 강남구가 100명당 3.85명으로 가장 높았고, 경기 성 남 분당구(3.74명), 수원 영통구(3.31명), 서울 서초구(3.24명) 등의 순이었다.

아이도 살리고 부모도 살리는
공부 동행

부모 소득이 상대적으로 높고 교육열이 높은 지역의 아이가 그만큼 공부 스트레스도 높다는 얘기였다.

한 대학병원의 정신건강의학과에서 2010년 10월 한 달 동안 서울의 강남·목동·중계동과 경기도 분당 등 교육열이 높은 4개 지역의 중·고등학생 1,216명을 조사한 결과, 61.4퍼센트(747명)가 만성두통을 호소했다는 결과를 발표했다. 이 발표에 따르면 소화불량을 앓는 학생도 46.8퍼센트(570명)에 달했다.

물론 이 모든 게 학업 스트레스 때문이라고는 단정할 수 없지만, 성적이 매개가 돼 부모와 갈등을 겪는 등 학업이 스트레스의 주원인이 되는 경우가 대부분임을 쉽게 유추할 수 있다. 부모가 '우리 애는 공부에 집중을 못 하고 산만해 성적이 떨어진다. ADHD(주의력결핍과잉행동장애) 아닌지 모르겠다'며 병원에 데리고 오는 아이들 태반이 사실은 공부 스트레스이고, 심지어는 우울증을 앓는 경우도 있었다. 그리고 그중 다수가 '학원 중독'에 빠져 있었다.

서울 강남의 한 초등학교에 다니는 일곱 살 수정이가 그리는 그림은 온통 검은색 일색이었다. 집도, 사람도 모두 까맣게 그렸다. 수정이는 코를 킁킁거리거나 눈을 계속 깜빡거리는 행동을 계속 반복하는 이른바 '틱증후군' 환자다.

의학계에 따르면, 이 병은 감수성이 예민한 어린아이들이 스트레스를 표출하는 방식으로 발병한다. 초등학교 1학년 수정이가 하는 과외는 영어·미술·음악·바이올린·발레 등 모두 여섯 가지나 된다. 학원 숙제까지 끝내면 자정을 넘기기 일쑤지만 기상 시간은 7시로 수정이는 하루에 6시간도 채 자지 못한다. 수정이 어머니는 수정이를 학원에 데리고 다니느라 직장까지 그만둬야 했다.

수정이에게 이상이 나타난 것은 클리닉에 찾아오기 몇 달 전이었다. 아빠와 엄마에게 소리를 지르고 남동생을 때리는 등 갑자기 난폭한 행동을 보이기 시작했다. 공부 스트레스가 어린 수정이를 '헐크'로 만들어버린 것이다.

수정이 어머니에게 내민 처방전은 간단했다.

"당분간 학원을 쉬게 해주세요."

이 간단한 처방전 한 장이 헐크를 천진난만하고 귀여운 어린이로 되돌려놓았다.

늘 느끼는 일이지만 클리닉의 처방은 단순하고 간단하다. 하지만 실행은 어렵다. 수정이 어머니도 마찬가지였다.

"그래도 혹시 영어 하나만이라도…."

이럴 때는 처방의 간단함에 단호함을 더할 수밖에 없다.

"그럴 거면 여기 오지도 마시고 어머님께서 의사 하세요!"

이래야 겨우 어머니는 처방을 따른다. 사랑의 방식을 오해한 부모가 아이를 헐크로 만드는 법이다. 아이도 불쌍하고 헐크의 부모도 불쌍하다.

# 어린이 우울증의
## 검은 그림자

초등학교 5학년 권수는 강북에서 강남으로 이사를 온 뒤 성적이 크게 떨어졌다. 권수 어머니는 "전에 다니던 학교에 비해 지금 학교 아이들이 공부를 잘하니 당연한 일"이라며 대수롭지 않게 여겼다. 그래서 권수를 과외와 학원으로 돌리며 매몰차게 공부를 시켰다. 머리가 명석해 어머니의 기대에 부응하는 듯이 보였지만 그것도 잠시, 권수는 학교에 가기 싫다고 했다. 그리고 학교 갈 시간만 되면 배가 아프다, 머리가 아프다며 등교를 거부하곤 했다. 어머니는 억지로 달래고 얼러서 학교에 보내지만 일주일에 두세 번씩 보건실 신세를 지고 심하면 조퇴를 해 집으로 돌아오기 일쑤였다. 병원에 가보면 '아무 이상이 없다'는 말만 듣다 보니 어머니는 아무래도 공부하기 싫어 생긴 '꾀병'으로밖에 생각하지 않을 수 없었다.

모범생이었던 권수는 서서히 변해갔다. 어쩌다 방문을 열어보면 창밖을 멍하니 쳐다보고 있고, 어머니가 학습지의 '학' 자만 말해도 짜증을 부렸다. 학원으로부터 권수가 안 왔다는 문자를 받은 어머니는 처음엔 모른 척했지만, 여러 번 같은 문자와 전화를 받고 권수를 꾸중했더니 화분을 집어 던지며 어머니에게 욕설까지 퍼붓는다. 놀란 어머니는 사춘기가 왔나 싶어 마치 고3 수험생을 둔 어머니처럼 아들을 왕처럼 떠받들어 주었다.

그런데 이게 웬일인가? 어느 날, 급기야 온몸이 만신창이가 되고 옷이

찢긴 채 집으로 들어왔다.

"누구랑 싸웠니?"

"몰라, 씨팔!"

그러곤 자기 방으로 들어가 문을 잠가버렸다. 아니나 다를까! 담임선생님으로부터 전화가 왔다.

"권수가 친구 두 명이랑 싸움을 했어요. 권수가 급식시간에 새치기하자 친구가 뭐라고 했고, 그러자 권수가 주먹을 날렸대요. 그러다 보니 옆에 있던 친구 한 명도 가세해 싸운 겁니다."

그렇게 점점 더 권수는 집중력도 떨어지고 산만해졌으며 과격한 행동도 서슴지 않았다. 인터넷을 검색한 어머니는 ADHD를 의심해 급기야는 클리닉을 찾게 됐다. 면담과 검사 끝에 나온 결론은 '우울증'이었다. 권수는 항우울제 처방과 놀이 치료 후 밝은 모습을 되찾을 수 있었고 어엿한 중학교 1학년 우등생이 됐다.

권수는 소위 가짜 ADHD였다. 즉, ADHD라는 가면을 쓴 우울이란 뜻이다. 아이들의 우울은 성인의 그것과는 사뭇 다르다. 어른은 우울증에 걸리면 만사가 귀찮고 심하면 죽고 싶은 생각이 든다. 그러나 아이들은 산만해지고 짜증 내거나 충동적으로 변해, 마치 ADHD처럼 보인다. 전문의조차도 이 둘을 구분해내기란 쉽지 않다. 그리고 성인 우울의 원인은 생물학적인 면이 강하지만, 아이들의 우울은 '환경적인 영향'을 많이 받는다. 권수처럼 전학 등 갑작스러운 환경의 변화나 친구 관계, 외모, 성적, 학업 스트레스, 부모와의 갈등 등이 그 원인이다.

만약 내 아이에게 다음과 같은 일이 벌어지면 우울증이 아닌지 의심해봐야 한다.

1. 성적이 갑자기 떨어진다.
2. 집중력이 떨어지고 멍하게 있는 시간이 늘어난다.
3. 사소한 일에 짜증을 부리고 예민해진다.
4. 전에 없이 난폭한 행동을 한다.
5. 여기저기 아프다고 하는데 병원에선 원인이 없다며 신경성이라고 한다.
6. 전에 없이 피곤해한다.
7. 안절부절못한다.

다음은 우울증으로 자살한 한 아이가 남긴 글이다. 어린아이답지 않게 너무도 염세적인 글에 또 한 번 가슴이 먹먹해진다.

죽고 싶을 때가 많다. 어른인 아빠는 이틀 동안 20시간 일하고 28시간 쉬는데 어린이인 나는 27시간 30분 공부하고 20시간 30분 쉰다. 왜 어른보다 어린이가 자유시간이 적은지 이해할 수 없다. 숙제가 태산 같다. 난 그만 다니고 싶다. 물고기처럼 자유로워지고 싶다.

'어린아이들이 웬 우울증'이라고 생각하는 사람이 많지만, 어린이 100명 중 한두 명은 소아 우울증을 앓는다. 이런 아이들은 갑자기 성적이 떨어지고 머리나 배가 아프다는 핑계로 학교 가기를 거부한다. 심하면 야뇨증이 생기기도 하고, 때로는 지나치게 부산하고 산만해지기도 한다.

소아 우울증의 원인은 성인과 다를 바 없지만, 스트레스에 훨씬 더 취약하다. 예닐곱 개 이상 과외를 하고 파김치가 돼 밤늦게 귀가하는 우리 아이들에겐 우울증의 검은 그림자가 늘 드리워져 있는 셈이다.

이런 우울증은 빨리 발견하면 쉽게 치료될 수 있기 때문에 부모는 아이의 마음이나 행동의 변화를 민감하게 살펴야 한다. "선생님 말씀 잘 듣고 공부 열심히 해!"라는 습관적인 인사는 그만하고 포옹으로 부모의 사랑을 표현해보자. 또, "죽겠다, 죽겠다 하는 사람치고 죽는 사람 못 봤다"라는 말을 믿어서는 안 된다. 자살자 열에 여덟은 죽기 전에 누군가에게 자살을 예고하기 때문이다. 우리 아이들이 물고기나 새처럼 자유롭게 물속을 헤엄치고 하늘을 날아다녔으면 좋겠다. 그런 상상이라도 할 수 있는 시간조차 주어지지 않는 게 공부에 치인 우리 아이들의 현실이다.


# 입시 지옥과
# 청소년 우울증


철수는 재수 끝에 본인이 원하던 서울대 생명공학과에 들어가 현재 2학년에 재학 중이다. 고등학교 시절 6월, 9월 평가원 모의고사는 400점 만점에 385~392점 사이로, 이 점수대만 나와주면 특별한 이변이 없는 한 무난히 입학할 수 있었다. 그런데 무슨 일인지 수능시험 점수가 383점으로 대기번호 3번을 받았으나 결국 재수를 결심하게 됐다. 철수의 아버지는 내가 전부터 알고 지내는 모 대학 선배 교수인데, 재수 기간 동안 철수의 관리를 부탁해왔다. 철수는 첫눈에 봐도 참 착하고 순해 빠진 친구였다. 종합검사를 해보니 모든 부분이 대한민국 1~2퍼센트에 달할 정도로 우수했다. 나는 선배, 아니 철수 아버지와 저녁 식사를 하며, "내가 별로 해줄 것이 없지 않겠냐?"고 말씀드렸다. 그러자 나에게 "절대 철수에게는 비밀이다…"라며 말문을 여신다.

"난 철수의 공부 능력은 믿어. 그런데… 그런데 말이야… 나나 내 아내는 저 아이에게 무슨 SKY니 의대니 이런 걸 원하는 게 진짜 아니야. 마음에 쌓여 있는 응어리를 풀어줬으면 하고 자네에게 부탁하는 거야. 올해 또 수능시험이 끝나고 그런 일이 벌어지면 내가 죽을 것 같아. 마누라도 마찬가지고."

내용은 이랬다. 수능시험 수학 30번 4점짜리 문제 하나를 틀려 서울대 생명공학과는 못 가도 연세대나 고려대는 갈 수 있었는데 자기가 안 가겠다고 우겼다고 한다. 그러면서 시쳇말로 재수는 필수니 대수롭지 않다고 했단다. 그런데 주변에 자기보다 공부를 못했던 아이들이 턱턱 붙는 걸 보면서 마음에 동요가 오기 시작했다고 한다. 합격자 발표가 하나, 둘 나오면서 철수는 조금씩 변해갔다. 마시지도 못하는 술에 만취가 돼 귀가해 신세타령을 늘어놓은 게 첫 시작이었다.

친구 만나러 나간다더니 밤 12시 넘어 돌아와서는 갑자기 부모에게 "야 XX 새끼들아 왜 날 낳았어! 그리고 어릴 때부터 무슨 공부, 공부… 공부가 밥 먹여줘?" 그러곤 다음날이면 필름이 끊겨 기억도 못 한다고 했다. 거의 매일 술독에 빠져 지내며 어떤 날은 "초등학교 때 네(아빠)가 나 때렸잖아, 너(엄마)는 맨날 공부 이야기만 했지 내가 얼마나 힘들었던 줄이나 알아?" 하고 갑자기 부엌으로 가 식칼로 식탁을 찍기도 하고, 장식장을 엎어버리는 소동으로 이웃에서 시끄럽다고 항의해 경비실의 전화를 하루가 멀다하고 받았다고 한다.

"집 나가 독서실에서 부탄가스를 마시고 환각 상태로 손목을 칼로 그은 적도 있어."

나는 좀 놀라지 않을 수 없었다. 거기에 하나 더….

"자네 혹시 그 기사 봤나?"

"뭐요?"

"지하철역에서 만취한 수험생이 철로로 뛰어들어 자살을 시도하려다가 구출된 사건."

"네, 봤지요. 저야 하는 일이 그렇다 보니…."

"그게 바로 저 녀석이야. 내가 아주 죽겠어."

이야기를 다 들은 후 그제야 왜 선배가 나에게 "관리"를 부탁했는지 알 수 있었다.

"집이 좀 멀어도 재수학원은 자네 클리닉 근처로 다닐 테니, 제발 매일은 어렵겠지만 일주일에 한두 번씩 면담 좀 부탁하고 필요하면 약을 써도 좋아."

그랬다. 철수는 누가 봐도 예의 바르고 착한 모범생에 공부까지 잘하는 우등생이었다. 보통 사람들은 그런 학생이 뭐가 모자라 그런 짓을 하느냐고 할 수 있지만, 엄연한 대입이란 관문 앞에서는 제아무리 강심장에 전국 1등이라 해도 스트레스를 받을 수밖에 없고, 이는 비록 당락과 관계없이 우울증을 일으킬 수 있음을 명심해야 한다.

나는 어떤 강의에서건 하는 말이 있다.

"자식이 죽으면 끝 아니에요?"

# 지킬 박사와
# 하이드

3월 모의고사 평균 1.5등급, 4월 모의고사 평균 5등급, 4월 중간고사 1 등급, 6월 모의고사 1.1등급, 기말고사 4.7등급. 명문대 경영학과를 희망하는 고2 준범이의 오르락내리락하는 성적표다. 보고 있자니 마치 롤러코스터를 탄 느낌이 들 정도로 어지럽다. 준범이의 부모는 모두 중고등학교 교사이다. 그래서인지 어머니는 고교 1학년 때부터 2학년 1학기 기말고사까지 1년 반 동안의 내신과 모의고사 성적표를 파일에 챙겨 오셨다.

"어떨 때는 거의 전 과목 1등급이다가 어떨 때는 5등급까지 곤두박질치니 종잡을 수가 없네요. 도대체 어느 게 제 실력인지 알 수가 없어요."

한숨 섞인 어머니 얘기에 준범이는 머리를 긁적이며, "엄마 아빠는 내가 성실하지 못해서 그렇다지만 절대로 아니에요. 일부러 그러는 게 아니라고요" 하며 자기도 답답하다는 듯이 대꾸했다.

모의고사는 대학 입학 성적에 안 들어가니까 대충 보는 학생이 많기에 내신과 모의고사의 차이인가 하고 살펴봤더니 그건 아니었다. 그렇다고 특정 과목에서 편차를 보이는 것도 아니었다. 전 과목 전 과정이

놀이기구처럼 요동을 쳤다. 좀 더 자세히 분석해보니 제일 잘 봤을 때의 성적대로라면 명문대 어디라도 합격이 가능한 성적이지만, 가장 나쁠 때의 성적은 지방대도 낙관할 수 없었다.

이런 상태를 파악하고 준범이와 상담을 시작했다.

"저도 잘 모르겠어요. 어떨 때는 밤새워 공부해도 다음 날 수업시간에 졸리지도 않고, 오히려 1등 해야겠다는 생각에 1분 1초가 아깝게 느껴져요. 그런데 어느 날은 모든 게 다 귀찮고 집중도 안 되고 공부도 하기 싫고 그냥 잠만 자고 싶어져요."

무단결석을 한 날도 있고 심지어 수업 도중에 몰래 빠져나가 지하철을 타고 서울 시내를 돌아다닌 적도 대여섯 번 있다고 했다. 그러다 보니 성적도 성적이지만 학업 태도도 모범 학생과 불량 학생을 오갔다. 그래서 징계위원회에 불려 나간 적도 있었다.

그래서 준범이 담임선생님과도 통화를 했다. 선생님은 준범이가 전교에 알려진 유명 인사라고 한다. '지하'라는 별명이 붙어 있단다. '지킬 박사와 하이드 씨'의 줄임말로 우등과 열등, 모범과 불량을 수시로 왔다 갔다 한다 해서 붙은 별명이었다.


3학년 여중생 승희도 준범이와 별로 다르지 않았다.

"천당과 지옥을 수시로 넘나들어요."

승희 어머니 역시 준범이 어머니처럼 한숨지었다.

"중간고사 95점이면 기말은 영락없이 60점대로 죽을 쒀요. 이젠 저희 부부는 승희가 만점을 받아 와도 하나도 즐거워하지 않아요. 다음 시험 성적은 불 보듯 뻔하니까요."

이제는 승희의 성적에 내성이 생겼다고 했다. 승희 역시 준범과 비슷한 사례다. 단지 다른 점은 학교생활에서 승희는 여전히 모범생이라는 점을 제외하면.

이 두 학생은 기분이 지나치게 자주 좋았다 나빴다를 반복하는 문제가 있었다. 더욱이 그 폭도 컸다. 기분이 갑자기 급상승했다가, 떨어질 때는 곤두박질을 쳤다. 이런 기분에 따라 공부하려는 의욕도 롤러코스터처럼 오르락내리락하니 성적이 주식시장처럼 널뛰기하는 건 자명했다. 두 학생에게 약물치료와 인지행동치료를 병행했다. 치료 효과가 나타나면서 서서히 기분이 안정됐고 공부하려는 열의도 꾸준히 유지돼 그 상태가 성적으로 이어졌다.

그럼 과연 이 두 학생의 실제 실력은 어느 정도일까? 롤러코스터 성적의 평균이 아니라 가장 잘했을 때의 성적이 그들의 제 실력이었다. 실제로 준범이는 수능시험 100퍼센트 선발 전형으로 고대 경영학과에 진학할 수 있었다.

자녀의 성적이 지나치게 들쑥날쑥하면, 부모는 자녀의 성실성을 탓하거나 혹은 단원별로 이해도에서 기복이 있는 게 아닌가 싶어 학원·과외에 의존하게 된다. 그러나 준범이나 승희처럼 기분의 기복 때문에 성적이 롤러코스터를 타는 경우가 매우 흔하다는 사실을 간과하지 말아야 한다. 무조건 자녀를 탓하거나 윽박지르기 전에 그 원인을 찾아보려는 노력이 부모에게는 언제나 필요하다. 그것이 자녀 사랑이다.

# 게임 중독은
# 명백한 질병

중3 승진이는 게임에 빠져 밤을 새우는 바람에 지각을 밥 먹듯이 했다. 방과 후 바로 내달리는 곳도 PC방이었다. 중학교 1학년 2학기 때 시작된 승진이의 게임 중독 증상은 점차 심해지더니 급기야 아예 학교도 안 가겠다고 버텼다. 승진이의 부모가 학교 정문까지 억지로 끌고도 가보지만 소용이 없었다.

결국 어머니는 승진이를 학교가 아닌 클리닉으로 끌고 왔다. 첫눈에 승진이는 말수가 없고 소심해 보였다. 승진이가 게임 때문에 등교 거부를 하는 바람에 어머니는 결국 직장을 그만둘 수밖에 없는 지경에 이르렀다. 얼마 전 치른 중간고사에선 전 과목 모두 1번을 찍었다고 했다. 수업은 들은 바 없고 성적에 무관심하니 시험도 형식적으로 참석만 한 것뿐이었다.

승진이처럼 매우 심한 사례도 있지만, 그 경중의 차이만 있을 뿐 요즘 부모와 자녀 간에 컴퓨터 때문에 생기는 쫓고 쫓기는 추격전은 어느 가정에서나 볼 수 있는 장면이다. 부모와 자녀 사이에 인터넷게임 시간 계량에는 늘 두 배 이상의 차이를 보인다.

"하루 몇 시간이나 인터넷게임을 하니?"라고 물었을 때 아이가 "두 시간이요"라고 답하면, 십중팔구 어머니는 "야! 네 시간이잖아!"라고 말한다. 그러고는 모자 사이에 설전이 벌어진다. 어머니는 컴퓨터를 켜고 끄는 시간까지를 인터넷게임을 한 시간으로 간주하는 반면, 자녀는 웹서

핑 등을 제외한 '오직 게임을 한 시간'만을 계산하기 때문에 비롯된 현상이다.

2009년에 발표된 '인터넷 중독 실태조사(한국정보화진흥원)' 결과에 따르면, 인터넷 중독자 191만 3,000명 가운데 아동과 청소년이 93만 8,000명(49퍼센트)에 달한다. 우리나라 인터넷 중독자의 절반이 아동·청소년이란 뜻이다.

우리는 인터넷게임 중독을 사이버 중독(cyber dependency) 또는 게임 중독(game addiction)이라고 부른다. 그러나 이는 대중적 용어일 뿐 아직 학술적 용어로 등재돼 있지 않다. 즉 세계적 권위를 자랑하는 〈세계질병분류 10판(ICD-10)〉이나 〈정신장애의 진단과 통계 편람 4판(DSM-IV)〉에는 없는 말이다. 현재는 단지 '특정 불능의 습관과 충동장애' 정도로 보고 있으나 몇 년 뒤면 하나의 병으로 분류될 전망이다.

승진이에게 게임 중독이 생긴 이유는 사회 공포와 더불어 대인관계 기피에서 찾을 수 있었다. 중1 때 지방에서 서울 강남으로 이사 온 승진이는 소심한 성격 탓에 친구를 사귀기가 어려웠다. 이런 외로움과 소외감을 달래줄 유일한 친구가 인터넷이었기에 삽시간에 게임에 빠져든 것이다.

승진이 같은 경우 말고도 소위 '히키코모리(은둔형 외톨이)'처럼 집에 틀어박혀 있기를 좋아하는 아이들, 우울함이나 불안이 심한 아이들, 또 과도한 학업 스트레스나 이와 관련된 부모와의 갈등 때문에 반항심으로 게임을 탐닉하는 아이들도 있다. 그런데 이런 인터넷게임 중독이라고 오는 학생들을 보면 대부분 게임 실력이 그리 대단치 못하다는 공통점이 있다. 즉 앞서 말한 다양한 이유로 학교생활이나 공부 대신 인터넷이라는 가상현실로 도피했을 뿐 실제로 게임을 잘하는 것은 아니란 뜻이다.

인터넷게임 중독은 '그림자'로 보는 것이 옳다. 비유컨대 게임 중독이란 성격 문제, 스트레스, 불안, 우울, 반항심, 공부 동기 부족 등의 그림자이다. 그러므로 이러한 근본적인 문제를 해결하지 않은 채 컴퓨터를 거실로 옮기고, 비밀번호를 바꾸고, 아예 인터넷 선을 절단한다고 해서 그 그림자가 사라질 리 만무하다. 아니 오히려 부모·자녀 간의 갈등의 골만 깊어지고 아이는 더욱더 인터넷과 게임에 집착해 집 밖으로 전전하게 된다. 그러므로 내 아이에게 드리워진 인터넷게임 중독의 실체를 찾아 근본적인 문제를 해결해주는 것이 부모의 도리라 할 수 있다.

## 게임 잘하는 아이가
### 공부도 잘할까?

결론부터 말하자면, 머리가 비상해서 게임에 소질이 있다면 공부도 잘하는 게 아니라 게임 중독자가 되고 만다. 게임 집중력과 공부 집중력은 완전히 족보가 다르기 때문이다. 이 둘은 전혀 다른 뇌를 사용한다.

"집중력이 약하다뇨? 모르시는 말씀. 얘가 다른 건 몰라도 집중력 하나는 끝내줘요. 게임할 때 보면 옆에서 불이 나도 모를 정도거든요."

그 뒷말은 안 들어도 안다.

"얘가 그 무시무시한 집중력으로 공부했으면 아마 진작에 1등 했을 거예요."

학습 클리닉을 하며 가장 많이 듣는 이야기 중 하나다.

과연 그럴까? 나는 수년 전 〈스타크래프트〉 게임 상위 1위부터 20위 중 9명의 프로게이머를 대상으로 뇌파 집중력 검사를 한 바 있다. 그 테스트의 목적은 크게 두 가지. 첫째, 게임할 때의 집중력과 공부할 때의 집중력은 같은 것인가? 둘째, 프로게이머의 뇌파는 일반인들과 어떤 점에서 차이가 나는가?

이 테스트는 전문가와 언론으로부터 상당한 주목을 받았고, 심지어 외국 유명 방송국에서도 취재를 나올 정도였다. 청소년의 게임 중독이 심각한 사회문제로 대두되는 상황에서, "게임할 때의 집중력을 공부할 때 활용할 수 없을까?"라는 희망 섞인 질문이 하나의 절실한 화두로 떠올랐기 때문이다. 테스트 결과에 따라서는 일부 학부모들의 기대처럼 게임 1등인 학생을 공부 1등으로 바꿔놓을 수 있는 중요한 단서를 얻게 될지도 모를 일이었다.

그렇다면 결과는? 일반인들이 공부에 집중할 때에는 뇌에서 높은 알파파와 낮은 베타파가 생성되는 데 반해 프로게이머들이 게임에 집중할 때는 줄곧 세타파가 생성되는 것으로 나타났다. 공부할 때의 집중과 게임할 때의 집중은 근본적으로 성격이 다른 별개의 차원에서 이뤄진다는 사실이 분명히 입증된 것이다.

세타파는 게임할 때뿐 아니라 예술적 영감을 떠올리는 순간에도 발생한다. 잠들기 직전 졸릴 때, 의식과 무의식의 경계에서 짧은 시간에 발생하는 무아지경의 언어나 착상과 관련된 뇌파가 바로 세타파다. 프로게이머들은 알파파에서 세타파로의 전환 속도가 일반인들보다 월등히 빨랐고 지속 시간도 길었다. 순식간에 게임의 무아지경에 빠져든다는 뜻이다. 사람의 뇌파가 그토록 빨리 세타파로 바뀌는 경우를 나는 예전에 딱 한 번 본 적이 있다. 올림픽 양궁 금메달리스트인 '신궁' 김수녕 선수가 숨죽인 채 과녁을 겨냥할 때! 하지만 특정 분야의 사람들에게 아주 유용하고 의미 있는 이 뇌파는 유감스럽게도 "공부"와는 전혀 친분이 없다.

결론은 간단하다. 게임에 집중했을 때 발생하는 뇌파는 눈앞에 컴퓨터 모니터가 아닌 책이나 문제집이 놓이는 순간 전혀 위력을 발휘할 수 없는 "족보가 다른" 뇌파다. 따라서 게임으로 집중력 저하 증상을 치료한다거나 그 집중력을 공부하는 데 쓸 수 있을 것이라는 기대는 빨리 접는 것이 좋다. 좀 더 정확히 말하자면 게임은 집중력 저하의 주범이다.

더 나아가 게임 중독에 빠지면 집중력 저하는 물론 학업, 가정생활, 학교생활 등에 심각한 문제가 발생한다. 또한 게임 중독이란 녀석은 학생을 공격적이고 폭력적으로 만들어버리는 소리 없는 폭탄과 같다. 결론적으로 "게임할 때 집중력이 높다"는 말은 "공부와는 거리가 멀어지고 게임 중독자가 될 확률이 높다"는 뜻이다.

겨울방학은 여름방학보다 훨씬 길고 또 춥다 보니 야외활동이 줄어든다. 그래서인지 게임에 빠져든 시기를 조사해보면 "겨울방학 기간"이라는 응답이 가장 많다. 이 시기에 자녀가 게임 중독이라는 수렁에 빠져들지 않도록 보살피는 일이 자녀의 부족한 공부를 돕는 것보다 더 중요할 수 있다.

아이도 살리고 부모도 살리는
공부 동행

# 귀신도 못 말리는
## 스마트폰 중독

중2 규현이 어머니는 아들에게 스마트폰을 사준 것이 일생일대의 가장 큰 실수라고 말한다.

"스마트폰 뺏어봤자 소용없어요."

"별의별 앱을 다 걸어서 게임을 막으려 해도 금방 풀어버려요."

그 사이 규현이는 어머니 옆에서 연신 스마트폰을 만지작거리고 있다.

"벌써 저와 남편이 집어던져 부서진 스마트폰만 세 개랍니다."

규현이는 아랑곳하지 않고 계속 스마트폰만 쳐다보고 있다. 인터넷에 떠도는 스마트폰 중독 검사를 해봤는데 아주 심한 중독이고, 또 거기서 해보라는 거 다 해봤다고 한다. 그런데도 아무 효과가 없단다.

규현이와 이야기를 시작했다.

"엄마는 애들 다 하는 걸 가지고 저렇게 난리예요. 이해가 안 가요."

그럼 규현이는 스마트폰으로 무엇을 하는 걸까? 주로 카톡과 게임, 두 가지였다. 게임은 12개 이상 깔았다. 엄마나 아빠가 스마트폰을 빼앗으면, 모았던 용돈으로 용산에서 중고 휴대폰을 사서 유심만 갈아 넣으면 된다고 한다. 와이파이를 꺼도 "에그(egg)"만 있으면 되니까 상관없다고 한다. 심지어 통신을 해지시켜도 역시 친구들이 안 쓰는 스마트폰을 빌려 얼마든지 게임과 카톡을 할 수 있다고 한다. 엄마 아빠의 19세기 방식을 비웃기라도 하듯.

어머니 역시 별의별 방법을 동원해봤다고 한다. 뺏어도 보고, 정지를 시켜도 보고, 어르고 달래고…. 그러나 그 무엇도 이미 중독에 빠진 규현이에겐 다 허사였고, 오히려 모자지간 심지어 부부지간에도 균열이 오고 있었다.

규현이 어머니가 한 일은 아주 고전적인 방법부터 극약처방까지 다양했다. 어느 집이나 그렇듯 처음에는 아래와 같은 계약서를 써서 한 장씩 가지고 있다가 계약위반 시 이행하는 방법부터 써보았다.

1. 주말에만, 숙제 다 한 다음 토·일 합쳐서 스마트폰 한 시간 반 하기

2. ○○학원 오갈 때만 하기

3. 카톡, 카스 다운 안 받기

4. 게임도 3개만 받기

5. 엄마에게 수시로 확인과 검사받기

6. 학교나 집에서 틈날 때마다 책 읽기

7. 엄마한테 짜증 안 부리고 존댓말 쓰기

8. ○○학원, XXX국어, 바이올린 열심히 하기

9. ○○학원 확인학습은 그날 다 하기

10. 학교 오갈 때 걸어 다니며 스마트폰 보기나 게임 않기(사고 위험)

11. 위 사항 안 지킬 때마다 일주일 압수, 게임 금지

12. 3번 이상 경고는 한 달 압수, 게임 금지

13. 10번 이상 안 지킬 때는 반년 압수, 게임 금지

14. 공부할 때는 스마트폰 옆에 두지 않기

아이도 살리고 부모도 살리는
공부 동행

그러나 이런 고전적 계약서는 "파기하라고 만드는 것"에 불과했다. 최근에는 아주 좋은 기사가 눈에 띄어 눈에 잘 보이는 냉장고에 붙였다.

"아이패드 만든 스티브 잡스도 자녀에겐 절대 아이패드 주지 않아…."

이 기사엔 스티브 잡스뿐 아니라 크리스 앤더슨, 알렉스 콘스탄티노블, 에반 윌리엄스 등 유명 인사들이 지키는 제1규칙이 "침실에는 전자기기를 일절 두지 않는다"라는 내용도 함께 있었다. 그러나 이 기사를 붙이자마자 다음 날, 규현이가 떼어내 버렸다.

실제로 중독까지는 아니더라도 이 스마트폰 문제는 여러 가지 방법을 써봐도 수월치가 않다. 그래서 나는 인지행동요법, 심리상담요법 등을 생략하고 바로 사이코드라마(psychodrama)로 들어갔다.

사이코드라마란 두 사람이 역할을 바꿔보는 역할극(Role play)이다. 즉, 어머니가 규현이가 되고 규현이가 어머니 역할을 하는 거다. 한마디로 역할을 바꿔 실제로 상대방의 인격체가 돼 말하고 행동하는 것이다.

> 엄마 역할(규현이): (삿대질하며) "야 이 XX야! 공부할 때 만지작거리지 말라고 그랬지?"
> 규현이 역할(엄마): (째려보며) "다 하고 잠깐 친구한테 온 거(카톡) 보는 거 가지고 왜 난리야?"
> 엄마: "당장 내놔, 딱 걸렸어." (다가가 뺏으러 한다.)
> 규현: "아! 내버려 둬." (스마트폰을 주머니에 넣는다.)

엄마: (주머니 속 스마트폰을 뺏으려 다가가며) "당장 안 내놓으면 정지시킬 줄 알아!"

규현: "맘대로 해."

이렇게 역할을 바꿔가며, 서로의 입장이 얼마나 다르고 또 속이 얼마나 답답했을지 알아가는 과정을 다섯 차례 시도했다. 처음엔 규현이가

**스마트폰 중독 자가 진단법**

1. 스마트폰이 없으면 (손이 떨리고) 불안하다. (    )
2. 스마트폰을 잃어버리면 친구를 잃은 기분이다. (    )
3. 하루에 스마트폰을 두 시간 이상 사용한다. (    )
4. 스마트폰에 설치한 앱이 30개 이상이고 대부분 사용한다. (    )
5. 화장실에 스마트폰을 가지고 간다. (    )
6. 스마트폰 키패드가 쿼티 키패드이다. (    )
7. 스마트폰 글자 쓰는 속도가 빠르다. (    )
8. 밥을 먹다가 스마트폰 소리가 들리면 즉시 달려간다. (    )
9. 스마트폰을 보물 1호라고 생각한다. (    )
10. 스마트폰으로 홈쇼핑한 적이 2회 이상 있다. (    )

• 1~2개: 양호   • 3~4개: 위험군
• 5~7개: 중독 의심  • 8개 이상: 중독

출처: 한국과학기술개발원

아이도 살리고 부모도 살리는
공부 동행

못하겠다고 했고, 중간엔 어머니가 어색하다고 했다. 그래도 끝까지 규현이와 어머니 그리고 나는 힘든 과정을 통과했다.

글로 쓰니 간단해 보이지만 한 번 사이코드라마를 할 때마다 서로 역할이 헷갈려 집에서 하던 대로 엄마는 엄마 역할을, 규현이는 규현이 역할을 하며 진짜로 싸우기도 하고, 서로 엉겨붙기를 반복했다. 진땀이 쏙 빠지는 일이다.

아직도 규현이는 완전히 중독에서 헤어나오지는 못했지만, 스스로 게임을 3개만 남기고 다 지웠다. 카톡도 떼(단체)톡은 탈퇴했다. 규현이의 스마트폰 중독 치료는 아직 현재 진행형이다.

## 부모 먼저 치료받아야 할
### 학원 중독

서울 개포동에 사는 중학교 2학년생 상호는 학교 수업이 끝난 오후 4시쯤이면 어머니와 함께 승용차를 타고 학원으로 이동한다. 어쩔 수 없이 간식과 숙제는 대부분 이동하는 차 안에서 해결한다. 오후 5시부터는 요일마다 수학, 영어, 화학, 물리, 천문, 과학실험 등 과학고에 입학하기 위한 과목을 학원에서 과외받는 중이다. 오후 7시 학원 인근 분식점이나 패스트푸드점에서 식사를 마치고 12시까지 여러 학원을 전전한다. 집에 들어와서는 끝내지 못한 숙제를 마무리하고 새벽 1시가 돼서야 잠을 청한다.

### 과학고 입시를 준비하는 서울 개포동 거주 중학교 2학년 남학생의 하루 일과표

|  | 월 | 화 | 수 | 목 | 금 | 토 | 일 |
|---|---|---|---|---|---|---|---|
| 07:00 | 일어나기 | | | | | | |
| 08:00 | 08:15 등교　08:30 학교수업 | | | | | | |
| 09:00 | | | | | | | 9시 기상 |
| 10:00 | | | | | | 영재교육원 | |
| 11:00 | | | | | | | |
| 12:00 | | | | | | | 과학 (화학, 화학II) |
| 13:00 | | | | | | | |
| 14:00 | | | | | | 영어 문법 | |
| 15:00 | | | | | | | |
| 16:00 | 이동 | 숙제 | | | 숙제 | | 과학 (실험) |
| 17:00 | | | 숙제 | 숙제 | | | |
| 18:00 | 이동 및 저녁식사 | 저녁식사 | | | | 저녁식사 | 수학 |
| 19:00 | | | 저녁식사 | | 저녁식사 | | |
| 20:00 | 천문 | 수학 | | 수학 | | 수학 | |
| 21:00 | | | 영어 | | 영어 | | 과학 (물리, 물리II) |
| 22:00 | 영어 문법 | | | | | 이동 | |
| 23:00 | | 이동 | | 이동 | | 숙제 | |
| 24:00 | 이동 | 숙제 | 이동 | 숙제 | 이동 | | |
| 01:00 | 숙제 | | 숙제 | | 숙제 | | |
| | 취침 | | | | | | |

그러던 상호는 최근 별도의 스케줄을 마련해야 했다. 매주 월요일 나의 학습 클리닉을 찾는 일이다. 학업에 지친 나머지 우울증, 만성 무기력증이 점차 심해지고 주의집중력이 떨어졌기 때문이다. 사회성도 많이

부족했다.

나는 어머니께 먼저 "아이가 학습 과잉으로 심신이 지쳐 있으니 학원 시간을 줄이는 대신 자율학습과 취미활동을 늘려야 한다"고 충고했다. 물론 상호 어머니는 말로는 "그렇게 해야지요"라고 해놓고선 실천하려 들지 않는다.

'학원 중독증' 부모의 상당수가 대개 상호 어머니와 다르지 않다. "학습권"과 "건강권" 중 무엇이 중요한가? 당연히 건강권임을 알지만, 행여나 다른 아이들에게 뒤처지지는 않을까 하는 불안 심리에 몸이 따르지 않는 것이다. '헬리콥터 부모(자녀의 주위를 맴돌며 간섭을 멈추지 않는 부모)'의 극성 탓에 아이의 장래를 놓고도 부부 사이 갈등의 골은 점점 커져만 간다. 일부에서는 조기유학 붐에 떠밀려 자기희생을 감수하고서라도 '기러기 아빠'가 되길 주저하지 않는 아버지들도 있다.

한국의 왜곡된 교육 현실은 부모 자신의 생활이나 부부 관계를 사면초가로 몰아세우고 있다. 이런 현상을 소위 '교육 스트레스 증후군', '교육 염려 증후군'이라 한다. 이런 교육 스트레스 증후군은 한국의 뒤틀린 교육 환경과 제도(혹은 교육 시스템), 좋은 학벌·직업·경제력 등을 지향하는 외형 중시의 가치관에서 비롯된다. 따라서 행복하게 사는 게 무엇인지, 자녀가 성장해 남과 조화롭게 살 수 있을지 등 삶의 궁극적인 문제를 성찰하고 하나씩 고쳐 나갈 때만 문제 해결의 실마리를 찾을 수 있을 것이다.

## 학원 중독증 자가 진단표

1. 초등학교 때 예체능 과목을 배우지 않으면 평생 기회가 없다고 생각한다.

2. 학원이나 과외 문제로 부부싸움을 한 적이 있다.

3. 아이가 학원 안 가고 노는 모습을 보면 불안하다.

4. 아이 공부 때문에 내가 좋아하는 일을 포기하는 것은 당연하다.

5. 다른 사람으로부터 학원 많이 보낸다는 얘기를 듣는다.

6. 아이 성적이 안 오르는 것은 학원에 보내지 않기 때문이다.

7. 학원에 보낸 뒤에는 책임을 다한 것 같은 기분이 든다.

8. 경제적 여유만 있으면 무엇이든 시키고 싶다.

9. 아이가 집에 있는 것 자체가 불안하다.

10. 아이가 학원 가기 싫어해도 설득해서 보내는 편이다.

11. 순전히 아이 학교 때문에 이사를 한 적이 있다.

12. 유명 강사가 있는 학원이면 당장 보내고 싶다.

13. 나도 어릴 때 학원을 많이 다녔다.

14. 아이의 성적이 떨어지면 무기력한 기분이 든다.

15. 이웃집 아이 성적이 올랐다는 말을 듣고 내 아이를 꾸중한 적이 있다.

16. 아이가 커서 부모의 헌신을 기억하길 바란다.

17. 아이를 혹사시킨다는 생각에 죄책감이 들 때가 있다.

18. 학원 안 보내는 부모는 아이 교육에 무관심하다고 생각한다.

19. 학원비 마련을 위해 부업을 해본 적이 있다.

- 거의 그렇지 않다 0점    • 가끔 그렇다 1점
- 종종 그렇다 2점    • 매우 그렇다 3점

아이도 살리고 부모도 살리는
공부 동행

**15점 이하** 자녀교육에 좀 더 관심을 가질 필요가 있다.

**15~20점** 아이 성적이 떨어질 때 학원에 보낼까 갈등하는 정도로, 대체로 문제가 없다.

**21~25점** 학원이 절대적으로 중요하다고 느끼는 상태. 학원에 대한 기대감이 크다.

**26점 이상** 학교보다 학원을 신뢰하는 경우. 학원 중독일 가능성이 매우 높다.

참고: 최원호 지음,《패런츠 파워-자녀 인생 매니지먼트》중에서.

# 대치동
## 돼지 엄마

오늘도 조간신문을 집어드니 어김없이 전단지가 쏟아진다. 14장 중 10개가 학원 전단지다.

"SKY 진학, 저희가 책임집니다."

"각 중고등학교 내신을 꿰뚫고 있습니다. 독보적 1위."

"자랑하지 않습니다. 특목고 꼭 보내드립니다."

"초5가 수능 국어 문제 만점, 믿기십니까? 초등·중등생도 하루 4시간 주 5회 수업으로 방학 기간 수능 영어 만점을 약속합니다."

듣기만 해도 솔깃하다. 그런데 정말로 이들 학원에 보내면 그렇게 될까? 누구도 명확히 답할 수 없겠지만 내가 만난 부모들 대부분은 몇 가지 전제하에 "그렇다"고 동의하신다. 그 전제를 크게 세 가지로 축약하면 다음과 같다.

첫째, 내 아이가 성실히 다니기만 한다면.
둘째, 선생님의 실력이 우수하다면.
셋째, 학생을 제대로 관리한다면.

과연 그럴까? 어느 날 중학교 2학년 현이 어머니가 현이의 영재성과 적성을 알고 싶다며 찾아오셨다. 나중에 알게 된 사실이지만 현이 어머니는 대치동에서 소위 스타 엄마다. 보통 "돼지 엄마"라고 불리며 모든 학원과 과외 정보를 꿰뚫고 있다. 어머니 말씀이 "현이 형을 사교육으로 서울대에 집어넣어서 그렇게 된 거예요" 하신다. 좀 듣기가 민망했다. "박사님도 필요하시면 언제든지 말씀해주세요"라며 나에게도 선심을 쓴다. 소문으로만 듣던 돼지 엄마를 만난 건 처음이라 시간을 따로 잡아 그 묘수를 들어봤다.

"무엇보다 초등학교 때 길을 잘 들여놔야 해요"라는 말씀으로 시작하신다.

"요즘 애들은 사춘기가 빨라 초등학교 4, 5학년이면 반항을 시작하기 때문에 그전부터 싹을 잘라버려야 해요."

"그리고 빠르면 빠를수록 좋아요. 혹시 A학원이라고 들어보셨나요? 거기 보내 수학 먼저 잡아야 해요. 뭐니 뭐니 해도 이과는 물론이고 문과도 수학이 제일 중요해요. 그리고 중학교 때부터 B학원에서 주 3회 5시간씩은 해야 하고, 늦어도 중2 때부터 대입까지 전문 과외 선생님을 꼭 붙여야 해요."

"영어는 TEPS나 iBT TOEFL을 해야지 쓸데없이 대형 학원 보내는 건 바보들이나 하는 짓이에요. C학원 ㄱ선생이 최고예요."

"국어는 토요일 저녁부터 일요일 아침까지 밤새워 하는 학원이 있는데 논술 첨삭까지 봐줘요. 요 앞 D오피스텔 아시죠? 거기서 ㄴ선생이라고 제법 열심히 가르치는 분이 있는데, 다섯만 모이면 그룹이 되니까 그렇게 하면 돼요. 굳이 학원은 필요 없어요."

"한국사는 우선 E에듀 인강(인터넷강의) 중에 ㄷ샘께 젤 낫고…."

여기서 나의 인내력은 바닥났다. "아, 예 감사합니다. 잘 들었습니다." 현이도 저 길을 걷겠구나 생각하니 안타까웠다.

현이 어머니 말만 들으면 그럴듯하다. 그런데 나도 이 분야엔 전문가 아닌 전문가다. 그도 그럴 것이 내가 대치동으로 클리닉을 옮겨온 게 2004년이다. 그러니 10년간 거의 만 명(정확한 숫자는 학생만 9,874명) 가까운 학생과 학부모를 만났는데, 그것도 1대 1로… 이 정도의 정보를 모를 리 없다. 현이 어머니가 말씀하신 학원과 과외 중 내가 몰랐던 곳은 딱 한 군데, 국어 교습소뿐이었다.

여기서 나는 사교육이 공부에 도움이 되네 마네 하는 해묵은 논쟁에 끼어들고 싶진 않다. 그런 자료는 넘쳐난다. 다만 몇 가지 하고 싶은 이야기가 있다.

첫째, 현이의 형은 과연 사교육의 힘만으로 서울대에 간 것일까?

내가 아는 한, 앞서 말한 부모들 대부분이 동의한 사교육 효과의 세 가지 전제 중 "내 아이가 성실히 다니기만 한다면" 이 한 가지 이외의 나머지는 정답이 아니다. 현이 어머니가 이야기한 A, B, C학원 모두 강사들의 실력이 그리 우수한 곳이 아니다. 수학, 영어를 전공한 선생님은 거의 없고, 대부분이 학력 세탁이란 과정을 거쳐 학원가에 입문한 분들이다. 또 이 학원들의 공통점은 모두 시험을 쳐서 우수 학생을 뽑는다는 것이다. 최우수 학생을 뽑아놓고 그 정도 실적을 못 낸다면 그게 더 이상한 거 아닐까? 추측건대 돼지 엄마의 큰아들은 원래 공부를 잘하는 학생이라 혼자 공부했어도 서울대에 갔을지 모를 일이다.

둘째, 현이 어머니는 왜 대치동 돼지 엄마를 자청했을까?

십중팔구 '돈' 때문이다. 즉, 큰아들 자랑을 할 때 굳이 안 해도 될 과외, 학원 이야기를 꺼내는 것은 '근무 중'이기 때문이다. 강남에는 돼지 엄마를 고용해 학생을 끌어모으는 학원이 꽤 된다. 심지어 나같이 별 볼일 없는 사람에게도 그런 제안을 한 학원이 몇 군데 있었으니 말이다.

"학생만 소개해주면 건당 80만 원을 사례로 드리겠습니다."

기절초풍할 일이다. 현이 어머니는 그렇게 아이들에게 들어간 투자금을 벌충하고 계신 거다. 이런 돼지 엄마들을 학원가에서는 여왕벌이라고 한다. 한 학원장의 말을 그대로 인용해보겠다.

"돼지 엄마들이 학원을 쥐락펴락합니다. 자기 자식을 명문대 보냈으니 그 비법을 알려달라고 수많은 어머니가 그 주변에 모이죠. 자연스레 커뮤니티가 형성됩니다. 그 엄마 말을 안 듣는 사람은 자식 공부 포기하는 엄마로 비치죠. 학원으로선 계륵 같은 존재예요. 그들을 고용하면 확실히 원생 모집에 효과가 좋아서 중도에 그만두는 경우가 거의 없지요. 그런데 소개비가 장난이 아니고, 우리 학원과 독점 계약을 맺었다가도 중간에 다른 학원과 거래를 하기도 하죠."

내가 의아해서 물었다.

"그건 1990년대 이야기 아니에요? 요즘 엄마들이 얼마나 정보력이 좋은데 그런 데 속아 넘어가요?"

"혹시 아시나요? Z학원, Y학원, X학원…."

"아! 그 학원들이야 대한민국 사람이면 다 아는 초대형 학원이잖아요."

"그 학원들이 초기에 다 그렇게 시작했습니다. 저도 Z학원에 근무하면서 알게 된 거예요. 인지도가 올라가면 돼지 엄마가 필요 없지만, 저처럼 이런 소규모 학원에선 울며 겨자 먹기입니다."

이 학원장의 말을 100퍼센트 신뢰할 수는 없지만, 아직도 이런 형태의 소위 브로커 학원이 있다는 소리다. 이런 소개비는 고스란히 학원교습비의 고액화로 연결되고, 학원비 상한제를 교묘히 피하고자 "집중과정", "심화과정", "○○단원 클리닉" 등의 이름을 붙인다고 한다. 참으로 개탄스러운 일이 아닐 수 없다.

마지막으로, 현이 어머니 같은 분들이 사교육 열풍을 얼마나 조장하는 걸까? 답은 "대단하다"이다. 현이 어머니처럼 직업적인 돼지 엄마가 아니더라도 소위 학교에서 잘나가는 학생 부모의 입김은 굉장하다. 내가 만난 부모들 대부분이 학원이나 과외 선생을 선택하는 기준 중 가장 중요한 잣대가 바로 엄마 커뮤니티에서 오가는 정보이다.

"저희 반 1등 하는 엄마가 모 학원을 소개하던데, 아시는 게 좀 있으신가요?"

"혹시 ○○선생님이라고 아시죠? 옆집 아이가 그 선생님에게 수학을 배워서 의대에 들어갔는데 정말 그렇게 잘 가르치나요?”

클리닉이 있는 건물 1층에 제과점이 두 개 있다. 어느 날 모 신문기자가 대치동의 학습 열풍을 취재하고자 나를 찾았을 때, 나는 내 사무실이 아닌 두 개의 제과점 중 한 곳으로 안내했다. 이유는 직접 들어보라는 뜻이었다. 점심시간, 여느 때와 마찬가지로 주부들로 꽉 차 있다. 오가는 말을 듣고 있노라면, ○○가 다니는 학원, XX의 성적을 부쩍 올려준 선생 이야기, 올해 변한 입시제도 등등 모두가 자녀교육 이야기다. 30분간 우리 둘은 말없이 그냥 듣기만 했고, 기자는 자신이 들은 말들을 연신 수첩에 적었다. 그러고는 감탄을 자아냈다.

“와, 대단하네요?”

“당신이 교육부 기자가 아니라 사회부 기자라 그런 거예요. 내가 아는 교육부 기자들은 저 정도는 그냥 그런가 보다 합니다.”

이 기자는 넋이 나간 듯 보였다. 취재 뒤에 기사를 쓰면서도 입시 용어를 몰라 귀찮을 정도로 나에게 전화를 해가며 버겁게 기사 한 꼭지를 만들었다.

나는 학원과 과외를 무조건 반대하는 사람은 아니다. 그러나 너무 뻔한 이야기 같지만 내 아이에게 맞는 곳이 최고이다.


## 사교육 끝판 왕

사교육 맹신은 부모나 자식 모두에게 좋지 않다. 나 자신도 답답했던 한 사례가 있다. 이 사례에서 도대체 무엇이 문제였는지, 독자들도 한 번 곰 곰이 생각해보기 바란다.

명식이는 2012년 수능시험을 끝내고, 지인 소개로 부모님과 함께 정시 입시컨설팅을 위해 나를 찾아왔다. 지역 단위 자사고에서 제법 공부도 잘했는데 수능을 망쳤다. 6개 수시 모두 의대를 지원했지만 우선선발(2015학년도부터 없어진 제도지만 그전까지 예를 들어 국, 영, 수, 탐 중 세 영역의 합이 3등급이면 우선선발이고 그 아래면 일반선발이라는 제도가 있었다)에서 국어 1등급, 수학 2등급, 영어 1등급, 과학 1과목 3등급으로 아깝게 우선선발 기준에 미달이었다. 사실 전국 모든 의대의 우선선발 기준은 매우 높아서 이에 맞는 대학이 없었고 또 일반선발로 가게 되면 99퍼센트 불합격이다. 그러니 수시는 포기하고 정시에 3개를 써야 했다. 정시는 보통 "표준점수"나 "표준점수+백분위"로 선발하는데, 아무리 뒤져도 명식이가 입학할 곳이 마땅치 않았다. 결국 그해는 의대의 꿈을 접고 다음 해를 기약해야 했다.

왜 명식이는 의대를 가야 했을까? 아버지가 제법 큰 종합병원을 운영하시기 때문이다. 어머니도 의사다. 그러니 이를 물려받으려면 외아들인 명식이가 의대에 들어가야 했다. 당시는 하필 의학전문대학원이 생기면서 전국의 의대 정원이 1,371명으로 줄어든 상태였다(2015학년도는 의학전문대학원에서 의대로 정원이 옮겨와 2,274명이다). 그러니 최소한 전국 3,000등은 해야 하는데 계산을 해보니 추정 등수는 5,000등 밖이다.

명식이는 클리닉에서 종합검사도 받았다. 지능, 집중력, 학업능력, 심리 상태는 매우 우수했다. 다만 흠을 잡으라면 공부 기술, 특히 문제 해결 능력(끝까지 집요하게 물고 늘어지는 힘)이 약하고, 스트레스에 취약한 것뿐이었다.

이제 본론이 시작된다.

명식이는 재수종합반으로 가지 않았다. 고급 오피스텔에 머물며 전 과목에 소위 '1타 강사'를 붙였다. 이름만 들어도 알 만한 강사들이다. 내가 개인적으로 아는 강사도 한 명 있었다. 공부에 매진해야 할 시간에 학원을 오가는 건 시간 낭비고, 재수학원 강사들 질이 떨어지기 때문에 차라리 명식이를 오피스텔에 머물게 하면서 국, 영, 수, 생, 화 강사를 1 대 1로 붙이는 게 훨씬 효율적이기 때문이란다.

오피스텔 임대료, 식비, 생활비는 따로 치고, 이 정도 수준의 1타 강사를 쓰면 도대체 얼마나 많은 돈이 들까? 한 달에 순수 과외비만 2,000만 원이란다. 그러고는 나에게도 제안한다.

"애가 바빠 여기까지 오는 건 무리가 있으니, 진료가 끝나시면 제가 기사를 보낼 테니 그 차로 오피스텔에 오셔서 학업 관리 좀 부탁할게요. 주 세 번만이라도 오시면 삼백, 기왕이면 다섯 번은 봐주세요. 힘드실 테니 오백 드리겠습니다."

나는 빠르면 저녁 8시 보통은 9시나 돼야 진료가 끝난다. 돈도 좋지만 그러다간 다른 학생을 볼 수 없어 정중히 사양할 수밖에 없었다. 대신 한 달에 한 번 두 시간씩 명식이가 클리닉으로 오면 봐주겠다고 했다.

명식이의 스케줄은 대단했다. 아침 6시 기상, 오피스텔에 딸린 헬스클럽에서 30분간 운동, 아침 식사, 7시부터 과외가 시작된다. 초인적인 스케줄이었다. 모두 마치고 나면 밤 11시, 숙제하고 나면 새벽 1, 2시다. 그렇게 하기를 300여 일. 2013학년도 수능일이 찾아왔다.

그런데 도대체 어찌 된 영문인가? 그가 들고온 수능 성적표는 지난해보다 수학은 뚜렷한 상승세를 보였지만 그 외 과목은 큰 차이가 없거나 오히려 국어는 더 떨어졌다. 그래도 지방 모 의대 논술전형에 우선선발 기준은 맞췄다. 수시에 희망을 걸고 그 학교에 맞는 맞춤형 수리과학논술을 준비했다. 그런데 그해 그 대학의 최종 경쟁률이 자그마치 102대 1이었다. 결국 떨어졌고, 정시 역시 같은 대학 의대를 지원했으나 불합격이었다.

나는 여기서 그만할 줄 알았는데, 부모님은 너무 아쉽다며 한 번만 더 해보시겠단다. 그러니까 3수. 한 보름 유럽 여행 후 명식이는 또 1타 강사들과 "초호화 스파르타 과외"를 시작했다. 이번엔 시간이 모자라 클리닉도 두 달에 한 번 토요일에 왔다.

6월 모의고사는 매우 만족할 만했다. 그런데 9월에 갑자기 성적이 떨어졌다. 불안했다. 결국 2014년 수능도 아슬아슬했지만 실패로 끝이 났다. 사실 의대만 아니라면 서울대학교의 어지간한 학과는 입학할 수 있는 성적이지만 그에게는 "의대 입학"만이 목표였기에 안타깝게 "실패"로 끝나게 된 것이다. 소문으로는 명식이는 현재 미국 유학 중이란다.

명식이는 감히 어지간한 집안에서는 상상도 할 수 없는 고액 과외를 받았다. 분명히 성실한 학생이고, 대한민국에서 검증된 1타 강사의 철저한 관리를 받았음에도 왜 이런 결과가 나온 걸까?

아마 많은 이가 "그건 어려서부터 제대로 된 사교육을 받지 않다가 대입을 앞두고 벼락치기 고액 과외를 했기 때문"이라고 진단할 것이다. 그런데 그의 어린 시절부터 고3까지의 과정을 보면 절대 그렇지 않다. 내로라하는 유명 학원과 과외는 다 섭렵한 셈이었다.

그러나 내가 만난 수없이 많은 학생이 그저 그런 평범한 학원만 다닌다거나 때론 거의 자기가 모르는 것만 들고 가 묻는 식으로 학원과 과외를 이용하면서도 소위 SKY, 의대, 법대, 아이비리그에 들어가는 걸 보면, 우리가 아는 사교육의 이미지와 실제 현실 사이엔 분명 모순이 있다. 도대체 무엇이 문제였을까?

# 난독증 신드롬

초등학교 4학년 지우는 지능도 좋고 공부에 열의도 있다. 그런데 이상하리만큼 학교 성적이 잘 나오지 않는다. 때마침 지우 어머니는 우연히 모 지상파 방송을 접하게 된다.

"앗! 지우가 난독증이었구나!"

방송 내용은 이런 것이었다. 전국의 초중고생 426명을 대상으로 두뇌 평가를 한 결과 거의 40퍼센트가 난독증으로 공부에 어려움을 겪는다는 매우 충격적인 내용이었다. 그 방송이 나간 뒤 자녀를 둔 부모라면 열에 아홉은 "내 아이가 난독증 아닐까?" 하는 의구심이 들 수밖에 없을 정도였다.

지우 어머니도 예외는 아니었다. 그래서 검사를 해보았지만, 난독증의 ㄴ 자도 나오질 않는다. 그저 약간의 스트레스 정도만 감지된다. 그래서 나는 "지우는 난독증이 아닌데요"라고 확인해주었지만, 어머니는 나를 못 믿는 눈초리다.

그 이유는 뭘까? 어머니는 한 인터넷 사이트에서 프린트한 내용을 꺼내 보여주신다. 그 내용을 열거하면 이렇다.

- 소리 내 읽는 데 어려움이 있다. (유창성이 떨어진다.)
- 복잡한 식이 있는 수학 내용을 배울 때 어려움이 있다.
- 수학에서 가감승제의 실수가 잦다.
- 부모나 선생님의 지시를 잘 따르지 않는다.
- 어떤 일을 기억하는 데 어려움이 있다.
- 책을 읽고 내용을 요약하는 데 어려움이 있다.
- 과제를 관리하고 조직력 있게 처리하는 데 어려움이 많다.
- 부산하고 산만하다.
- 시간 개념이 없다.
- 구체적인 표현에 약하고, 자신을 표현하는 데 어려움이 있다.

다 읽어보니 '어라, 나도 난독증 아닐까?' 의심할 정도였다. 열 개 중 여덟 개가 내 이야기이기 때문이다. 참으로 매스컴 특히 TV의 힘은 무섭기 그지없다. 지우 어머니는 나에게 "여기는 난독증 전문기관이 아니니 그곳(아마 매스컴에 나온 곳인 듯하다)으로 가서 정밀 검사를 받아볼게요" 하고 떠나셨다.

요즈음 들어 "난독증(dyslexia)" 진단과 치료 문의가 넘쳐나다 못해 폭주한다. 직원 왈 "거기 난독증 진단과 치료 돼요?"라는 문의란다.

난독증이란 말은 약 1900년경 즉 100년 훨씬 넘은 시절 쓰이던 말로 "읽기장애(reading disorder)"라는 병명으로 이름이 바뀐 지 오래다. 패션이야 돌고 돌기 때문에 복고풍 열풍이 불 수 있다지만 병명이 복고풍으로 돌아가는 현상은 기현상이다. 아무튼 읽기장애를 난독증이라 부르는 것에 별 이의는 없다. 같은 뜻인데 익숙한 용어로 부르는 것이 문제될 건 없기 때문이다.

난독증, 아니 읽기장애는 산술장애(수학장애), 쓰기장애와 함께 3대 학습장애(lerning disorder) 중 하나다. 읽기장애는 보통 초등학교 1학년, 산술장애는 2, 3학년, 쓰기장애는 5학년 즈음에 확연히 드러나는 것으로 알려져 있다.

미국에서의 발병률은 약 4퍼센트 정도이며, 남자가 여자보다 세 배 더 많다. 우리나라는 1989년도 서울시 초등학생 1,000여 명을 대상으로 한 연구결과 약 3.4퍼센트로 미국보다 낮았다.

난독증은 아동의 생활능력(밥 먹기, 옷 입기 등), 지능, 그리고 나이에 적합한 학습능력에 비해 읽기 능력만 "뚝" 떨어지는 경우를 일컫는다. 실제 치료를 받았던 초등학교 1학년 명철이는 어려서부터 대소변도 잘 가렸고, (동네 슈퍼마켓에서 우유를 사오라는) 심부름도 잘했다고 한다. 또 초등학교 입학 후 선생님을 뵈면 배꼽 인사를 하고 학교 공부도 어지간히 따라간다. 그런데 이상하게도 유치원생 수준의 "대한민국"이란 글자를 "대민한국"이라고 읽는다.

초등학생들이 좋아하는 동화《똥떡》을 명철이와 함께 읽어보았다. 읽기 속도가 유난히 느렸다. "똥 바다"를 "또 바다"로 읽는다든지 "목욕"을 "모욕"으로 잘못 읽었다. 또 "팥을 삶아 떡 속에 넣을 고물도 준비했어요"를 "파를 싸 떡에 국물을 준비했어요"로 읽었다. 글을 읽을 때 단어를 잘못 보고, 비슷한 단어와 혼동하거나 아예 빼먹기까지 했다. 게다가 책 읽는 것 자체를 두려워해 책을 펴면 매번 달아나기 일쑤였다. 할 수 없이 명철이가 좋아하는 포털사이트 게임(쥬니버) 중 읽기가 들어 있는 게임을 통해 자꾸 글에 익숙해지도록 노력해보았다.

사무엘 오턴(Samuel Orthon)의 읽기 재활학습 치료법이란 게 있다. 이는 쉬운 것부터 서서히 어려운 것을 교육하는 방법이다. 예를 들어 음소 단위 '대/한/민/국' 네 글자를 따로따로 제대로 읽을 수 있게 되면, 단어 단위 '대한민국'을 연속으로 읽게 하고, 문장 단위 "대한민국은 민주주의 국가이다"로 넓혀가는 방식이다. 참으로 힘들고 피눈물 나는 과정이었다.

명철이 어머니도 이런 방법으로 매일 명철이와 유치원 때 하는 "가나다 글씨 맞추기"나 아주 쉬운 동화책 함께 읽기를 1년, 완벽하진 않지만 그런대로 명철이는 읽기 두려움에서 벗어나 제법 자신감을 갖게 됐다.


난독증과 관련해 한 가지 꼭 짚고 넘어가고 싶은 이야기가 있다. 2009년 난독증이 TV 전파를 타고 광풍이 불 때다. 상술이 판치면서 감각통합훈련이나 착색렌즈를 쓰고 다니는 등의 웃지 못할 촌극을 보며, 과연 효과가 있는지를 알아내고자 SCI 논문을 싹 뒤져보았다. 그리고 내린 결론은 "근거 없음"이었다. 논문을 다 열거할 수도 없고 너무 어렵게 이야기하고 싶지 않아 간단히 정리하면 다음과 같다.

프랑스 의사 베라르가 난독증을 "귀에서 소리를 제대로 인식하지 못하기 때문에 생기는 병"이라고 주장하며, 치료법으로 청각통합훈련(AIT: Auditory Integration Training)을 개발해 효과를 보았다고 주장해 세간의 관심을 끌었다. 그러나 다른 수많은 과학자가 같은 방법으로 연구한 결과, 난독증 아동과 정상 아동 간에 특정 주파수에 예민하거나 둔감하다는 근거는 찾아내지 못했다.

또 토마티스 방법이란 게 있는데, 이 역시 프랑스의 토마티스라는 사람이 "귀 역시 뇌와 마찬가지로 우세 귀가 있는데 그것에 이상이 생겨서 난독증이 나타난다"고 주장했다. 그러나 이 역시 신경과학자들의 연구에서 "근거 없음"으로 판명됐다.

마지막으로 어지간한 의사도 들어보지 못한 "얼렌증후군"이 있다. 이는 1983년 얼렌이란 여인이 눈부심과 눈의 피로, 퍼져 보임 증상으로 집중이 안 되는 일종의 광과민(Photosensitive) 증상을 앓다가 선글라스같이 색깔이 있는 안경을 쓰고 나서 읽기가 개선됐다는 내용이 당시 미국 매스컴을 탄 것이 시발이다. 이때 생겨난 것이 얼렌 센터이다. 나중에 얼렌이란 여인은 자가치료법이 단지 광과민 증상 때문에 효과가 있었을 뿐이라고 스스로 자백했음에도 이 방법이 '난독증 치료법'으로 둔갑해버렸다.

1998년 미국 소아과학회는 위에 등장한 세 가지 방법이 모두 "난독증 치료에 효과 없음"이라고 공식 발표해 논란을 잠재웠다. 그럼에도 "베라

르 센터", "토마티스 센터", "얼렌 센터" 등이 미국에 20개, 유럽에 50개
정도 남아 있다.

우리나라는 어떨까. "선진국 70여 센터에서 사용하는 검증된 치료법"
이라고 소개하며, 이런 방법으로 틱장애, ADHD, 자폐증은 물론 지능박
약까지 치료한다고 과장 선전한다. 더욱 기가 막힌 현실은, 인터넷으로
검색해보면 이런 센터가 수백 개는 족히 넘는 듯하다. 근거가 희박하다
못해 아예 "효과가 없다"고 해도 그런 자녀를 둔 부모들의 "지푸라기라
도 잡고 싶은 심정"을 이용한 상술이 아니고서야 이게 무슨 현상인지 도
무지 이해하기 어렵다.

## 난독증 바로 알기

말 그대로 지능도 정상이고 시각(안과)·청각(이비인후과)적인 문제가 전혀 없고 정상적으로 학교수업은 받는데 유독 글자를 제대로 읽지 못하거나 이해 못하면 "난독증"을 의심해봐야 한다.

이런 주관적 진단 이외에 우리가 흔히 하는 지능검사(11가지 소항목을 검사함)에서는 난독증 아동들이 산수(가감승제), 기호 쓰기(정신운동속도, 즉 생각한 것을 말이나 쓰기 또는 행동으로 나타내기까지의 속도), 상식, 숫자(집중력)와 같은 4가지 능력에서 어려움을 보이기도 한다.

난독증의 원인은 매우 다양하고 복합적이다. 유전적 요인, 좌우 뇌 반구의 기능 이상, 시지각적 결함, 심지어 산모의 임신 시기와도 연관된다는 이론도 있다. 즉 아직 정확히 알지 못하므로 더 많은 연구가 필요하다는 것이다.

난독증은 앞서 언급한 대로 대개 유치원 말기나 초등학교 정규교육이 시작되는 시기가 되면 뚜렷이 나타나므로 조기에 치료하면 대부분 예후가 양호해 1학년 또는 2학년 말경 호전된다. 그러나 만약 3학년까지 치료가 이뤄지지 않으면 영구 장애로 남을 수 있음에 유의하자.

이런 고통과 어려움을 가진 아이를 둔 부모라면 썩은 동아줄이라도 잡고 싶은 심정일 것이다. 그래서일까. 이 난독증은 조기발견 조기치료만이 살길이건만 특수 필터 안경이니 감각치료니 등등 기기묘묘한 방법들이 판을 치고 있다. 시기를 놓치면 치료가 어려운 난독증을 그렇게 간단히 치료할 수 있다면 그것은 분명 의학 역사상 난독증이란 병이 처음 알려진 1898년 이후 100여 년 만의 쾌거다. 노벨의학상을 열 번 주어도 아깝지 않다고 생각한다. 그러나 만일 부풀려지고 확대돼 혹세무민하는 그 무엇이라면 난독증 아동과 그 가족을 두 번 피눈물 나게 하는 행위임이 틀림없다. 흙탕물 같은 정보의 바다에서 옥석을 가리지 못한다면 그것이야말로 신종 난독증이 아닐는지. 우리 모두의 올바른 판단이 절실하다.

## 어린이 · 청소년 우울증

1. 성적이 갑자기 떨어진다.

2. 집중력이 떨어지고 멍하게 있는 시간이 많아진다.

3. 사소한 일에 짜증을 부리고 예민해진다.

4. 전에 없이 난폭한 행동을 한다.

5. 여기저기 이유 없이 아프다고 하는데 병원에선 원인이 없다거나 신경성이라고 한다.

6. 전에 없이 피곤해한다.

7. 안절부절못한다.

8. 슬픈 모습.

9. 정신운동속도의 감소(굼뜨다).

10. 반항.

11. 비행(술, 담배, 오토바이, 가출 등).

12. 공격성 증가.

\* 1~9까지는 어린이에게서 더 두드러짐.

\* 10~12는 청소년에게서 더 두드러짐.

어린이 우울증은 소위 가면성 우울증(masked depression)이라고 하며, 청소년기에는 증상이 마치 ADHD처럼 나타나기 때문에 반항장애나 품행장애와 구분하기 어렵다.

## 아이의 우울증이 의심될 때 부모가 해줄 수 있는 것들

일단 우울증은 반드시 전문 치료를 받아야 하고, 아래의 내용은 집에서 도와주는 것 정도라고 생각해야 한다.

### 1. 아동과의 놀이

예를 들어 아이가 좋아하는 운동을 함께 함으로써 스트레스를 방출할 수 있으며, 아주 어리면 펀치볼이나 샌드백과 같은 물건을 때리면서 안에 쌓인 억한 마음을 풀어내게 하는 것이 좋다. 이렇게 함으로써 감정을 표현하고 조절하는 방법을 배울 수 있다.

### 2. 다리 운동

자전거 타기나 러닝머신, 등산 등을 하는 것이 좋다. 이는 1990년 미국 의학 협회에서 인정한 우울증 자가 치료법 중 하나이다. 다리 운동을 하면 허벅지에 있는 구심성 신경이 뇌까지 자극하게 되므로 뇌를 활성화해 우울증 감소에 도움을 준다. 아이가 꼼짝하지 않으려 한다면 하다못해 집에서 마치 사이클을 타듯이 다리로 노 젓는 운동을 하도록 하는 것도 한 가지 방법이다.

### 3. 글쓰기

아이에게 자신의 "기분"을 그냥 적어보라고 하는 방법이다. "죽고 싶다", "기분 나쁘다", "짜증 난다" 등등을 사실대로 적어보게 하면 자신의 감정을 스스로 알 수 있는 기회가 된다. 쓰는 것 자체만으로도 기분 전환을 꾀할 수 있다.

### 4. 광선 요법

아이들과 함께 야외 활동을 하며 햇볕을 쬐게 하는 방법이다. 실제로 의료계에는 100럭스(lux)의 광선 상자에서 하루 30분씩 빛을 쏘이는데, 집에는 이런 기계가 없으므로 외부 활동으로 햇볕을 받으면 뇌에서 세라토닌이란 물질이 분비돼 우울감을 줄일 수 있다.

## 5. 대화법

"yes"와 "no"를 피해야 한다. 가급적이면 "why"를 써라. 즉 아이가 짜증을 내면 "너 왜 짜증을 부리니? 그러면 못써"라고 하면 일단 대화는 단절된다. 그러나 "짜증이 나는 이유가 뭘까?"라고 물어보면 최소한 대화가 단절되는 일은 없다. 그런 대화법을 이용하는 것이 좋다.

## 6. 포옹 요법(hug therapy)

백 마디 말보다 한 번의 포옹이 부모의 마음을 전하는 데 훨씬 효과적일 수 있다. 인간은 실제로 포옹을 통해 상호 교감과 진정한 사랑을 느낀다. 이 방법은 의학계에서도 사용된다.

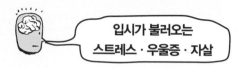

**입시가 불러오는 스트레스 · 우울증 · 자살**

## 1. 입시 스트레스

발달학적으로 청소년기는 신체의 변화만큼이나 감정도 변화무쌍한 소위 "질풍노도의 시기"다. 이 질풍노도가 입시라는 틀(상자)에 갇혀 이러지도 저러지도 못하는 상태(빠져나갈 수도 가라앉지도 않는)가 바로 입시 스트레스요, 소위 고3병이라 할 수 있다. 이런 스트레스가 친구나 가족 간의 대화, 운동, 취미생활 등 건강한 방법으로 배출되지 못하면 자칫 위험한 방향으로 터져나갈 가능성이 있다. 그 방향은 크게 두 가지다.

첫째, 안으로(자기에게) 향하는 경우이다. 자포자기, 약물남용, 우울, 자해, 자살 등을 일으킬 수 있다.

둘째, 밖으로(타인에게) 향하는 경우이다. 폭행이나 기물 파괴 등 반사회적 행동이 뒤따른다.

## 2. 입시 우울증

우리는 우울증이라고 하면 이불을 뒤집어쓴 채 자기 방에 틀어박혀 식음을 전폐하고 꼼짝도 안 하는 모습을 상상하기 쉽다. 그러나 청소년 우울은 이런 모습이외에 다양한 형태로 나타날 수 있다.

1) 삐딱하게 행동한다 - 세상만사를 모두 부정적으로 본다.
2) 투덜이가 된다 - 신경질적이 되고 짜증을 부리며 공연히 골을 낸다.
3) 가족의 일원이기를 거부한다 - 제사나 가족 나들이 등 가족행사에 참여하지 않으려 한다.
4) 술, 담배, 심하면 본드나 부탄가스 등에 손을 대기도 한다.

아이도 살리고 부모도 살리는
공부 동행

5) 갑자기 난폭해진다.

부모는 이런 증상들을 품행장애(비행 청소년)로 착각되기 쉬워 "나쁜 친구와 어울린다"며 꾸지람하면서 악순환이 계속된다. 그러므로 전문가의 진단이 필요하다.

## 3. 자살

발달학적 특성상 청소년은 깊은 사고보다는 행동화하는 특성을 보이며, 죽음에 대한 개념이 확립되는 시기다. 이때 입시나 이성 문제 등 갈등을 겪게 되면 때론 죽음을 문제 해결 방법으로 선택할 가능성이 높으며, 그 방법도 매우 파괴적일 수 있다. 실제로 15세에서 19세의 자살 성공률이 가장 높은 것으로 알려졌다. 청소년들이 자살을 떠올리는 경우는 다음과 같다고 한다.

1) 부모끼리의 불화
2) 부모와의 불화
3) 부모의 상실 - 이혼, 별거 등
4) 성적 저하
5) 우정이 깨졌을 때 또는 이성과 헤어졌을 때

## 4. 예방법

앞서 기술한 입시 우울증의 증상이 나타나면 바로 전문가의 상담이나 진료를 받아야 후회하지 않는다. 또 가정에서 부모가 보여야 하는 태도는 다음과 같다.

1) 단지 하나의 시험이 끝난 것이지 인생이 끝난 게 아니다. 무엇보다 부모가 안정을 찾아야 한다. 성적 때문에 부모가 흔들리면 자녀는 무너진다.
2) 자녀에게 좋은 말을 해주는 것(조언)도 좋지만, 그보다 우선 공감하며 잘 들어주는 것이 바람직하다.
3) 자녀의 단점을 지적하기보다는 장점을 칭찬해줌으로써 구겨진 자존심을

다시 세워줘야 한다.

4) 자녀가 정서적 안정감을 찾을 수 있도록 평소와 다름없는 집안 분위기를 유지해야 한다.

5) 짧은 편지나 포옹 등으로 부모의 사랑을 전하는 것이 큰 용기를 준다.

## 5. 자살을 둘러싼 잘못된 상식 한 가지

"죽어버리겠다, 죽고 싶다 이렇게 말하는 사람은 절대 자살하지 않는다." 이 말은 절대 사실이 아니다. 자살한 사람의 대부분이 자신의 자살 의지를 누군가에게 전한다. 그것이 직접화법 "죽겠다"일 수도 있고, 간접화법 "이렇게 살아야 하나?" "산다는 게 뭐지?" "사는 게 허무해" 등일 수도 있다. 이것을 간과하면 안 된다.

아이도 살리고 부모도 살리는
공부 동행

# ADHD

이 시대의 숙제, 주의력결핍과잉행동장애

ADHD요?
그런 소리 했다간 빵빵 맞아요.

# 소 잃고
# 외양간 고친다

모 외고 1학년인 이은이는 중학교까지 늘 우수한 성적이었고 당연히 외고 진학은 그리 대수롭지 않은 관문이었다. 그런데 우수한 아이들만 모여 있는 외고에서 이은이는 도저히 공부를 쫓아가질 못했다. 중학교와 달리 자신과 비슷한 수준의 학생들과 경쟁하는 것이니 그럴 수밖에 없다고 생각했다. 그러다 보니 워낙 경쟁심 강한 이은이는 공부 시간을 늘리기 위해 잠을 줄이는 수밖에 도리가 없었다.

하지만 결과는 마음대로 되지 않았다. 심지어 하루 두 시간을 자며 중간고사 준비를 해봐도 아무 소용이 없었다. 1학기 성적표는 초라했다. 40명 중 반에서 28등. 난생 처음 받아보는 성적표였다. 이은이는 우울할 수밖에 없었고 자퇴를 할까 하는 심각한 고민에 빠졌다.

이은이의 부모는 모두 의사다. 아빠는 내과 교수, 어머니는 산부인과 개업의다. 이러다 보니 결론은 '아이가 우울하니 항우울제를 먹이자'였다. 보통 항우울제는 짧으면 일주일, 늦어도 한 달이면 효과가 나타나는데, 이은이에게서는 도무지 차도가 보이지 않았다. 이은이의 아버지는 직장 동료인 정신과 교수에게 자문해 클리닉을 찾게 됐다.

고개를 푹 숙인 이은이는 한눈에 보기에도 의기소침하고 수척해 보였다. 질문에도 '예, 아니요' 정도만 말할 뿐 길게 대답하질 않는다. 부모에게 물어보니 전에는 무척 밝고 명랑한 아이였다고 한다.

검사를 해보았더니 전혀 예상하지 못한 결과가 나왔다. ADHD(주의력결핍과잉행동장애)였다. 부모뿐만 아니라 나 역시 놀라지 않을 수 없었다. 지능은 128, 상위 3퍼센트로 매우 우수했고, 창의력, 유추능력 역시 상위 2퍼센트에 들었다. 그런데 이런 결과가 나왔으니 한동안 모두 말이 없었다.

이게 어찌 된 일인가? 사람들은 ADHD 하면 흔히 주의 산만, 부산함, 충동성 등 세 가지가 모두 나타나야 하는 걸로 안다. 그러나 이은이는 부산하거나 충동성은 전혀 없이 주의력만 떨어져 있었다. 그러다 보니 아무도 이은이를 ADHD라고 생각하지 못했던 것이다. 더욱이 지능이나 기타 인지 능력이 최상위권이었기 때문에 공부하는 데에도 지금까지는 무리가 없었던 것이다.

어느 해 10월부터 11월까지 서울 소재의 초중고등학생 1,183명을 대상으로 집중력을 검사한 적이 있다. 그 결과 연령이 높아질수록 전반적인 충동성과 과잉 행동은 다소 감소하는 경향을 나타냈으나, 부주의성(집중력)은 여전히 감소하지 않는 것으로 나타났다. 주목할 것은 고등학생의 10.85퍼센트가 심한 부주의 혹은 주의 산만함을 경험하는 것으로 집계돼, 이 때문에 학습에 어려움을 겪는 학생이 100명 중 11명 수준인 것으로 조사됐다.

이은이는 이렇게 주의력만 뚝 떨어져 있는 상태였기 때문에 외고에서 공부하기가 너무나 버거웠던 것이다. 이런 형태를 ADHD 중에서도 '부주의형'이라 한다. 결국 이은이는 집중력 향상 치료제(메틸페니데이트) 처방과 집중력을 높이는 인지행동치료를 받았다. 그 후 몰라보게 달라진 이은이는 충분히 잠을 자면서도 공부할 수 있게 됐다. 자퇴 소리가 쏙 들어간 것은 당연했다. 이은이는 현재 미국의 아이비리그에 입학해 있다. 만약에 ADHD인 것을 몰랐다면 이은이는 어떻게 됐을까? 생각만 해도 섬뜩한데 당사자나 부모에게는 떠올리기도 싫은 옛날 일일 것이다.

정신과 의사끼리 하는 우스갯소리가 있다. 진짜 치료받아야 할 사람은 길거리를 활보하고, 별문제가 없는 사람이 정신과에 온다는…. 이 말을 아동과 청소년에 적용해보면 교실에 있는 아이들도 불안하다는 얘기다. 이런 점에서 한마디 덧붙이자면, 지금까지 학교 교육은 교과목 습득 능력을 키우는 데만 집중됐으나 이제는 선진국 모델을 도입해 좀 더 체계적이고 의학적으로 접근할 필요가 있다. 그중에서도 간단하게 할 수 있는 집중력 검사를 조속히 도입하는 것이 곧 공교육의 활성화와 학령기 아동의 정신 건강에 필수적이다.

이해를 돕고자 ADHD 환자로 2년간 치료 끝에 완치한 석민이의 사례를 소개한다. 아래 인용문은 석민이 어머니께서 내게 직접 보낸 편지를 재구성한 것이다. 석민이 어머니는 고맙게도 게재를 허락해주셨다.

(전략) 아이가 초등학교 입학과 동시에 담임선생님께 호출을 당하고, 몇 번의 꾸지람 끝에 매를 맞고 왔을 때도 엄마인 난 정말 얘가 왜 이러는지 몰라 미칠 것 같았다. 환장한다는 단어가 정말 실감 났다.

그러던 중 우연히 알게 된 ADHD란 생소했던 단어. 찬찬히 살펴보면서 내 눈을 의심케 할 만큼 내 아이와 똑같다는 생각. 그때부터 인터넷 삼매경! 검색창에 ADHD라고 쳐보니 병원, 한의원, 심리센터는 물론 심지어 학원까지…. 너무 선택이 어려워 선전을 가장 많이 하는 병원에 예약하고 기다리던 중, 전부터 알고 지내던 의사 선생님께 어렵게 아이 이야기를 꺼내자 정찬호 박사님을 추천해주었다. 그 후 처음에 예약했던 병원이 학계와 매스컴으로부터 잘못된 치료 방법으로 많은 질타를 받는 곳임을 알고 가슴을 쓸어내리며, 역시 인터넷은 믿을 것이 못 된다는 것을 또 한 번 뼈저리게 느꼈다. (중략)

1학년이 끝나는 날, 석민이는 모범생이라는 말을 들을 수 있었다. 2학년이 된 지금은 반에서 1명만 받는 모범 어린이 표창장까지 받아 왔다. 그날의 환희는 정말 겪어보지 못한 사람은 모를 것이다. (중략)

이런 아이를 둔 부모의 약한 마음을 노리고 과학적 검증이 덜 된 방법을 그럴싸하게 포장해 제 뱃속 챙기는 곳을 전전하며 치료 시기를 놓쳐 오히려 악화하는 아이들을 자주 본다. 또 언론은 약물 부작용이나 극도로 상태가 안 좋은 아이를 스스럼없이 방송으로 내보내 마치 난치병으로 착각하게 한다. 국가 차원에서 이런 아이들을 잘 보살펴줘야 하는 건 아닌지 묻고 싶다. 잘만 치료하면 완치가 가능한 ADHD! 무섭게만 느끼지 말고, 좌절하지 말고, 과장 광고에 속지 않는다면 너무나 사랑스러운 우리 아이들의

아이도 살리고 부모도 살리는
공부 동행

학교에서 웃음이 떠나질 않을 것이다. (후략)

이 글을 굳이 공개하는 이유는, 석민의 사례를 통해 이런 자녀를 둔 부모의 마음이 어떠한지 이해의 폭을 넓혀 ADHD에 대한 편견을 불식시키고 나아가 당사자와 그 부모에게 희망을 주고자 하는 마음에서다. 석민이는 과잉행동이 열정으로, 고집불통이 불굴의 의지로, 공상이 충분한 창의력으로 변했다.

얼마 전 '빈곤층 울리는 ADHD 삼중고(三重苦)'라는 어느 신문기사 내용 중, 초등 1학년 학급당 두세 명이 ADHD로 의심되지만 돈이 없어 치료를 엄두도 못 낸다는 내용을 접했다. 원래 ADHD는 사회경제적 상태와 아무런 관계가 없다. 즉 부유한 가정 또는 가난한 집에서 태어난 것이 ADHD의 원인이 아니란 뜻이다. 문제는 석민이 어머니의 지적처럼 경제적 어려움 때문에 혹은 근거 없는 상술에 휘말려 조기발견, 조기치료의 시기를 놓치는 경우다.

사회적 배려 대상자 아동들이 이용하는 전국의 공부방 26군데를 1년간 조사한 적이 있다. 결과는 위의 신문기사 결과보다 더 처참했다. 열 명 중 거의 네 명이 ADHD지만 역시 경제적 문제로 어떻게 손을 쓸 수 없는 상태였던 것이다.

공명심의 발로였을까? 당시 나는 컴퓨터와 인터넷만 있으면 언제 어디서나 ADHD를 선별할 수 있는 도구를 개발해 교과부에 '무료'로 쓸 것을 권했다. 그러나 4년이 지난 지금까지 아무런 대답을 들은 바 없다. ADHD 선별 도구는 조기발견, 조기치료뿐 아니라 공교육의 학업성취

## ADHD 바로 알기

ADHD란 학령전기 또는 학령기에 흔히 관찰되는 장애로 필수 증상은 주의산만, 과잉행동, 충동조절의 어려움 등을 나타내는 인지, 정서, 행동 면에서 결함을 동반하는 질환이다. 대부분 남자아이에게서 세 배에서 여섯 배 정도 더 흔히 발생한다.

장애의 발생 원인은 뇌 손상과 미소 두뇌 손상(minimal brain damage), 환경적 영향 등을 들 수 있다. ADHD 아동들은 과잉행동을 보이는데 언제나 뛰어다니고 가만히 있지 못하며, 안절부절못해 얌전히 앉아 있지 못한다.

이 아동들은 몸을 비비 꼬고 뒤틀며, 손가락을 꼼지락거리고, 옆에 앉은 친구들을 쿡쿡 찔러서 수업을 방해한다. 이들의 동작은 보통의 동작과 달리 지나치게 힘이 넘치며, 위험스럽고, 조화가 이뤄지지 않고, 행동의 목표가 없는 것이 특징이다. 과잉행동 아동들은 다른 사람의 바람이나 특정 장소의 요구에 맞추어 자신의 행동을 조절하는 데 큰 어려움을 겪는다. 특히 학교의 읽기와 수학 시간, 주말의 놀이 시간 그리고 수면 시간에 그러한 경향이 두드러진다.

또한 ADHD 아동들은 무척 충동적인데, 충동성의 본질은 행동 억제 능력의 결여에 있으며 "생각하지 않고 행동하는" 것으로 나타난다. 생각 없이 위험한 행동을 하거나, 다른 사람들이 줄 서 있는 앞에 끼어들고, 과제를 수행하면서 임의대로 지름길을 택한다. 즉각적이지만 작은 보상과 좀 더 기다린 후에 받을 수 있는 큰 보상 사이에서 주로 당장의 작은 보상을 선택한다.

인내심이나 어떤 제약이 필요한 게임을 잘 견디지 못하며, 다른 사람을 방해하거나 사회적으로 부적절한 말이나 남에게 상처 주는 말을 내뱉을 수도 있다. 이 같은 종류의 행동 때문에 사람들은 종종 이들 아동이 조심성이 부족하고 무책임하며 미성숙하고, 게으르거나 버릇이 없다고 말한다.

력 향상, 사교육비 절감과 교육 기회의 평등성 보장, 그리고 교육의 공공성 실현 등 세 마리 토끼를 잡을 수 있는 밑거름이 될 수 있다. 지금이라도 외양간을 고쳐 더는 소를 잃는 일은 없어야 할 것이다.

# ADHD,
## 너무 몰라도 문제

"그런 소리 했다간 뺨 맞아요. 맞아 죽을 일 있습니까?"

어느 초등교사의 입에서 나온 말이다.

전국 초등학교 상담교사를 대상으로 ADHD를 주제로 강연할 일이 있었다. 당시 교사가 'ADHD의 최초 발견자'가 될 수 있으니 이를 부모에게 알려야 할 '사명'을 강조하자 좌중에서 튀어나온 말이다. 실제로 그런 일 때문에 멱살을 잡히거나 "내 아이를 미친놈 취급했다"며 교육청에 고발당한 선생님도 있었다. 심지어 학생 아버지에게 구타를 당했다고 하소연하는 선생님도 있었다.

그래서 잠시 강의를 중단하고 '설문조사'에 들어갔다. 1,000여 명의 선생님 중 아이가 부산하고 산만해도 그 부모에게 ADHD의 'A' 자도 꺼내본 적이 없는 선생님의 수가 과반을 넘었다. 그래도 넌지시 부모에게 말이라도 건네본 선생님은 20퍼센트 정도였지만 그중 대부분은 무시당하거나 심지어 모욕을 당했다고 했다. 아주 극소수 선생님만이 후일 '감사하다'는 말을 들었다고 했다. 그러니 '본전도 못 찾을 일, 입 다무는 게 상책'이라는 암묵적인 공감대가 일선 학교에 만연해 있었던 것이다.

초등학교 5학년 정석이가 그렇다. 2학년 때 담임선생님으로부터 "한 번 검사라도 받아보시지요"라는 말을 듣고 정석이 어머니는 겉으로는 "예, 신경 써주셔서 감사합니다"라고 했지만 뒤돌아 나오며 든 생각은 '내가 촌지 안 줘서 애가 찍혔구나' 하는 것이었다. 정석이의 원래 이름은 동석이었다. 그런데 점차 학년이 올라갈수록 2학년 담임선생님 얘기대로 아이가 나아지지 않자 혹시 이름에 움직일 동(動)이 들어가서 그런가 하고 고요할 정(靜)으로 개명했다는 것이다.

중학교 2학년 명수 어머니는 한 수 위(?)다.

"명수가 집중을 못 하고 산만해도, 초등학교 때까지는 애들이 다 그러려니 하고 넘어갔어요. 그런데 중학생이 돼서도 마찬가지고 성적도 바닥을 기니 어쩌겠어요?"

그래서 시어머니의 권유대로 수백만 원을 들여 굿까지 했단다. 신비주의와 미신이 판치던 중세 암흑기 이야기 같지만 바로 지금 여기에서 일어나는 일이다.


정석이나 명수 어머니, 그 외에 ADHD 자녀를 둔 몇몇 분이 토로하는 소위 '피치 못할 사정'을 들어보면 대개 다음과 같은 이유가 주류를 이룬다. "정신과 가면 시집, 장가도 못 가고 군대도 못 간다고 해서", "주홍글씨처럼 죽을 때까지 아이가 정신병자로 기록에 남는다고 해서", "취직할 때도 불이익이 따른다는데…" 등이다.

참으로 어처구니없는 헛소문이다. 이런 헛소문만 믿고 전문 기관을 멀리하고 그럴싸하게 포장된 사이비 기관에서 요상한 방법을 사용하는 사이 시간과 돈의 낭비는 말할 것도 없고 치료의 적기(適期)를 놓치고 마는 것을 보면 참으로 안타깝기 그지없다.

우리나라 초등학생의 5~10퍼센트, 중고생의 3~5퍼센트가 ADHD 문제를 가지고 있다. 평균적으로 한 학급당 적어도 두세 명이 ADHD 때문에 공부를 제대로 할 수 없다는 이야기다. 그러나 현실은 ADHD로 전문 기관을 이용하는 학생 수는 그중 10퍼센트가 채 안 된다.

얼마 전 한 고등학교의 2학년 학생 500여 명의 집중력을 조사한 적이 있다. 아무리 적게 잡아도 4퍼센트가 ADHD였다. 그중 몇 명에게 물었다.

"혹시 집중력이 떨어진다고 생각해본 적 없니?"

그들 대부분은 집중력이 떨어진다고 인정했다. 그러나 놀랍게도 그중 단 한 명도 검사해볼 생각이나 더욱이 어떤 치료를 받아야겠다고 생각한 적은 없다고 답했다.

나는 학생을 컵에 비유하기를 좋아한다. 아무리 좋다는 과외, 학원이라는 물을 부어도 차오르지 않는 학생이 많다. 이는 학생이라는 '컵' 어디엔가 구멍이 뚫려 있기 때문이다. 그 구멍의 정체 중 매우 큰 비중을 차지하는 것이 바로 ADHD다. 그 구멍을 메우지 않은 채 '열공'만 외치는 것은 감기에 걸려 콧물 흘리는 아이에게 약도 지어주지 않으면서 "지저분하니 콧물 좀 흘리지 말라"고 혼내는 꼴과 다르지 않다.

군이 판박이처럼 선진국의 훌륭한 제도의 예를 들고 싶은 마음은 없다. 그저 21세기 OECD 국가의 체면을 생각해서라도 최소한 ADHD를 마치 귀신이라도 씌인 양 취급하며 쉬쉬할 일이 아니라, 학교와 가정 그리고 전문가들이 나서 조기발견과 조기치료에 앞장서야 한다. 그것이 진정 국가 경쟁력의 초석이 된다는 사실을 우리 사회는 알아야 한다.

# ADHD,
## 너무 앞서 가도 문제

초등학교 4학년인 진호는 처음에 ADHD로 알고 클리닉을 방문했다. 전에는 몹시 차분하고 집중력도 좋던 진호는 4학년 올라오면서 멍하게 있는 시간이 늘고 짜증을 부리고 반찬 투정이 심해졌다. 자주 준비물을 못 챙겨가서 어머니가 이를 갖다 주러 학교에 가보면, 창문 너머로 많은 아이 틈에서도 진호는 금방 어머니 눈에 띈다. 제 아이라서 그런 게 아니다. 유난히 행동이 산만하기 때문이다. 선생님을 쳐다보고 있긴 하지만 동공은 풀려 있고, 몸은 계속 이리저리 배배 꼬인다. 옆자리 친구와 같은 의젓함은 찾아볼 수가 없다. 순간 어머니의 머릿속을 스쳐 간 것은 "ADHD"였다.

그러나 검사 결과는 ADHD가 아니라 공부를 잘해야 한다는 불안이 주범이었다. 즉 공부에 대한 중압감으로 안절부절못하는 증상이었다. 어머니는 "4학년 성적이 평생을 좌우한다기에" 3학년 겨울방학부터 본격적으로 학원, 과외를 돌렸다고 한다. 버거워하는 것 같아도 이를 악물라고 말하고, 진호도 군말 없이 따라와 줘서 대견하게 생각했다고 한다. 진호는 진호 나름대로 어머니를 기쁘게 해드려야 한다는 생각에 "버텨본 것"이다. 그리고 "어머니에게 뭔가 보여줘야 한다"는 공부 스트레스가 불안으로 이어진 것이다.

진호 같은 불안장애 이외에도 ADHD처럼 산만해 보이는 다른 원인이 매우 많은데 이를 나열하면 다음과 같다.

1. 원래 기질이 외향적인 아이
2. 갑상선기능장애
3. 활동적이고 능동적인 성격
4. 정서불안과 우울증
5. 영양 불균형
6. 열악한 가정 환경이나 학교 환경
7. 의도적인 반항기
8. 중금속 중독
9. 학습장애

ADHD를 그냥 "크면 나아지겠지" 하고 내버려두는 것도 문제지만, 산만하다고 무조건 ADHD로 몰아가는 것도 문제다. 선천성면역결핍증의 약자인 AIDS를 모르는 사람이 없듯이 요즘은 주의력결핍과잉행동장애(Attention Deficient Hyperactivity Disorder)인 ADHD를 모르는 사람이 없다. 흔한 외래어가 된 것이다. 인터넷 검색창에 "ㅁ옹"이라고 잘못 쳐도 알아서 밑에 ADHD가 따라붙을 정도다. 검색을 해보면 ADHD에 관한 무수한 정보가 쏟아져 나온다.

그래서 나는 모 포털 사이트에 ADHD 검색 현황을 의뢰해보았다. 그 결과 ADHD는 질병 검색 순위 평균 15위 정도로, 사람들이 자주 검색해보리라고 예상되는 아토피의 검색률과 유사했다. 또 검색창에 ADHD라고 쳤을 때 화면 첫 페이지에 뜨게 하는 데는 월 수백만 원씩을 내야 한다고 귀띔해준다. 그 정도로 우리나라는 ADHD 열풍에 휩싸인 느낌이다. 또한 심약한 부모의 심리를 악용해 상업적 이득을 보려는 이들이 늘어나고 있다는 방증이기도 하다. 그러니 이런 무수한 정보 중 옥석을 가리기란 여간 어렵지 않다.

전문의인 내가 봐도 제법 그럴싸한 진단법과 치료법 등 무수한 정보가 즐비하다. 그러니 부모들은 진호 어머니처럼 "내 아이가 ADHD 아닐까?"라는 의구심에 한 번 정도 빠지는 게 어쩌면 당연할 수도 있다. 정보화시대, 넘쳐 나는 정보의 홍수 때문에 오히려 혼란이 가중되는 듯하다.

"어설픈 무당이 사람 잡는다." "아는 게 병이다." 정말이다. 만약 내 아이가 ADHD로 의심된다면 전문기관의 도움을 받는 편이 가장 빠르고 경제적이라는 점을 다시 한 번 강조한다. ADHD 치료가 반드시 약만으로 되는 것은 아니다. 또 ADHD 단독으로만 나타나는 경우는 33퍼센트에 불과하며 불안이나 우울, 위축 등 다른 심리적 문제를 동반하는 경우가 75퍼센트로 훨씬 더 많다.

실제로 많은 부모에게 "자녀의 가장 큰 약점 하나만 들어보세요" 하면 10명 중 5~6명은 "집중력이 약해요"라고 말한다. 그래서 진호의 사례에서처럼 ADHD로 알고 클리닉을 방문하는 부모도 많다. 그러나 검사를 해보면 뜻밖에도 ADHD가 아니라 '우울증'일 때가 잦다.

"애들도 우울증이 있어요? 그리고 우울하면 오히려 처져야지 어떻게 거꾸로 산만해지나요?"

이런 경우는 가면성 우울증이다. 즉 ADHD의 가면을 쓴 우울증, 가짜 ADHD(Pseudo ADHD)란 뜻이다. 앞에서도 이야기했지만 아이들의 우울은 성인과는 사뭇 다르다. 어른은 우울증에 걸리면 만사가 귀찮고 심하면 죽고 싶은 생각이 든다. 그러나 이 같은 우울증에 걸린 아이들의 증상은 산만해지고 짜증을 내거나 충동적으로 변해서 마치 ADHD로 착각하기 쉽다. 전문의조차 이 둘을 구분해내기란 그리 쉽지 않다. 그리고 성인 우울증의 원인은 생물학적인 면이 강한 반면, 아이들의 우울증은 '환경적인 영향'을 더 많이 받는다.

우선 아이를 쉬게 하면서 놀이치료와 약물치료를 병행하면 대부분 이런 우울증은 완치가 가능하다.

# 자식 잡을
## 만병통치약

ADHD를 둘러싼 오해는 심각한 사회 현상을 불러온다. 30대 중반으로 보이는 어머니 한 분이 찾아와서 다짜고짜 "제 아들이 ADHD인데 약 좀 처방해주세요" 하신다. "어디에서 진단을 받으셨나요?" 물으니, "아니요. TV 보고 인터넷 검색해보니 제 아이 증상과 똑같아서요" 하고 확신 있게 말한다. "정확한 진단을 받아봐야 하니 아이를 데리고 오셔야 합니다"고 하자, "검사 같은 거 필요 없어요. 딱 맞아떨어지는데요, 뭘" 하며 째려본다. 하지만 내가 처방전은커녕 미동도 않자 그 어머니는 찬바람을 일으키며 벌떡 일어나 나가버렸다.

이런 일은 클리닉에서 비일비재하다 보니 그리 새삼스러울 것도 없다. 심한 경우 하루에 네다섯 명의 어머니가 이런 식으로 찾아오기도 한다. 특히 시험 기간이나 언론에서 ADHD 보도라도 나간 다음 날에는 더욱 극성(?)을 부린다. 소위 ADHD 치료제가 마치 "공부 잘하게 하는 약"으로 둔갑을 한 것이다.

그렇게 된 데는 이유가 있다. 실제 ADHD로 판명된 학생이 치료제로 약을 먹은 뒤 집중력이 좋아지고 책상에 앉아 있는 시간이 늘면서 주변의 친구와 친구 어머니들이 놀라기 시작한다. 그리고 집요한 질문 끝에 ADHD 치료제를 먹는다는 말을 듣고는 그 약이 바로 '열공 약'이라고 착각하는 것이다. 마치 1980년대 각성제 '타이밍'이 '공부 잘하게 하는 약'으로 둔갑한 것과 같은 이치다.

그러나 분명히 해둘 것은, ADHD 치료제는 ADHD를 겪는 아이에게만 도움이 될 뿐 그렇지 않은 아이에게는 부작용만 일으킨다는 것이다. 최근 외국인 강사들이 자신이 성인 ADHD라며 이 병원 저 병원을 돌아다니며 약을 처방받아 과량 투여 후 환각 증상으로 난동을 부리다가 경찰에 연행된 일이 있는데 이것이 바로 그 부작용의 단면이라고 보면 된다.

반면 거꾸로 꼭 약이 필요한데도 손사래를 치는 일도 있다. 중2 상찬이 어머니가 바로 그런 경우다. "어머니, 아무래도 상찬이는 약을 쓰면서 부수적 치료를 해야겠는데요"라고 말씀드리자 펄쩍 뛰었다.

"아니, 내 아이에게 마약을 먹이시려고요? 그건 절대 안 돼요. 약 안 쓰는 다른 데서 치료받으렵니다."

그러고는 그녀 역시 방문을 '쾅' 닫고 나가버렸다.

누구는 필요 없는 약을 '공부 잘하게 하는 약'으로 착각해 자녀에게 먹이려 들고, 또 누구는 약이 필요한데 어머니가 거부한다. 참으로 역설적이고 기이한 현상이다. 상찬이 어머니처럼 약을 거부하는 사람들의 이야기를 들어보면 그 이유는 다양하지만 그중 가장 흔하게 물어보는 것은 세 가지다. 첫째, 한창 자라는 시기에 그 약 먹이면 식욕이 줄어 키가 안 크면 어쩌죠? 둘째, 중독성 있거나 뇌에 무슨 나쁜 영향을 주는 거 아니에요? 셋째, 먹을 때만 반짝 효과가 있다 끊으면 다시 옛날로 돌아가는 건 아닌가요? 물론 이 모든 물음의 대답은 '아니오'다.

약에 대한 오해뿐 아니라 ADHD에 대해 일반인이 흔히 갖는 편견도 셀 수 없이 많다. 이를 요약하면 다음과 같다.

첫째, 정신만 차리면 집중할 수 있다.

둘째, 나이 들면 좋아진다.

셋째, 부모가 양육을 잘못해서 그렇다.

넷째, 교사와 교육 환경의 문제 때문이다.

다섯째, 임신 중에 음식이나 약을 잘못 먹어서 그렇다.

자녀가 ADHD라고 하면 부모 중 대부분은 죄책감을 느끼는 듯하다. 마치 자식이 잘못된 것이 모두 부모 탓인 양 여기는 것이다. 그런 논리대로라면 "내 아이가 명문대에 들어간 건 다 내 덕이오"라고 말하는 팔불출 어머니와 다를 바 없다.

이 땅에 ADHD 아이를 자녀로 둔 부모는 무엇보다 그것이 완치 가능한 병이라는 사실을 알아야 한다. 안타까워하며 잘 치료되도록 자녀와 함께 노력은 해야겠지만, 죄책감은 ADHD 치료에 전혀 도움이 되지 않는다. 그러니 죄책감을 뒤로 젖혀놓고 '파이팅'을 외치시길.

# ADHD만큼 무서운
## 중금속 중독

초등학교 5학년 성근이는 어려서부터 별문제 없이 잘 자라왔다. 성적도 상위 5퍼센트 안에 들어서 국제중학교를 준비할 예정이다. 그런데 어느 순간부터 성근이가 점차로 부산하고 산만해졌다. 이전에는 10분이면 족히 끝낼 학습지 숙제를 한 시간이 넘게 걸리더니, 급기야 두 시간도 넘기는 게 아닌가. 당연히 속이 상한 성근이 어머니는 "야, 너 자꾸 딴청 부릴래?" 하고 속상함을 표현했고, 이렇게 시작된 다툼은 결국 모자의 전쟁으로 치닫게 됐다.

냉장고 문도 뻔질나게 여닫고 10분이 멀다 하고 화장실로, 동생 방으로, 거실로 집안 순례를 한다. 성근이 어머니는 말로 될 게 아니라는 생각에 별 방법을 다 동원해봤다.

"20분 만에 끝내면 네가 좋아하는 게임 한 시간 시켜줄게."

"피자 사줄게."

그전 같으면 "아싸, 오케이" 할 성근이의 반응은 영 신통치가 않았다.

성근이 어머니는 '사춘기가 왔구나' 생각하고 이해하려 했지만 해도 너무 한다는 마음이 들었다. '당근'과 '채찍'을 다 동원해봐도 영 나아질 기미가 보이지 않았다. 결국에는 학교 숙제도 안 해 가고, 학원과 과외도 모두 끊겠다고 한다. 심지어 알림장마저 아예 써오지 않아 옆집에 사는 같은 반 미숙이 어머니의 도움을 받아야 할 지경이 됐다. 성근이를 가르치던 과외 선생님도 두 손, 두 발을 들고 말았다.

성근이 어머니는 인터넷 검색을 시작했다. 성근이의 증상을 인터넷 포털의 관련 카페에 올려놓고 일반인의 의견도 들어보고 전문가의 자문도 받아봤다. 결론은 ADHD일 가능성이 높다는 데 무게가 실렸다. 그래서 클리닉의 문을 두드리셨다.

성근이가 클리닉에 방문했을 때 한눈에 봐도 ADHD가 의심됐다. 그래도 혹시나 하는 마음에 검사를 시행했다. 기억력과 집중력이 떨어져 있지만 그렇다고 ADHD라고 확진하기엔 뭔가 미심쩍은 구석이 많았다. 그래서 혹시나 하는 마음에 중금속 검사를 했다.

그 결과 놀랍게도 성근이는 수은과 납에 중독돼 있었다. 왜소한 데다가 쉽게 피곤해하고 체력이 달려 1년 전부터 몸에 좋다는 보약을 먹였다고 한다. 물론 그게 원인이라고 단정을 지을 수는 없었다. 중금속은 페인트나 살충제, 담배 연기나 화장품에도 들어 있고, 더군다나 중국산 수

입 먹을거리가 판을 치는 세상이니 어느 것 하나 단정 지어 원인이라고 할 수는 없었다.

우선은 ADHD에 준하는 치료를 하면서 성근이의 몸에 축적된 중금속을 빼내야 했다. 약 6개월의 치료를 거쳐 중금속이 제거됐고 ADHD 약도 끊었다. 성근이는 다시 예전의 모습을 되찾아 지금 국제중 입시 준비에 여념이 없다.

2006년 나는 가톨릭의대, 충남대학교 팀과 공동으로 전국의 초중고 학생 502명의 모발을 채취해 중금속 검사를 한 적이 있다. 놀랍게도 결과는 그중 187명이 수은, 납, 카드뮴, 알루미늄 등의 중금속 중 하나 이상이 기준치 이상, 즉 중독돼 있었다. 10명 중 4명꼴로 중금속 중독인 셈이었다.

네 가지 모두에 중독된 학생도 11명에 이르렀다. 문제는 이런 중금속이 체내에 쌓이면 집중력이 떨어지고 성장 발육에도 악영향을 미쳐 결국 학업 성적을 떨어뜨린다. 고등학생의 경우 1개 이상의 중금속에 중독된 학생은 그렇지 않은 학생에 비해 평균 성적이 9점, 학급 석차는 6등이 낮았다. 중학생 역시 평균 성적이 6점, 학급 석차는 5등이나 낮았다.

특이한 점은 중금속 중독은 저학년, 즉 어릴수록 그 비율이 높다는 것이다. 초등생의 체표면적이 중고생보다 작기 때문이다. 초등학생은 성적을 석차로 나타내지 않기 때문에 중금속이 성적에 미치는 영향은 정확히 알 수 없으나, 위의 사실로 유추해보면 아마도 중고생보다 더 큰 차이가 날 것으로 짐작됐다.

중금속은 그 자체만으로도 지능 저하, 주의력 저하, 과잉 행동, 학습장애를 유발한다. 또 칼슘, 철, 아연 등 학습능력을 좌우하는 필수 미네랄을 잡아먹어 결국 성근이처럼 집중력도 성적도 떨어지는 결과를 낳게 된다. 모든 아이들에게 이런 중금속 검사가 필요한 것은 아니다. 다만 학습능력 등에 별반 문제가 없는데도 집중력이 떨어지고 성적이 내려간다면 한 번 체크해보는 것도 도움이 될 것이다.

## ADHD, 부모의 대처 방법

### 1. 우리 아이가 산만하다고 판단되는 기준

① 차분하지 못하고 너무 활동적이다.

② 쉽게 흥분하고 충동적이다.

③ 다른 아이들에게 방해된다.

④ 한 번 시작한 일을 끝내지 못한다. (주의집중 시간이 짧다.)

⑤ 늘 안절부절못한다.

⑥ 주의력이 없고 쉽게 주의분산이 된다.

⑦ 요구하는 것이 있으면 금방 들어주어야 한다. (쉽게 좌절한다.)

⑧ 자주 떼를 쓴다.

⑨ 금방 기분이 확 변한다.

⑩ 화를 터뜨리거나 감정이 격하기 쉽고 행동을 예측하기 어렵다.

위의 열 가지 중 반 이상이 해당되면 일단 전문가에게 의뢰하시기 바랍니다.

### 2. 산만한 아동의 교육법 : 부모가 지켜야 할 원칙

① 자녀와 함께 앞으로 지켜야 할 규칙을 정한다. 책임감도 함께 배우게 된다.

② 한 번 정한 규칙은 체계를 세워서 일관성 있게 적용해야 한다.

③ 잔소리는 줄이고 칭찬은 많이 한다.

④ 흥미를 보이는 일을 하도록 배려하고 부모도 함께 관심을 가진다.

⑤ 지나친 간섭을 하지 않는다.

⑥ 작은 목표를 세워 일을 끝내보는 성취 경험을 갖도록 배려한다.

아이도 살리고 부모도 살리는
공부 동행

## 3. 문제 행동별 대처 방법

### ① 지적 능력에 비해 공부를 소홀히 하거나 성적이 나쁠 때

지적 능력이 뒷받침된다는 것은 그만큼 가능성이 있다는 것이다. 주의집중이 약해서 성적이 좋지 못하다면 일단 공부에 관한 잔소리는 일절 끊어야 한다. 지금껏 아이는 성적을 기준으로 늘 못한다는 이야기만 듣고 지내왔으므로 공부 이야기만 나오면 주눅이 들고 위축돼 부모의 눈치만 살피게 된다. 부모는 아이의 다른 능력이나 소질을 놓고 대부분 '공부도 못하는 주제에'라는 식으로 면박을 주거나 무시할 때가 잦은데, 이렇게 스트레스를 받은 아이는 학습 효과나 능률이 크게 저하된다. 아이가 공부에 흥미를 느낄 수 있도록 함께 관심을 두고 대하는 것이 좋다. 부모는 거실에서 TV를 보면서 자녀에게만 공부하라고 한다면 아이가 공부할 마음이 나겠는가? 부모가 자녀와 함께 공부하는 시간을 마련하거나(TV를 끄고 각자 조용히 공부하는 방식) 스스로 작은 목표를 정하고 생활계획표를 짜서 하나씩 성취해보도록 배려하는 것도 아이의 자신감과 의욕을 일으키는 데 도움이 된다. 또한 집중을 잘할 수 있도록 공부하는 장소를 일정하게 정해 두고, 그 장소에는 만화책이나 컴퓨터 같은 것을 두지 말아야 한다. 아이들의 방 대부분이 책상 위에 컴퓨터가 있는데 그러면 그 방에서 아이들이 집중해 공부하기란 무척 어렵다. 컴퓨터가 아이의 주의력을 분산시키기 때문이다. 그러므로 아이가 공부하기로 한 장소에는 공부 외에 관심이 갈 만한 물건은 다 치우는 것이 좋다.

### ② 숙제를 안 할 때

숙제하기 규칙을 아이와 상의해서 정한다. TV를 보거나 나가서 놀기 전에, 컴퓨터게임을 하기 전에 숙제부터 한다거나, 한 번에 한 가지 숙제만 한다는 식의 규칙을 정해 점수제를 시행해보는 것도 좋다. 또 아이가 비교적 다른 시간에 비해 집중을 잘하는 시간을 파악해 그 시간에 숙제하도록 유도하고, 숙제하는 시간을 일정하게 정해 습관이 되도록 하는 것이 좋다. 또한 숙제 관리 노트를 만들어 매일 숙제 확인을 하는 방법을 사용하고, 잘하면 칭찬을 아끼지 말아야 한다. 숙제하기 규칙을 어겼을 경우를 대비해 아이와 정해놓은 규율을 적용하면 효과가 있다.

③ 공공장소에서 질서를 무시하고 소란스러울 때

공공장소에서 지켜야 할 행동에 대한 규칙을 세운다. 규칙은 일관성이 있어야 하고 집안의 다른 사람들도 함께 따라야 한다. 공공장소에 가기 전에 그 장소에서 지켜야 할 규칙이 무엇인지 자녀와 함께 이야기해보고, 왜 공공장소에서 적절하게 행동해야 하는지 설명해준다. 아이가 적절히 행동했을 때 주저하지 말고 칭찬해주면서 상을 주도록 한다. 규칙을 어기면 어떤 벌을 받게 될지 미리 이야기해주고 일관성 있게 시행하도록 한다.

④ 심하게 화를 내거나 물건을 부수고 자주 친구들과 싸움을 벌일 때

공격적인 행동의 원인은 여러 가지가 있을 수 있겠지만, 다른 사람의 사소한 실수를 용납하지 못하거나 남의 의도를 잘못 해석해서 화를 내는 일도 있다. 또 순간적인 충동을 참지 못하고 행동하고 후회하는 때도 있다. 때로는 어른들이 너무 심하게 간섭하거나 잔소리를 하면 그 적개심을 다른 아이에게 분풀이로 드러낼 수도 있다. 그러므로 아이가 억울하다거나 분하다는 느낌이 들지 않도록 평소에 공정하게 대해주고, 부모의 감정을 아이에게 투사하지 말아야 한다. 그러나 일단 아이가 화를 내거나 분노로 심하게 흥분하면 즉각적으로 그 상황에서 데리고 나와야 한다. 또한 아이가 화를 내고 흥분할 때 우선 말로 자신의 감정을 표현하도록 부모와 상의할 수 있도록 배려하고, 아이가 자신의 감정을 다룰 수 있도록 훈련하는 것이 좋다. 또한 아이가 자신의 감정을 잘 추스르면 칭찬해주어야 한다. 아이가 공격 행동을 할 때 체벌하는 것은 가장 나쁜 대응 방법

아이도 살리고 부모도 살리는
공부 동행

이다. 그럴수록 아이는 더욱 반발하게 되고, 공격 행동을 배우게 된다.

⑤ 부모의 말을 듣지 않고 반항할 때

시키는 것을 하지 않고, 잘못을 나무라면 대들거나 화를 낼 때가 있다. 이렇게 아이가 반항하면 부모는 강요하거나 체벌하고 아이와 감정싸움을 벌이기 쉽다. 하지만 이런 방법들은 문제 해결에 크게 도움을 주지 못하고, 학년이 올라갈수록 아이는 더 말을 안 듣게 된다. 아이의 이러한 행동을 고치기 위해서는 우선 부모의 태도가 달라져야 한다. 함께 시간을 공유해 같이 할 수 있는 일을 만들고, 자유롭게 대화할 수 있는 시간을 자주 갖는 것이 좋다. 대화할 때는 '너는 이래서 안 된다'는 식으로 말하지 말고 '나는 네가 그렇게 행동하니 마음이 참 슬프구나' 하는 식으로 진심을 전달해야 한다. 칼릴 지브란의 시에서도 나오듯이, 아이는 내가 낳았지만 내게 속한 것이 아니라 독립된 인격체로 존중해줘야 한다. 그러므로 감정적으로 대할 것이 아니라 무슨 이유로 화가 났는지 이야기하면서 감정을 가라앉히는 시간을 가진 뒤 대화를 시도하도록 한다.

⑥ 고쳤던 문제가 다시 나타날 때

다양한 방법을 사용했는데도 아이가 나아지는 기미가 보이지 않는다면 전문가와 상담해야 한다. 또 아이의 행동은 나아졌다가도 다시 문제를 일으킨다는 사실을 잊지 말고, 예전의 습관이 나타난다거나 새로운 문제점이 생겼을 때 부모의 대처 방법을 알고 있어야 한다.

# 아이의 지능과 부모의 미신

평범과 천재 사이에서 방황하는 엄마들

우리 아이가 틀림없는 영재라고 했는데,
왜 공부는 못하는 거죠?

# 내가 돌고래를
## 낳았다고?

자신의 자녀가 타고난 영재나 천재인 줄 알았는데, 웬걸 그저 그렇고 그런 평범한 아이인 것으로 판명돼 좌절하는 부모가 많다.

"우리 아이가 틀림없는 영재라고 했는데, 왜 공부는 못하는 거죠?"

도무지 이해할 수 없다는 표정으로 클리닉을 방문하는 부모가 많다. 사설 학원 등에서 아이큐 검사를 해봤더니 140이나 되더라, 그래서 영재 교육을 어떻게 할까 고민했다, 그런데 이게 웬일이냐, 학교 성적은 중간에도 못 미치니 말이다, 이렇게 하소연하는 것이다.

사실 결론부터 말하면 우리나라에는 가짜 영재가 넘쳐난다. 과학적인 시스템으로 우수한 학생으로 만들어주겠다고 큰소리치는 사설 학원 등에서 실시하는 아이큐 검사에 엉터리가 많기 때문이다. 세상 모든 부모는 내 아이가 다른 아이들보다 머리가 뛰어나고 그래서 앞으로 성공할 가능성이 높길 바란다.

학원은 이를 누구보다 잘 알고 있기 때문에 십분 활용한다. 대부분 아이큐 검사에서 그치지 않고 거기에 맞는 맞춤 학습법을 적용해 성적을 쑥쑥 올린다거나 확실한 영재로 키워주겠다고 큰소리친다. 그러려면 우선 부모의 마음을 사로잡아야 한다.

"아이의 머리가 선천적으로 타고났습니다. 영재임이 틀림없습니다."

"아이가 보통 이상의 머리를 가지고 있습니다. 조금만 관심을 두고 공부를 시키면 영재 수준에 올라갈 수 있습니다."

이렇게 부모들을 자식에 대한 기대감으로 들뜨게 하는 것이다. 더욱이 이들은 은연중에 그렇게 투자하지 않는 부모라면 그건 부모로서 자격 미달인 것 같은 죄책감을 불러일으킨다.

단언하건대 상당수 시중의 아이큐 검사는 제대로 된 검사기관에서 할 때보다 10~20 이상 높게 나온다. 이 때문에 부모들은 사설 학원 등에서 받은 아이큐 검사 결과가 정말인 줄 믿고 영재 아이를 얻었다며 호들갑을 떠는 것이다. 그런데 아무리 공부해도 성적이 콩나물처럼 쑥쑥 오르기는커녕 어머니의 애간장만 태우는 날이 많아지면, 뭐가 잘못된 게 아닌가 하고 정식 아이큐 검사를 받으러 나서게 된다. 제대로 된 아이큐 검사라 함은, 신경정신과의 임상심리 전문 자격증을 갖춘 병원이나 임상심리센터 등에서 하는 검사를 말한다.

그런데 이런 공인된 기관에서 아이큐 검사를 받은 부모들은 기절초풍하기 일쑤다. 영재인 줄 알았던 아이가 사실은 앞집 철수나 뒷집 영희하고 하나 다를 게 없는 보통 아이가 아닌가. 평소 아침저녁으로 철수 영희가 학원이다 어디다 마구 뛰어다니며 공부하는 걸 보면서 속으로 '아무리 해봐라, 영재인 우리 아이 쫓아오나'라고 비웃던 자신의 모습이 되레 우스워지는 기막힌 상황이 된 것이다.

아이의 아이큐가 130으로, 잘만 하면 영재 대열에 낄 수 있을 것이라 철석같이 믿었던 어머니가 클리닉에서 검사를 받고선, 아이의 아이큐가 사실은 90대라고 말하면 얼굴이 하얗게 질린다.

"뭐라고요? 그럼 우리 아이가 돌고래라고요?"

어머니는 세상 다 살았다는 듯 깊은 한숨을 내쉰다.

"공부고 뭐고 다 때려치울래요. 차라리 돌고래라면 쇼라도 시키지…."

어머니의 좌절이 한없이 바닥으로 내려앉지만 그게 어디 아이의 잘못이겠는가.

생각만큼 아이의 아이큐가 높지 않을 경우, 어떤 어머니는 자신이 원하는 만큼의 아이큐가 나올 때까지 여기저기 검사기관을 찾아다니기도 한다. 그러나 아이큐 때문에 자포자기한다면 이 어머니는 두 번 잘못하는 것이다. 아이큐가 높다고 해서 모두 천재가 아니며, 더욱이 아이큐 높은 사람이 모두 사회적으로 성공한다는 말은 전혀 맞지 않기 때문이다.

실제로 천재 남자와 천재 여자가 짝을 이뤄 아이를 낳는다면 그 결과가 어떻게 될지에 관한 흥미로운 관찰이 있었다. 1980년 미국에서 소위 '후손 선택을 위한 저장고'가 언론의 집중 조명을 받으며 문을 열었다. 노벨상 수상자의 정자만을 따로 기증받아 아이큐 160 이상의 여성들에게만 제공하는 '정자(精子)은행'이 출범한 것이다. 1999년 이 정자은행이 문을 닫을 때까지 19년 동안 이곳을 통해 시험관 아기 등으로 217명이 태어났다. 이른바 천재 아이들이었다. 〈뉴욕타임스〉에서 활동 중인 데

이비드 플로츠라는 작가가 이 아이들이 어떻게 자랐는지에 관심을 두고 조사했다. 4년간의 취재 끝에 얻은 결론은, "천재 프로젝트는 실패"였다. 천재 머리를 타고났어도 천재 어른으로 자라지 못했다는 것이다.

사람들이 특히 잘못 아는 것 중 하나는 '아이큐가 좋으면 영재'라는 것이다. 예전에는 아이큐 하나만 갖고 천재냐 영재냐 혹은 둔재냐를 가리기도 했다. 그러나 그건 하품 나는 옛날이야기다. 요즘은 아이큐나 암기력 따위가 아니라 문제를 새로운 시각으로 바라보고 해결하는 창의력과 탐구력, 비판력과 유추능력, 심지어 협동심까지 갖춰야 영재로 인정받는 게 세계적 추세다. 한마디로 높은 아이큐는 곧 영재라는 등식은 이미 깨졌다는 것이다.

어릴 적 아이큐가 평생의 운명을 좌우하지도 않는다. 아이큐는 유전적 요인의 40퍼센트 정도만 영향을 받는다. 나머지는 후천적인 영향을 받는다. '쌍둥이 비교 연구'라는 게 있다. 같은 유전자 조건을 갖춘 쌍둥이가 서로 다른 성장 환경에서 자랄 경우, 건강 상태와 지능 수준 모두 40퍼센트 정도만 유전적 영향을 받는 것으로 조사됐다. 나머지는 가족과 주변 환경에 따라 아이의 성장과 삶의 질이 결정된다는 것이다.

실제로 내가 2002년과 2005년에 각각 서울 서초동의 한 초등학교 학생 40여 명과 특목고를 목표로 하는 중학교 3학년 200여 명을 대상으로 2회에 걸쳐 학습능력을 평가한 적이 있다. 결과는 아이큐와 성적의 상관관계는 4퍼센트 정도인 데 비해, 공부 방법이나 정서적 안정감 등과 성적의 상관관계는 18퍼센트로 아이큐보다 네 배 이상 더 큰 영향을 준다는 사실을 밝혀냈다.

더욱이 상위 10퍼센트에 드는 아이들과 나머지 아이들 사이의 아이큐는 전혀 차이가 나지 않았다. 대부분 90~110 정도였는데, 아이큐 90만 넘으면 아이큐의 높고 낮음과 성적과는 아무런 연관성이 없었다. 아이큐가 평균보다 낮은 학생들도 공부 방법이나 태도 등이 좋으면 중간 이상의 성적을 보였다. 반대로 아이큐가 평균보다 훨씬 높은 아이일지라도 공부 방법이나 태도 등 다른 평점이 낮으면 성적이 중간에도 끼지 못하고 밑에서 허우적대고 있었다. 아이큐가 높으면 유리한 조건 하나 정도 갖췄다고는 할 수 있지만, 우등생의 필수 조건은 아니다.

그러므로 아이큐가 두 자리라고 결코 실망하면 안 된다. 아이큐 90이면 돌고래가 아니라 스티븐 호킹 박사 같은 훌륭한 과학자도 될 수 있다. 솔직히 말하면 80 이하이면 조금 애로가 있고, 70 이하면 공부하는 데 정말 힘이 많이 든다. 참고로 내 아이큐는 110 정도다.

클리닉에 오는 학생 중 전교 1, 2등 하는 아이들 대부분은 아이큐가 그리 높지 않다. 대개 110~120 정도다. 두 자리 수인 학생도 있다. 왜 그럴까?

아이큐가 높은 아이들은 솔직히 머리가 잘 돌아간다. 그래서 놀기도 잘한다. 특히 컴퓨터 게임 등에서 그렇다. 도토리도 잘 모으고 사이버머니도 잘 쌓는다. 게임이 재미있을 수밖에 없다. 머리도 팽팽 잘 돌아가니 "공부, 그 까이 꺼 대충 아무 때든 하고 싶을 때 하면 성적 팍팍 나오는데 뭐…" 하며 함정에 빠져들기 쉽다.

성적이란 게 단순히 머리만 믿고 되는 게 아니다. 집중력과 학습 방법의 차이 등에서 결정 난다. 머리가 영재급이 아닌 아이들은 솔직히 아이큐가 높은 아이와 비교해 게임도 잘 안 된다. 그러다 보니 게임에 실망하고 공부에 집중하는 것이다.

거듭 강조하지만 아이큐에 대한 환상은 버리자. 아이큐는 그야말로 숫자에 불과하다. 자동차로 치자면 수많은 부품 중에서 가장 중요하다는 엔진 축에도 끼지 못하는, 그저 그런 부품 중의 하나일 뿐이다.

심하게 이야기하면 학습능력과 지능은 별반 (아무런) 연관성이 없다. 족보로 치자면 사돈에 팔촌도 안 된다. 아이큐 낮아 공부 못한다는 소리는, '어두워서 잘 안 들려요', '시끄러워서 잘 안 보여요' 하는 소리처럼 터무니없는 핑계일 뿐이다.


# 진짜 천재의
## 불행

물론 진짜로 높은 지능을 타고난 아이들도 있다. 하지만 부모나 사회가 만들어놓은 틀 때문에 그 지능을 다 발휘하지 못하는 경우도 허다하다.

"선생님, 우리 아이 혹시 머리에 이상이 있는 건 아닌지 모르겠어요."

한 어머니가 초등학교 3학년 남자아이를 데려왔다. 아이가 도무지 정상이 아닌 것 같아 걱정된다며 찾아온 것이다. 이 어머니 말에 따르면, 아이는 학교생활에 전혀 적응하지 못했다. 학교 공부에는 아예 관심이 없어서, 교사가 뭐라 하든지 아이의 시선은 늘 다른 곳을 향했다. 주위를 두리번거리고 자리에 진득하게 앉아 있지도 못했다.

수업 중 아무 말 없이 교실 밖으로 뛰어나가 토끼장에서 놀기도 했다. 집에서나 학교에서나 만화에만 몰두하기도 했다. 이상한 물건이 눈에 띄면 끊임없이 수집했다. 몇 시간 동안 돌을 모아 쌓기도 했다. 그러니 성적이 형편없었고 친구들과도 전혀 교류하지 않았다. 자신만의 세상에 갇혀 지내는, 혼자 놀기의 대가였다.

부모는 강남에 빌딩을 몇 채나 갖고 있다고 했으니 아이는 물질적으로는 부족함이 없는 집안에서 태어났지만, 학교에선 아이들이 바보라 놀렸다. 얼핏 보면 자폐아로 보일 수도 있을 정도로 아이는 자기 세계에 빠져 있었다. 실제로 부모가 아들을 평가한 것을 봐도 자폐 척도가 무지하게 올라가 있었다.

정서 상태나 집중력, 대인관계 등을 살펴보는 검사를 했다. 그리고 지능지수 검사를 했더니, 놀랍게도 150에 가까웠다. 그야말로 천재였다. 부모도 교사도 몰라봤던 것이다. 이런 결과를 갖고 아이에게 물었다.

"왜 토끼하고만 노니?"

"토끼하고 노는 게 재밌으니까요."

아이에게 찰흙으로 사람을 빚게 했다. 엄마 아빠 그리고 자신의 모습을 만들어냈다. 그런데 엄마 아빠는 크게 만든 반면 자신은 너무나 보잘것없이 조그마하게 만들었다. 평소 칭찬을 많이 받지 못해 위축된 자신의 모습이 찰흙 인형으로 형상화된 것이다.

이런 결과를 갖고 다시 인형놀이를 했다. 두 개의 인형을 마주 서게 한 다음, "이 인형들은 친구 사이야"라고 말해줬다.

"친구가 때리면 어떻게 해야 하지?"

"맞고 말지!"

"너도 때려줘야지?"

"그러면 더 맞을 텐데."

"그럼 친구가 놀리면?"

"대꾸 안 하면 그만이죠."

이 아이는 심리적으로 상당히 위축된 데다 정서적으로 불안하고, 사회성이 엄청 부족했다. 그러나 분명 레인맨, 즉 자폐는 아니었다. 단지 아이들 노는 게 유치(?)해 나하고는 맞지 않았을 뿐이다. 포켓몬이나 PSP도 관심 밖이다. 그야말로 수준이 맞지 않았을 뿐…. 그러나 아무리 친구들이 자기 수준과 맞지 않는다고 해도 사회성 측면에서 보면 소통을 해야 한다. 친구, 선생님, 심지어 가족마저 등지는 천재는 '실패한 천재'로 끝나버릴 가능성이 높은 걸 우린 누구나 다 알고 있다. 그래서 인형놀이 등을 통해 자신이 처한 상황을 이해하고 상대와 자신의 입장을 바꿔 생각해볼 수 있도록 훈련했다. 즉 이는 지구 밖 천재를 지구 안의 천재로 만드는 작업이다.

"수업시간에 딴짓하는 아이가 있다고 하자. 네가 만약 선생님이라면 어떻게 하겠니? 그리고 매일 혼자만 노는 친구가 있다면 어떻게 하겠니?"

끊임없이 칭찬해주고 용기를 북돋웠다. 토끼하고 노는 것도 좋지만, 친구들하고 잘 노는 것도 중요하다고 말해주었다. 세상에는 자신이 싫어도 할 수밖에 없는 게 있으며, 그것을 잘 견뎌내고 즐겁게 어울릴 줄 알아야 한다는 것도 알려줬다. 단지 말이 아닌 놀이 과정을 통해서.

아이도 살리고 부모도 살리는
공부 동행

처음에는 메아리 없는 묵묵부답의 연속이었다. 어쩌다 하는 대답은 다음 질문을 이어가기 어려운 "그게 어때서요?"뿐이었다. 그러나 일주일에 한두 번씩 자신과 비슷한 아이들을 모아 따로 토론도 시키고, 자기 세상을 열게끔 다양한 프로그램을 마련해주었다. 물론 부모의 노력도 컸다.

아이는 점점 상태가 좋아졌다. 평범한 아이들 속에서 자신은 이상한 아이, 심지어 바보로 통했지만, 그곳에는 자신과 비슷한 아이가 정말 많았기 때문에 아이는 안정감도 찾고 자신감을 키워나갔다. 물론 지능지수가 높은 아이들이 모두 이 아이 같은 성향을 보이는 것은 아니다. 다만 이런 아이 중에 지능지수가 높은 아이들이 많다는 것이다.

클리닉에 찾아온 또 다른 초등학교 2학년 영수도 비슷한 사례였다. 이 아이는 중국 역사를 훤히 꿰고 있었다. 언제 어느 왕조에 어떤 인물이 어떤 일을 했으며 당시 상황은 어떠했는지, 대학 졸업한 나조차 잘 알지 못하는 중국의 역사를 거짓말처럼 줄줄 외워댔다. 처음에 만화로 중국의 역사를 알게 된 영수는 점점 더 깊이 있는 책을 찾았고, 마침내는 대학생들도 보기 어려운 책까지 파고들어 그야말로 어린 중국 박사가 됐다.

하지만 교과서는 물론 다른 책은 쳐다보지도 않았다. 성적 역시 형편없었다. 부모는 조바심이 났고, 중국 역사책을 보지 못하도록 했다. 하지만 소용없었다. 그러자 부모는 아이한테 문제가 있는 게 아닌지 걱정했다. 그러나 영수 역시 검사를 해본 결과 지능지수가 엄청나게 높았다.

거의 멘사(MENSA, 아이큐가 150 정도로 상위 2퍼센트에 드는 사람들의 모임) 수준이었다.

나는 영수에게 무조건 중국 역사책을 못 보게 한 것이 아니라, 다른 책을 권하면서 대안을 제시했다. 특정 분야에 극단적으로 관심을 보이는 만큼 다른 분야에도 관심을 두도록 유도했다. 이처럼 아이큐 높은 아이가 한 곳에만 열중할 경우, 그걸 원천적으로 봉쇄하고 뿌리를 뽑으려 할 것이 아니라, 아이가 관심을 둘 만한 다른 것을 제시해주는 것이 좋다.

그러자 영수의 학습능력은 향상됐고, 여느 아이들처럼 정상적인 생활을 하는 가운데 똑소리 나는 아이라는 칭찬을 들을 수 있었다. 이런 아이들은 아이큐가 높음에도 그 사실과 특성을 알지 못했거나 이해하지 못해 아이와 부모 모두 혼란스러웠던 사례였다.


## 지능의 숫자보다 중요한 것,
## 좌우 균형

중학교 2학년 민서는 반에서 알아주는 '척척박사'다. 영어면 영어, 수학이면 수학, 교과목은 물론이고 역사, 상식까지…. 반 아이들은 모르는 것이 있으면 민서에게 쪼르르 쫓아와서 물어본다. 쉬는 시간이나 점심시간이면 어김없이 민서는 아이들에게 둘러싸여 있다. 그래서 민서에게 붙은 별명이 '포털사이트'다.

"그러면 뭐해요. 성적은 반에서 중간인데…."

"설마?"

"진짜예요. 뭘 물어보면 다 아는데 시험만 보면 죽을 쑤어요. 담임선생님이나 학원 선생님 모두 공통으로 하는 말씀이 있어요. 민서 실력은 분명히 100점 만점에 아무리 짜게 줘도 98점인데, 실제 나오는 점수는 80점 밑이니 그 이유를 당신들도 모르겠다는 거예요. 요번 중간고사에서도 민서에게 매일 수학을 물어보는 지호는 95점 받았는데, 민서는 82점이에요."

휴, 하고 민서 어머니의 한숨이 이어졌다. 어머니와 대화를 나누던 나도 궁금해졌다. 확인해보려고 민서에게 고1 수준의 수학 문제와 영어 단어를 물어봤는데, 아니나 다를까 거침없이 답을 한다. 민서도 갑갑했는지 내뱉듯이, "시험 끝나고 다시 보면 다 아는 문젠데…" 하며 말끝을 흐린다.

"그럼 뭐하냐?" 어머니는 민서를 째려보며 가슴을 친다.

민서는 지능 불균형이 문제였다. 지능은 언어성 지능과 동작성 지능으로 나뉘고, 언어성 지능(소위 '좌뇌')은 상식, 언어와 수리 능력, 추상 능력, 이해력 등을 반영한다. 반면 동작성 지능(소위 '우뇌')은 정신운동속도, 중요한 것과 그렇지 않을 것을 간파하는 능력, 시공간 인지 능력, 센스 등을 반영하는데 이때에는 시간 제한이 있다.

민서의 지능은 118이다. 그런데 문제가 있다. 언어성 지능이 127로 상위 3퍼센트인 반면 동작성 지능이 100으로 50퍼센트였다. 즉, 좌뇌는 영재인데 우뇌는 그저 그런 수준으로, 의학적으로 좌우 뇌가 의미 있는 차이를 보였다.

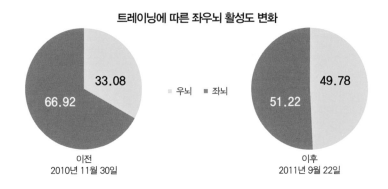

트레이닝에 따른 좌우뇌 활성도 변화

이전
2010년 11월 30일

이후
2011년 9월 22일

나는 언어성 지능(좌뇌)을 '총알', 동작성 지능(우뇌)을 '총'에 비유하기를 좋아한다. 민서가 '포털사이트', '척척박사'인 이유는 공부를 통해 습득한 지식, 즉 총알이 많기 때문이다. 그러니 시간만 주면 얼마든지 문제를 풀어낼 수 있다. 그러나 총이 허술하다 보니 시간에 쫓겨 과녁을 잘 맞히지 못하는 것이다. 그렇기에 '지식은 왕이지만 시험에선 무수리'가 돼버린다.

최근에 민서 같은 학생이 눈에 띄게 늘어나는 추세다. 그 이유는 우격다짐 식으로 지식 전달 교육만 받고 자랐기 때문이다. 즉 총알만 잔뜩 주고 알아서 쏘라는 식이다. 우뇌 개발을 위해서는 평상시 배운 것을 머릿속으로 그림 그려보는 심상법을 사용하는 습관을 키워야 한다. 또 미술관에서 작품을 감상하거나 큐브를 이용하는 것도 좋은 방법이다.

민서는 동작성 지능을 올리기 위한 우뇌 트레이닝을 시작했고, 6개월이 지나서야 쓸 만한 총 한 자루를 얻었다. 그 후 민서는 공부도 왕, 시험도 왕의 반열에 오를 수 있었다. 지능이 90이네 150이네 하는 것은 중요

아이도 살리고 부모도 살리는
공부 동행

하지 않다. 지능은 그저 숫자에 불과하다. 중요한 것은 좌우 뇌의 균형이다. 민서는 그것을 증명한다.

좌뇌와 우뇌의 균형은 의학적 지표로도 증명할 수 있다. 186쪽의 그래프는 중학교 1학년 때부터 중학교 2학년 때까지 10개월 동안 우리 클리닉과 자신의 집에서 우뇌 트레이닝을 한 경호의 변화다. 경호 역시 아는 건 많지만 성적이 안 나오는 전형적인 좌뇌아였다. 이 트레이닝 이후 학습능력이 좋아졌음은 물론이다.


# 지능 지상주의 사회의
## 우울한 자화상

몇 해 전 한 방송국의 가짜 영재 고발 프로그램 촬영을 위해 제작진이 민이와 민이 어머니와 함께 클리닉을 방문했다. 당시 민이는 한 영재학원에서 아이큐가 150 이상으로 '측정 불가' 수준이라는 말을 들었다고 한다. 그런데 이게 웬일인가? 민이의 아이큐는 68 정도로 지적 결핍 상태였다.

이런 극단적인 사례는 아니지만 승규도 비슷한 경우다.

"예? 설마요? 뭔가 잘못된 거 아니에요?"

초등 2학년 승규의 어머니는 믿을 수 없다는 표정을 지었다.

"분명히 승규의 아이큐가 134로 수학 영재라고 했는데, 정말 115밖에 안 된다고요?"

승규 어머니도 민이 어머니와 마찬가지로 1년 전 영재교육원을 준비하라는 학원의 권유를 받았다. 그리고 매달 100만 원이 훌쩍 넘는 돈을 쏟아부었다. 그런데 시중에서 구한 수학 경시대회나 올림피아드대회 교재를 사서 풀게 해보니 생각보다 점수가 나오지 않았다. 여러 가지 고민을 한 끝에 지인의 소개를 받아 나를 찾은 것이다. 지능검사를 해보니 실제 승규의 아이큐는 좌뇌가 124로 우수한 수준이었으나 우뇌는 98로 평균 수준이었다.

"그럼 그 학원에서 지능을 속였다는 거 아니에요?"

나는 눈물을 글썽이는 승규 어머니를 위로할 수밖에 없었다.

"어머니, 아이큐 115면 충분히 영재교육의 대상이 될 수 있으니 걱정하지 마세요."

사실 지능검사는 11개 소항목 모두를 검사해봐야 한다. 차마 승규 어머니에게 말은 못했지만, 아마도 학원에서는 수학과 연관된 두세 가지 검사만 한 것으로 보였다. 왜냐하면 그 항목만은 실제로 최우수 수준이었기 때문이다.

클리닉을 운영해보면 우리 사회가 지능지수와 관련해 얼마나 잘못된 환상에 빠져 있는지 실감하게 된다. "지능지수가 100입니다"라고 하면 대부분 펄쩍 뛴다.

"그럼 공부를 포기해야겠네."

그리고 130이라고 하면 대부분 "에그, 겨우 평균 수준이네"라는 반응을 보인다. 지능은 90~110이면 평균이고 120 이상이면 우수, 130 이상은 최우수다. 그러나 이보다 더 잘못된 상식이 있으니, 단지 지능지수의 높고 낮음에만 집착한다는 것이다. 사실 이보다 더 중요한 것은 좌우 뇌, 그리고 11개 소항목의 편차에 있다. 승규처럼 산수, 숫자 등이 제아무리 천재 수준이어도 상식이나 중요도를 알아차리는 능력이 떨어지면 수학의 달인이 되는 것은 요원하다.

쉽게 설명하기 위해 학교 성적이 똑같이 80점인 두 학생이 있다고 가정해보자. A라는 학생은 국어 60점, 수학 90점, 영어 70점이고, B라는 학생은 전 과목이 80점이다. 과연 A와 B 학생 중 나중에 누가 공부를 더 잘할 것 같은가? 당연히 B일 확률이 높다.

우뇌 트레이닝을 받아야 하는 학생이 점차 느는 듯하다. 그래서 이를 확인하기 위해 최근 1년간 클리닉을 방문한 100명을 무작위로 추출해 좌뇌형과 우뇌형의 비율을 조사해보았다. 결과는 좌뇌형 대 우뇌형이 68대 32였다. 좌뇌형이 두 배 이상 많았다.

이런 결과는 일제강점기 때부터 이성, 현실, 공격을 관장하는 좌뇌식 교육을 지향해왔기 때문으로 추정된다. 그러니 이제부터라도 직관, 감성, 창의, 즐거움을 관장하는 우뇌식 교육을 병행해야 한다. 그러지 않으면 우리나라의 장래는 어두울 수밖에 없다.

의학적으로 좌우 뇌의 지능이 15점 이상 차이가 벌어지면 공부도 공부지만 비행 청소년, 조울증, 심지어 정신분열증 같은 정신 병리적인 문제가 발생할 수 있다는 점을 간과해선 안 된다. 아이큐의 숫자보다는 좌우 뇌의 균형이 필요하다. 공부를 위해서도 그렇고, 사회생활을 건강하게 하기 위해서도 그렇다.

# 좌뇌와 우뇌는
## 하는 일이 다르다

초등학교 6학년 명수의 어머니는 매우 꼼꼼하신 분이다. 클리닉을 방문할 때 미리 수첩에 명수의 약점을 번호까지 붙여 적어왔다. 그 내용은 이렇다.

1. 심부름을 시키면 꼭 한두 가지는 빼먹는다.
2. 알림장을 제대로 써오지 않는다.
3. 쇠귀에 경 읽기. 아무리 귀에 못이 박이게 이야기해도 건성으로 듣고 잊어버린다.
4. 준비물이나 과제를 기억 못 해 거의 옆집 친구의 도움을 받아야 한다.
5. 시험 때 별 방법을 다 동원해봐도 돌아서면 까막눈, 100을 노력해도 60 이상 성적이 나오지 않는다.
6. 시험 직전까지 (어머니가 옆에 붙어) 다 외운 듯한데 시험을 보면 하나도 모른다.

명수 어머니는 명수가 집중력이 약한 것 아니냐고 물어왔다. 하지만 인지 기능 검사 결과, 명수는 뜻밖에 집중력보다는 기억력이 약점이었다. 이것이 명수가 아무리 공부를 해도 성적이 제대로 나오지 않는 이유였다.

이와 관련된 유명한 이론이 있다. '에빙하우스의 망각곡선'이라는 것이다. 1800년 독일의 인지과학자인 헤르만 에빙하우스(Hermann Ebbing-haus)는 기억에 관한 연구에서 "인간은 무엇인가를 배우고 난 뒤 20분이 지나면 전체 내용의 47퍼센트를 잊어버리고, 이틀이 지나면 66퍼센트, 20일이 지니면 80퍼센트를 잊어버린다"는 것을 밝혀냈다.

그렇기에 시대를 뛰어넘어 '예습과 복습'의 중요성이 강조되는 것인지도 모른다. 즉, 제아무리 머리가 좋다 해도 망각곡선에서 벗어날 수는 없기에 별수 없이 반복 학습을 해야만 지식이 '내 것'이 되는 것이다. 그러나 여기에도 문제가 있다. 우리의 뇌는 반복을 싫어하는 속성이 있다. 조건 없는 반복 학습은 뇌의 피로도를 높여 재미난 게임이나 TV로 나도 모르게 몸이 움직이도록 한다.

그렇다면 공부의 왕도란 없는가? 이에 대한 해답은 에빙하우스의 이론 이후 180년이 지나 1981년 노벨의학상을 받은 미국의 생리학자 로저 스페리(Roger Sperry)가 제시했다. 스페리는 사람의 두뇌는 좌우로 나뉘며 좌뇌와 우뇌의 역할이 다르다는 연구 결과를 발표했다. 좌뇌는 언어, 숫자, 분석, 논리 등을 관장하는 반면, 우뇌는 이와는 반대로 비언어적 이미지, 통합, 창의를 관장한다는 것이다. 앞에서도 설명했듯이 좌뇌는 언어성 지능과 관련이 깊고, 우뇌는 동작성 지능과 관련이 깊다. 명수 같은 아이들이 보이는 특징은 주로 좌뇌만을 사용해 모든 공부와 일상생활을 해결하려 들다 보니 제대로 기억을 못 한다는 것이다.

40대의 미국인 알론 조라는 사람은 어렸을 때 지붕에서 떨어져 좌뇌를 모두 잃었고, 지능지수가 40으로 떨어졌다. 그러나 그에게는 특별한 재주가 있었는데, 한 번 본 것은 마치 사진처럼 기억해내 조각으로 빚어냈다. 그의 동물 조각은 전문가에게도 인정을 받아 전 세계적으로 비싼 가격에 팔려나갔다.

이런 극단적인 사례가 아니어도 공부에 기본이 되는 '기억'을 위해서는 양쪽 뇌가 다 필요하다. 그러나 우리가 지식을 받아들이는 과정이 대부분 책과 강의에 의존하다 보니 좌뇌만 사용하게 된다. 하지만 우뇌를 사용하면 산술적으로 기억력이 두 배로 증진된다. 1978년 그라디(Grady)는 언어적 사고와 시각적 사고(심상법)를 동시에 이용해 공부함으로써 좌뇌와 우뇌의 기능을 통합시켜 다양한 정보처리 체계가 구축되면 공부를 훨씬 더 효율적으로 할 수 있다고 주장한 바 있다.

명수에게는 우뇌 트레이닝을 24주에 걸쳐 시행했다. 이로써 단기기억 (short-term memory)은 물론 장기기억(long-term memory) 능력이 향상됐다. 마치 게임처럼 보이지만 각 단계를 뛰어넘으면서 그동안 쓰지 않던 우뇌를 쓰는 방법을 저절로 터득하게 된 것이다.

명수 어머니가 리스트로 들고 온 명수의 문제들이 하나하나 사라졌고, 다시 기억력 검사를 해보니 대한민국 1퍼센트에 도달했다. 자연스레 명수의 학교 성적도 수직 상승한 뒤 고공 행진 중이다. 과연 아이에게 '공부', '반복', '열심히'만 외쳐 공부 혐오감만 불러일으키는 "패스트푸드 부모"인지, 자녀의 두뇌 특성을 이해하고 이를 개선해주는 "슬로푸드 부모"인지 한 번 정도 돌이켜볼 필요가 있다.

# 우뇌 훈련,
## 모든 공부의 밑거름

어느 해 겨울방학 때였다. 경기도의 한 초등학교 4학년 학생 48명을 대상으로 두뇌 트레이닝의 효과에 대한 실험을 한 적이 있다. 무작위로 48명 중 절반인 24명에게 집중력, 기억력, 순발력, 어휘력, 시공간 지각 능력 등 다섯 가지의 인지 기능을 높이는 프로그램을 제공하고, 10주간 최소 하루 30분 이상의 트레이닝을 하게 했다. 결과는 놀라웠다. 트레이닝을 한 학생 집단과 그렇지 않은 집단 간에 현격한 성적 차이가 나타났던 것이다.

트레이닝을 실시한 학생들은 학년 석차가 평균 23등에서 14등으로 9등이나 올랐다. 그러나 트레이닝을 받지 않지 않은 학생들의 석차는 5.4등이 떨어졌다. 4학년 전교생이 48명인 학교이니 누가 성적이 오르면 상대적으로 다른 아이는 성적이 떨어지는 건 당연하겠지만….

물론 이 실험에 한계는 있다. 각각의 학생이 공부하는 시간이나 별도의 사교육 효과를 배제할 수 없었다는 점이다. 그럼에도 언어 기억 검사 결과, 트레이닝 전에 평균 6.7개를 외우던 학생들이 훈련 후에는 9.37개를 외웠고 어휘력, 집중력, 시공간 지각 능력 면에서도 통계학적으로 의미 있는 상승 곡선을 보였다.

이 같은 실험 결과가 나타난 이유는 어디에 있을까? 요즈음 학생들의 특징은 누군가 씹어서 음식을 입에 넣어주지 않는 한 먹으려 들지 않는다는 것이다. 고기를 잡고 요리하는 과정은 물론이거니와 삼키는 것조차 귀찮아한다.

고등학교 2학년 민호의 질문이 걸작이다.

"선생님, 공부는 어떻게 하는 거예요?"

이 원초적 질문에 나는 할 말을 잃었다. 민호는 어려서부터 어머니 손에 이끌려 이 과외, 저 학원으로 소위 '뺑뺑이 공부'를 했을 뿐 '혼자 하는 공부'는 해본 적이 없었다. 그러니 책을 주고 공부하라고 하면 "정리된 거 없어요?"라는 말이 먼저 나온다.

심지어 최근에는 소위 대한민국 1퍼센트라는 의대생조차 내과, 외과, 소아과, 산부인과 등의 전공과목을 대학이 아닌 학원에서 과외받는 현실을 보면 이런 현상을 뭐라 해야 할지 아무리 머리를 굴려보아도 설명할 말이 떠오르지 않는다. 다만, 이는 영유아기 때부터 시작된 학원 중독이 성인까지 이어지는 현상이라고밖에 설명할 수 없다.

현우라는 아이가 있었다. 돌이 지날 무렵 언어, 걷기 등 신체 발달이 또래보다 늦어 여러 검사를 받았다. 검사에서도 역시 몇 개월씩 뒤처져 있었고 만 3세가 지나서 언어치료를 시작했다. 취학하기 전 한글을 읽을 줄 알게 되면서 역사에 흥미를 갖고 영어에도 관심을 보였다.

그러나 아이가 자신의 부족한 면을 알고 주변을 의식했기 때문에 학교생활에서 많이 위축돼 있었다. 자신을 잘 표현하지 못하고 친구를 사귀는 것도 어려워했다. 부모는 내 아이만 뒤떨어지게 할 수 없다는 생각에 가정 학습도 아이의 능력과는 상관없이 계속 이끌어주어야 했고, 사회성이나 문제 해결 능력도 해결해야 할 과제였다. 중학교 입학 후 중간고사 시험에서 성적이 최하위권으로 나와 근본적인 대책을 세워야겠다고 생각했다. 그러던 중 우연히 모 한의원의 인터넷 홍보를 보니, 현우처럼 인지능력이 떨어지고, 사회성도 없고, 좌우 뇌의 편차가 심한 학생의 학습능력을 높이는 비방(秘方)이 있다는 것이다. 당장 찾아가 접수를 하고 2년 가까이 매주 두세 차례 치료하며 거의 2,000만 원이 들었지만 별 효과가 없었다. 그 사이 성적은 더 떨어져 결국 중3이 되자 대안학교를 갈 수밖에 없었다.

대안학교에 다니며 성적 스트레스에서 벗어날 즈음, 지인의 소개로 현우가 클리닉을 찾아왔다. 검사해보니 좌뇌와 비교해 우뇌의 능력이 현저히 떨어져 있었다. 우뇌 훈련과 집중력 훈련 등을 병행하며 위축된 마음을 치유하기 시작하자 현우에게 여러 변화가 찾아왔다. 생각지 못한 상황이 일어났을 때도 덜 당황하고, 해보려는 자신감이 생기고, 주변을 배려하고 이해하려는 마음이 커졌다.

지금은 현우의 부모도 많이 편안해졌다. 아이의 진로가 어떻게 결정될지 답답한 마음도 있지만, 현재 아이에게 맞는 최선의 길을 택해준다면 언젠가 어엿한 사회의 한 구성원이 되리라 믿기 때문이다.


우리의 뇌는 크게 좌우 뇌, 신구(新舊) 뇌로 나뉜다. 요즈음의 공부는 대부분 좌뇌와 신뇌만을 얄팍하게 쓰는 쪽으로 발달해 있다. 그러니 당연히 "공부는 어떻게 하는 거예요?"라는 질문이 나올 법도 한 것이다. 우뇌, 구뇌를 다 쓰게 만들지 않으면 이런 악순환의 고리는 끊기지 않을 것이다.

학습 이론에 '매직넘버 7'이란 유명한 말이 있다. 이는 사람이 한 번에 외울 수 있는 한계는 고작 7개 남짓, 즉 5개 내지 최고 9개란 뜻이다. 예를 들어 '장갑', '매니큐어', '시계', '핸드크림', '골무', '손톱깎이', '반지', '수갑', '핸드백', '수지침' 10개의 단어를 1분 안에 외워야 한다면 아무리 반복해도 우리 뇌는 매직넘버를 넘길 수 없다. 그러나 이 단어들이 '손' 과 연관된 물건이라는 것을 알면 이야기는 달라진다. 또 금속(시계·손톱깎이·반지·수갑·수지침), 가죽(장갑·골무·핸드백), 화장품(핸드크림·매니큐어)이라는 세 가지 범주로 나누면 더욱 쉽게 외워진다. 나아가 손에 각각의 물건을 착용한 모습을 머릿속에 그려보면(심상화법) 며칠이 지나도 열 가지 모두를 잊어버리지 않게 되는 것이다.

내가 개발한 두뇌 트레이닝 프로그램은 국어, 영어, 수학 등 교과목을 배우는 프로그램이 아니다. 그럼에도 성적이 오르는 이유는 뭘까? 앞서 말했듯이 얄팍하게 쓰던 뇌를 깊이 있게, 그리고 쓰지 않던 뇌를 쓰게 만들기 때문이다.

코앞에 닥친 시험에 연연해 그 점수 때문에 일희일비하기보다는 긴 안목으로 아이의 뇌를 개발시켜주는 것이 참된 부모의 역할은 아닌가 생각해본다. 씹어준 고기도 삼키기 귀찮아하는 아이로 만들 것인가, 고기를 잡고 요리해 먹는 아이로 만들 것인가? 그 선택은 바로 부모의 몫이다.

아이도 살리고 부모도 살리는
공부 동행

# 아이큐보다는
## 노력이 중요

"도대체 이해할 수가 없어요. 책상에 앉아 있는 시간도 꽤 되고 자기 나름대로 집중도 하는 것 같은데 이상하게도 성적이 안 나오네요."

중학교 2학년 영식이 어머니가 아들 손을 잡고 앉기가 무섭게 하는 얘기다.

"중학교 1학년 1학기 중간고사 성적을 보고 까무러치게 놀라 부랴부랴 별 방법을 다 동원했죠. 차라리 공부를 안 해서 성적이 이러면 대책이라도 세우련만, 열심히 하는데도 이 지경이니 앞이 깜깜하네요."

영식이 어머니는 내게 말할 시간을 주지 않는다. 내가 말문을 열기도 전에 바로 이야기를 또 이어갔다.

"얘한테 들어간 돈이 얼만 줄 아세요?"

이 한마디 치명타(카운터펀치)에 끝내 고개 숙이고 침묵하던 영식이는 닭똥 같은 눈물을 흘리기 시작했다. 이쯤 되니 순간 여기는 클리닉이 아니라 경찰서란 생각이 뇌리를 스쳤다. 피의자 아들과 피해자 어머니. 그리고 난 경찰관으로 두 사람 사이에 벌어진 사건의 시시비비를 가려줘야 할 것 같은….

감정이 격해진 어머니를 진정시키는 데는 시간이 좀 걸렸다. 그리고 우선 검사를 해보자고 제안했다. 영식이의 지능, 집중력 등 소위 인지 기능은 비교적 우수한 편이었다. 그런데 한 가지 옥에 티가 있었다. 다름 아닌 공부 방법이 문제였다. 암기, 독서, 집중, 문제 해결, 시험 준비와 시험 치기, 시험불안 대처, 학습 동기, 학습 습관 등 공부 기술 검사 여덟 가지 중 독서, 암기, 그리고 시간과 환경을 통제하는 학습 습관이 현저히 떨어졌다.

결국 영식이는 학습 향상 프로그램에 참여해 약점 세 가지를 향상시키는 트레이닝을 시작했다. 영식이는 매우 진지하게 따라와주었기에 지금은 예전과 달리 자기가 공부한 만큼의 성적을 너끈히 유지하며 상위권을 내달린다.

앞에서도 언급했지만 아이큐 90이어도 자신에게 맞는 공부 기술로 노력만 한다면 전교 1등도 가능하다. 그러므로 공부 기술을 익히는 것을 잔꾀나 부리는 것으로 착각해서는 안 된다. 침대만 과학이 아니다. 공부 기술도 엄연한 과학이다. 국어를 배우기 전에 언어를 공부하는 법, 수학을 배우기 전에 수학을 잘하는 법을 배우는 것은 마치 차들이 쌩쌩 달리는 고속도로를 주행하기 위해서는 통행료(아이큐)를 먼저 내야 할 것이 아니라 최소한 운전면허(공부 기술)를 먼저 따야 하는 것과 마찬가지 논리다.

이미 미국과 같은 선진국엔 소위 배우고 가르치는 센터(TLC, Teaching and Learning Centre)가 초중고는 물론 대학까지 자리 잡고 있다. 호주도 네다섯 개의 학교를 묶어 하나의 TLC가 이들을 관리한다. 즉 공부를 못하는 학생이 있으면 그 학생의 공부 방법을 점검하고 교정시켜 다시 학교로 보낸다. 심지어 A라는 교사가 가르치는 학급의 성적이 B라는 교사의 학급의 성적과 크게 차이 나면 학생과 마찬가지로 A교사의 수업을 전문가들이 듣고 교수법을 교정해준다. 배움은 교사도 예외가 아니기 때문이다. 오히려 교사에게 더 필요할지도 모른다. 그들이 배우지 않으면 정말 배우는 학생들이 피해를 보기 때문이다.

미국의 에모리대학에서 30년간 공부 기술을 지도해온 스미더스트 박사는 "나는 마침내 지능이 성적의 주요 요소가 아니라는 하버드대의 결론이 에모리대학에서도 마찬가지라는 것을 깨달았다"고 했다. 공부는 교과목 성적이라는 등식이 성립된 우리나라지만 이런 시스템을 도입한다면 지금보다 훨씬 효율적인 교육 체계가 정착되리라는 것은 의심할 여지가 없다.


# 미신과 환상을
## 버리자

"공부를 잘하려면 어떻게 해야 하나요?"

이 질문의 대답은 예나 지금이나 별반 달라지지 않은 것 같다.

"열심히 하면 돼! 어떤 상황에서든 한눈팔지 말고 좌우지간 열심히만 하면 다 돼. 노력해서 안 되는 게 어디 있니?"

말 자체는 물론 옳다. 하지만 이는 노력의 중요성을 강조하는 일반론일 뿐, 공부하는 요령을 잘 모른 채 황소처럼 열심히만 하고 별 소득은 없는 학생에게 '하면 된다'는 조언은 또 얼마나 지긋지긋하겠는가. 노력하면 된다는 걸 모르는 사람은 없다. 중요한 건 구체적 처방이다. 또한 공부 자체에 어려움을 겪는 학생들도 뜻밖에 많다. 본격적으로 노력해도 모자랄 판에 '노력하기 위해 노력 중'인 학생들, 그들은 이렇게 하소연한다.

"책을 봐도 집중이 잘 안 돼요. 그러지 않으려 해도 자꾸 딴생각만 하게 되고, 정말 미칠 것 같아요. 어쩌면 좋죠?"

뭔가 도움이 필요한 상황이지만 세상은 이들의 하소연을 귀담아듣지 않는다. 게다가 헝그리 정신에 익숙한 어른들은 "정신력이 약해서 그래"라는 말로 전국의 수많은 학생을 졸지에 의지박약한 인간으로 낙인찍어 버리곤 한다. 하지만 집중력은 정신력을 강조하는 것만으로는 절대 향상되지 않는다. 의학적으로 볼 때 집중력이 떨어지는 이유는 매우 다양하다. 두뇌 자체의 문제일 수도 있고, 다른 신체적 원인 때문일 수도 있으며, 심리적 이유 때문일 수도 있다.

"한다고 열심히 하는데도 성적이 안 오르는 이유는 뭐죠?"

이럴 때 가장 흔한 주위의 반응은 이런 것이다.

"머리가 나빠서 그래."

이리하여 이번엔 학생들을 하루아침에 '석두'로 만들기까지 한다. 간단명료해서 좋긴 하지만 이런 대답이 고민하는 학생들에게 대체 무슨 도움이 되겠는가? 기껏해야 그렇게 낳아준 부모를 원망하는 결과를 낳을 뿐이다.

"우리 애는 머리는 좋은데…."

이렇게 제 자식을 '게으른 천재'라고 믿는 경우는 그나마 좀 낫다. 앞으로 마음잡고 열심히 하면 잘할 거라는 희망이라도 있으니까. 더 딱한 건 자녀의 성적 부진이 나쁜 머리 때문이라고 굳게 믿는 사람들이다. 거듭 말하지만 학습능력은 지능과는 무관하다. 심각한 장애가 없는 한 말이다. 따라서 머리가 나빠서 공부를 못한다는 얘기는 눈이 나빠서 달리기를 못한다는 터무니없는 얘기와 전혀 다르지 않다.

다시 처음의 질문으로 돌아가보자. 공부를 지금보다 잘하려면 당연히 공부하는 능력, 즉 학습능력을 키워야 한다. 그런데 공부를 오로지 '지능'과 '노력'이라는 두 개의 키워드만으로 설명하면 학습능력에 해당하는 건 당연히 지능이 된다. 노력은 후천적인 태도나 자세의 문제이므로, 공부하는 능력 자체는 전적으로 지능에 달려 있다는 결론이 필연적으로 나올 수밖에 없다.

이런 생각은 학생과 학부모들은 물론이고 교사들 사이에도 광범위하게 퍼져 있다. 공부를 잘하려면 일단은 머리가 좋아야 한다는 게 그들의 확고한 믿음이다. 그래서 "게으른 천재보다 노력하는 둔재가 낫다"는 말로 노력의 중요성을 강조하면서도 한편으로는 "그래도 머리가 웬만큼은 따라줘야지"라고 생각하는 것이다. 머리가 뒷받침되지 않으면 아무리 노력해도 뛰어난 결과를 얻을 수 없고, 머리가 좋은 사람은 마음잡고 조금만 노력하면 지금보다 훨씬 좋은 성적을 낼 수 있다는 얘기다.

이런 믿음으로부터 서로 정반대인 두 개의 고민이 생겨난다. 누구나 한 번쯤 해보거나 들어보았을 익숙한 얘기들. 학습 클리닉을 운영하면서 부모들에게 가장 자주 들었던 얘기이기도 하다.

A : "우리 애는 머리는 좋은데 공부를 안 해요."
B : "우리 아이 머리 좀 좋아지게 하는 방법은 없나요?"

A는 아이가 공부만 하면 무조건 성적이 쑥쑥 오를 거라고 믿는다. 반면 B는 아이의 성적이 쑥쑥 오르지 않는 이유가 신통치 않은 지능 때문이라고 믿는다. 상황과 고민은 전혀 다르지만, 공부를 잘하려면 머리가 좋아야 한다고 생각하는 점에서 A와 B의 사고방식은 매한가지다.

그나마 A는 좀 나은 편이다. 어쨌든 앞으로 열심히 하면 된다는 희망이라도 있으니까. 하지만 B는 사정이 다르다. 아이의 지능을 높여주고 싶어도 뾰족한 방법이 없기 때문이다. 이럴 때 대부분 부모는 그야말로 지푸라기라도 잡고 싶은 심정이 된다. 한 번은 EBS의 주부 대상 프로그램에서 한 아주머니가 생방송 도중에 이런 질문을 하는 바람에 몹시 난감한 적이 있었다.

"저, ○○탕을 먹이면 정말로 머리가 좋아지나요?"

오죽 답답했으면 TV에 나와서 그런 황당한 질문을 했을까. 그게 다 지능에 대한 쓸데없는 환상 때문이다. 평범한 지능으로 뛰어난 성적을 올리는 사례들을 심심찮게 보고 들으면서도 사람들은 좀처럼 생각을 바꾸려 들지 않는다. 하긴, 쉽게 사라질 고정관념이라면 그토록 완강하게 생명을 이어오지도 못했을 것이다.

이제 그 모든 것들을 확실히 깨뜨려야 할 때가 왔다. 공부는 안 하면서 머리만 믿는 학생과 그 부모들에게, 머리가 나빠서 공부해도 소용없다고 낙심하는 학생과 그 부모들에게, 그날 방송에서 못다 한 답변을 지금 드리려 한다.

"공부는 머리만 좋다고 잘할 수 있는 게 아닙니다. 지능은 학습능력을 결정하는 다양한 요인 중 하나일 뿐입니다. 아무리 지능이 높아도 다른

아이도 살리고 부모도 살리는
공부 동행

요인들에 문제가 있으면 학습능력은 향상되지 않습니다. 또 지능이 특별히 높지 않아도 다른 요인들을 효과적으로 개선하면 학습능력은 그만큼 높아집니다. 머리가 좋으면 당연히 공부를 잘한다거나 머리가 나쁘면 노력해도 소용이 없다거나 하는 얘기들은 모두 고정관념에서 비롯된 일종의 미신일 뿐입니다."

## 지능지수(IQ)에 대해 궁금한 모든 것

### Q 아이큐란 도대체 뭔가요?

지능지수의 역사는 100년이 넘는다. 1869년 캘론이란 학자가 처음 연구를 시작한 이래 1906년 프랑스의 심리학자 비네가 최초로 "스탠퍼드 비네 지능검사"를 창안하게 된다. 그 후 "웩슬러 검사", "레이븐스 매트릭스 검사" 등이 나왔다. 현재 전 세계적으로 가장 널리 쓰이고 국가별로 표준화된 검사는 언어 영역과 비언어 영역을 검사하는 웩슬러 검사이다.

지능지수를 공식으로 말하면 다음과 같다. 정신연령(mental age : MA)을 생활연령(chronological age : CA)과 대비시킨 비율이 바로 지능지수(intelligence quotient : IQ)이다. 즉, IQ=MA/CA×100이라는 공식을 대입하는 방식이다.

### Q 아이큐가 높으면 공부를 잘하나요?

지능지수란 지적 잠재능력을 말하는 것이지 공부 능력을 말하는 것이 아니다. 즉 "IQ가 높다 = 공부를 잘할 수 있는 잠재력을 갖추고 있다"는 말은 참이지만, "IQ가 높다 = 공부를 잘한다"는 거짓이다. 성적과 아이큐의 상관관계는 16~25 퍼센트에 불과하며, 아이큐가 학업에 미치는 영향은 나이가 먹을수록 떨어지는 경향을 나타낸다.

### Q 아이큐는 어느 정도가 평균이며, 둔재와 영재의 기준은 뭔가요?

아이큐 70 미만인 정신지체는 전 인구의 2.2퍼센트이며, 130 이상은 2퍼센트 정도다. 그리고 전 인구의 절반이 90~110 사이이다. 소위 멘사의 입회 기준은

아이도 살리고 부모도 살리는
공부 동행

상위 2퍼센트라고 하는데, 웩슬러 검사로 130이 기준이다. 148 운운하는 것은 레이븐스 매트릭스라는 검사에서 148 이상을 말하는 것이다.

| 분류 | IQ 범위 |
|------|---------|
| 최중증 정신지체 | 20 미만 |
| 중증 정신지체 | 20~34 |
| 중등도 정신지체 | 35~49 |
| 경도 정신지체 | 50~70 |
| 경계선 지능 | 70~79 |
| 정상둔자 | 80~90 |
| 정상 | 90~110 |
| 똑똑한 정상 | 110~120 |
| 우수 지능 | 120~130 |
| 최우수 지능(소위 영재) | 130~ |

**Q 아이큐가 어디에선 160, 어디에선 120 이러는데 그 이유는 무언가요?**

첫째, 검사하는 도구가 다르기 때문이다. 예를 들어 학원이나 학습지 교사들이 들고 다니는 도구들도 있다. 그런 간편 검사(과학적으로 입증되지 않은)로 "우리 아이 지능이 200을 넘는다는데 여기선 왜 114예요?"라고 하는 부모를 자주 본다.

두 번째는, 과학적으로 입증된 검사에서도 간혹 차이를 보인다. 검사 당시의 몸 상태, 검사자의 전문성, 검사의 반복 여부 등이 영향을 끼치기 때문이다. 그래도 기껏 10점 안팎의 차이만 있을 뿐이다.

**Q 좌뇌, 우뇌 하는데 그게 아이큐와 무슨 관계가 있으며 무슨 뜻인가요?**

1981년 캘리포니아공대 교수인 로저 스페리가 좌뇌와 우뇌의 역할이 전혀 다르다는 연구로 노벨생리의학상을 수상하면서 좌뇌, 우뇌라는 말이 세상에 널리 알려지게 됐다. 스페리 박사는 "좌뇌는 언어로 생각하고 우뇌는 이미지로 생각한다"고 주장했다. 또 그는 "우뇌는 망원경처럼 전체를 알아내는 뇌, 좌뇌는 현미경처럼 세세하게 분석하는 뇌"로, 기능이 서로 다르다는 것을 밝혀냈다. 쉽게 이야기하면 지능은 언어성과 동작성으로 나뉘는데, 언어성을 좌뇌, 동작성을 우뇌라고 생각하면 큰 무리는 없다.

**Q 좌뇌(언어성 지능)와 우뇌(동작성 지능)의 편차가 크면 어떤 문제가 생기나요?**

2세 6개월부터 12세 5개월 사이의 아동의 전반적 지적능력을 측정하는 K-ABC(카프만 지능검사)를 만든 카프만(Kaufman)은 1979년 좌뇌와 우뇌의 지능지수 차이가 25점 이상이면 신경학적 손상이 있을 가능성이 높다고 했다. 또한 좌뇌와 우뇌의 지능 차이가 12점 이상일 때 학생의 학업 능력에 문제가 나타날 수 있다고 한다. 참고로 전 인구의 대부분은 좌뇌가 우세하며 왼손잡이도 75퍼센트 이상이 좌뇌 우세형이지만, 그 차이가 12점 이상 벌어지지는 않는다. 단, 소아청소년기 우울감이나 불안이 높은 경우 우뇌(동작성 지능) 기능이 한때 떨어질 수 있다.

**Q 아이큐는 타고난 거라고 하는데, 이를 높일 수도 있는 건가요?**

많은 학자가 인간의 지능을 연구한 결과를 종합해보면 지능은 타고난 유전적 요인이 40퍼센트, 양육과 같은 비유전적 요인이 60퍼센트의 영향을 준다고 한다. 세계적 권위를 자랑하는 〈네이처〉의 리뷰 논문(NATURE REVIEWS: 리뷰 논문이란 저자의 실험논문과 달리 그때까지 나온 모든 관련 논문을 재검토하는 논문을 말함) 2004년 6월 신경과학 5권에서, 예일대학교 심리학자 제르미 그레이 박사와 UCLA의 신경학자 톰슨 교수 팀은 '지능의 신경생리학(NEUROBIOLOGY OF INTELLIGENCE)'이라는 제목의 논문을 실었다. 여기서 그들은 타고난 유전적 요인이야 어찌할 수 없으나 양육을 통해 비유전적 요인을 잘 조절한다면 얼마든지 지능을 올릴 수 있다고 주장한다.

양육을 통한 비유전적 요인으로 ①교육, ②영양, ③문화, ④사회경제적 상태, ⑤동기, ⑥정서 상태, ⑦과업 달성의 의지 등을 들고 있으며, 이를 어떻게 조절하고 관리하느냐에 따라 지능이 높아질 수도 또는 떨어질 수도 있다고 주장한다. 아이큐는 보통 어릴수록 향상 가능성이 높아, 16세까지 즉 고등학교 1학년까지 빠른 속도로 좋아질 수 있지만, 그 이후 20살까지는 서서히, 그리고 안타깝지만 25세 이후에는 좋아질 가능성이 희박하다.

## 나의 뇌는 좌뇌형일까, 우뇌형일까?

나의 뇌가 좌뇌형인지 우뇌형인지 구별해볼 수 있는 간단한 질문들이다. 빠르게 읽고 예, 아니오로 대답해보세요.

| 문항 | 예 | 아니오 |
|---|---|---|
| 1. 나는 음악, 미술 등 예술보다는 수학, 물리 같은 과목에 더 자신이 있다. | | |
| 2. 나는 한 번 본 것은 잊어버려도 한 번 들은 것은 좀처럼 잊지 않는다. | | |
| 3. 나는 남들로부터 능변가라는 말을 자주 듣는다. | | |
| 4. 나는 사람을 소개받으면 이름은 잘 기억나는데 얼굴은 좀처럼 기억나지 않는다. | | |
| 5. 나는 길눈이 어두워서 한 번 갔던 곳이라도 길을 못 찾을 때가 종종 있다. | | |
| 6. 나는 주관식 문제보다 객관식 문제에 더 강하다. | | |
| 7. 나는 동료 관계보다는 형이나 동생 관계가 더 편하다. | | |
| 8. 나는 추리소설을 좋아한다. | | |
| 9. 나는 어떤 문제가 생기면 잘 따지고 보는 편이다. | | |
| 10. 나는 텔레비전이나 라디오에서 보고 들은 것을 기억하는 것보다 책에서 본 내용을 기억하는 것이 수월하다. | | |
| 11. 나는 공상을 하는 일은 드물다. | | |
| 12. 나는 내 주장을 말할 때 빗대어 말하는 것보다 직설적으로 하는 것이 더 편하다. | | |
| 13. 나는 모든 물건을 일정하게 두는 장소를 정하며, 일할 때 정해진 방식대로 하는 것이 편하다. | | |
| 14. 운동이나 춤을 배울 때에는 적당히 흉내 내며 배우는 것보다 순서를 잘 익혀 마음속으로 반복하며 배우는 편이다. | | |
| 15. 여럿이 모여서 일하는 것보다 혼자 일하는 것이 편하다. | | |
| 16. 모험을 좋아하지 않는다. | | |

아이도 살리고 부모도 살리는
공부 동행

17. 느낌이나 감정을 표현하기 위해 손짓이나 몸짓을 사용하기보다는 요점을 강조하기 위해 손짓이나 몸짓을 사용한다.

18. 어떤 결과를 추측할 때 본능에 따라 느끼기보다는 정보에 기초해 결과를 추측한다.

19. 노래를 들으면 곡보다는 가사가 기억에 남는다.

20. 중요한 결정을 내릴 때에는 예감에 의존하고 싶지 않다.

합계: 예, 아니오의 개수를 세서 적어주세요.

| 점수 | 진단 |
|------|------|
| '예'가 10개 이상 | 당신은 지성을 중요시하는 좌뇌형입니다.<br>논리와 추리를 잘해낼 수 있는 합리적인 사람입니다. |
| '아니오'가 10개 이상 | 당신을 감성을 중요시하는 우뇌형입니다.<br>비언어적인 것들에 강하고, 통합적이며 창의적인 사람입니다. |

※이 테스트는 단지 좌우 뇌의 기능에 관한 이해를 돕는 데 유용합니다. 따라서 단정적으로 구분 짓는 것은 삼가시기 바랍니다.

요즘 교육이 암기, 주입식인 좌뇌 교육이다 보니 우뇌를 거의 사용하지 않는다. 그러다 보니 클리닉에서도 우뇌가 좌뇌와 비교해 12점 이상 떨어지는 학생들을 무척 많이 보게 된다. 평소 집에서도 할 수 있는 우뇌 훈련법을 알아보자.

### 1. 스스로 답을 찾을 때까지 여유를 줘라.

우뇌를 발달시키기 위해서는 자녀에게 "왜 그렇게 생각해?"라는 질문을 많이 해주는 것이 좋다. 예를 들어 아이가 박쥐를 조류라고 생각한다고 바로 "아니야, 그건 포유류야. 외워"라고 단정 지어서 답을 알려줘서는 안 된다. 포유류와 조류의 특징을 스스로 찾아볼 수 있도록 하고, 박쥐가 날아다니는 동물 중 유일한 포유류라는 결론에 스스로 도달하도록 유도하는 것이 중요하다. 단순히 자녀가 포유류라는 답을 찾아내는 데 목표를 두지 말고 스스로 생각하는 힘을 키우는 것에 중점을 두고 질문하는 것이 중요하다.

### 2. 엉뚱한 발상을 하게 만들어라.

책을 읽을 때에도 단순히 줄거리를 줄줄 외우는 아이를 기특해하는 부모가 많은데 그것은 단순히 좌뇌의 능력을 키울 뿐이다. 예를 들어 보자. 자녀가 "백설공주와 일곱 난쟁이"를 읽었다면 부모는 자녀의 우뇌를 키우기 위해서 "백설공주는 왜 마녀가 준 사과를 의심하지 않고 먹었을까?" 또는 "난쟁이들은 모두 백설공주를 좋아했는데, 혹시 난쟁이들 사이에 싸움이 생기지는 않았을까?" 등의 좀 엉뚱한 질문을 하는 것이 좋다. 이때 자녀가 어떤 대답을 하더라도 부정적인 말을 피해야 한다. 자녀 자신이 부정당했다고 느끼면 자유롭게 생각하고 대화

아이도 살리고 부모도 살리는
공부 동행

하려고 하지 않기 때문에 좌뇌만 쓰게 된다.

### 3. 음악이나 미술 작품을 자주 감상한다. 그리고 감상문을 써보자.

우리는 "감상문"을 "책 읽고 난 뒤 쓴 글"이라 여기는 고정관념이 있다. 하지만 음악이나 미술 감상은 감성이 자극되기에 그 자체가 우뇌의 능력을 높여주는 활동이므로, 이에 대해 감상문을 써보면 좌우 뇌의 균형 발달에 도움이 된다. 예를 들어, 베토벤의 월광 소나타 1악장, 2악장, 3악장에서 받은 우뇌의 느낌을 분석적인 좌뇌가 써보도록 하는 것이다.

1악장 : 은은하고 잔잔하다 못해 스산한 느낌? 마치 공포영화를 보는 듯했다.

2악장 : 어? 1악장과는 전혀 다르네. 마치 놀이동산의 퍼레이드에서 울려 퍼지는 신 나는 분위기다.

3악장 : 마치 질풍노도같이 엄청나게 격하고 빠르다. 재작년 부모님과 제주도에 갔을 때 날씨가 안 좋은 날 바닷가 풍경이 생각났다.

### 4. 오른손(발)잡이는 왼손(발)을 자주 쓰게 한다.

처음에는 아주 간단한 것부터 시작해본다. 왼손으로 물을 마시거나 전화 받기, 오른손으로 자를 잡고 왼손으로 줄긋기, 왼손으로 문자 보내기 등이다. 문자는 쉽지 않을 것이다. 그 뒤 점차 어려운 시도를 해본다. 왼손으로 가위질하기, 왼손으로 밥 먹기, 왼손으로 글씨 쓰기까지. 아마 이쯤 되면 무척 괴로울 수 있지만, 왼손을 써 우뇌를 자극한다는 것은 널리 알려진 과학적 진실이다. 축구공도 왼발로 차보면 도움이 된다.

### 5. 오감을 이용해 놀아라.

자녀가 초등학생 이하면 모래 놀이, 종이접기, 찰흙 빚기가 우뇌에 도움이 된다. 또 퍼즐이나 보드게임, 오목, 바둑, 장기, 체스 등은 좌우 뇌 모두를 강하게 만든다. 이런 놀이를 하는 동안 외부로부터 오는 감각 자극을 받아들여 반응하는 과정에서 우뇌가 발달하게 된다. 따라서 어렸을 때의 오감 훈련은 뇌 발달의 시금석이 될 수 있다. 아이의 뇌를 발달시키기 위해 한글이나 수를 가르치는 것도 좋지만, 그에 앞서 오감 훈련이 선행돼야 한다. 추억의 놀이인 "공기놀이", "오징어놀이", "무궁화 꽃이 피었습니다", "고무줄놀이"는 신체의 소근육·대근육 운동은 물론 순발력과 더불어 전체를 관망했다가 부분을 분석해야 하는 고난도의 놀이이다. 이런 놀이가 바로 좌우 뇌의 힘을 키워준다.

# 내가 꽃에 끌리는 이유

## 공부 동기와 온 가족 행복 법칙

한마디로 전 엄마와 학원이 만들어놓은
인조인간이라고 보시면 돼요.

# 자유를 달라,
## 하버드에 가겠다

5년 전 어느 날, 스포츠의학자가 꿈이라는 고등학교 1학년생이 나를 찾아왔다. 그때 성준이를 만난 일은 어제 일처럼 생생하다. 성준이의 검사 결과는 기가 막혔다. 성준이는 학습 동기, 공부 습관, 주의집중 기술, 문제 집착력, 기억법, 독서법, 시험 준비, 시험 치는 방법, 시험불안 대처법 등 자기주도학습의 기본이 되는 여덟 가지 요소 모두에서 거의 만점을 기록했다. 보통 학생은 이 중 서너 가지 정도는 50점 이하인 경우가 대부분인데 말이다.

그래서 성준이와 이야기를 나누어보았다.

"이런 공부 기술을 누구에게 배운 적이 있니?"

성준이의 대답은 "그런 적 없는데요, 그냥 오기가 발동해서요"였다. 그렇다면 성준이는 어떻게 이런 자기주도학습의 대가가 될 수 있었을까? 성준이 어머니와 이야기를 나누어보았다. 그 안에 답이 있었다.

성준이 어머니는 자신이 바로 대표적인 "인스턴트 맘"이라고 하셨다. 유치원 때부터 아이를 쥐어짰는데, 영어 유치원에서 시작된 조기교육은 초등학교 1학년 때 사고력 수학, 논술·구술 학원으로 이어졌고, 3학년 때 영재학원, 5학년 때 특목고 대비반에 집어넣었다고 한다. 성준이는 잘 따라오는 듯했지만 중1 사춘기가 찾아오면서 부모의 타율적·지시적 교육 방침에 반기를 들고, "자유를 달라"며 반항을 시작했다고 한다. 심지어 가출까지 해서는 담배도 피우고 오토바이를 타는 등 비행 청소년으로 바뀌기 시작했다.

세상에 자식 이기는 부모 없다 했던가? 결국 어머니는 성준이가 원하는 대로 그를 '해방'시켜 주었다. 아니, '백기를 들었다'고 하는 게 더 정확한 표현일 것이다. 당시 성준이가 원하는 것은 모든 과외·학원을 끊고 혼자 알아서 공부하겠다는 것이었다. 여기서 성준이가 앞서 말한 '오기'가 발동한 것이다. 거의 한 달에 200만 원 이상 사교육비를 쏟아부어도 변변한 성적을 내지 못하던 아이가 중학교 2학년이 되면서 전교 1, 2등을 다투는 게 아닌가.

주변 어머니들로부터 고액 비밀과외를 하느냐는 의심스러운 눈총까지 받았다고 한다. 성준이는 이후 클리닉에서 좀 더 세분화된 자기주도 학습법과 집중 훈련, 그리고 그가 가장 좋아했던 공부 스트레스 상담을 받았다. 그 후 고등학교를 졸업할 때까지 학원이라고는 고등학교 2학년 2학기 때 일주일에 한 번 수학학원에 다닌 것이 고작이다. 그것도 일주일 내내 스스로 씨름해도 도저히 풀지 못하는 것만 들고 가서 묻고 왔다. 그런 성준이가 지금은 하버드 의과대학에 입학해 자신이 목표한 스포츠의학자에 한 걸음 다가섰다. 성준이가 미국에 가서 처음 내게 보낸 이메일 내용은 이렇다.

"여기에 와보니 선생님과 함께했던 공부 기술과 자기주도학습을 가르치는 커리큘럼이 있네요? 그런데 그 커리큘럼이 수강률 1위예요."

공부를 가르치기 전에 '공부를 왜? 어떻게? 무엇 때문에 해야 하는지'를 가르치는 과정이 소위 '공부의 신'이 모여 있는 그곳에서 최고 인기 강좌라는 점은 우리에게 시사하는 바가 크다. 이런 당연한 과정은 싹둑 잘라낸 채 무작정 구구단, ABC 외우기로 우리 아이들을 내모는 것은 아닌지 한 번쯤 돌아볼 필요가 있다.

성준이를 통해 얻은 교훈은 '공부의 주체자, 즉 학생 자신이 스스로 해보겠다고 할 때 믿고 지켜보는 것이 부모의 덕목'이란 사실이다. 만약 성준이 어머니가 조급증을 못 이기고 과외와 학원으로 소위 뺑뺑이를 돌렸다면 어떻게 됐을까? 성준이는 "아마 집을 나가거나 자퇴해버리고 불량배가 됐을 거"라고 말했다.

루소의 《에밀》 중에 이런 글귀가 있다.

"자식을 불행하게 만드는 가장 확실한 방법은 언제나 무엇이든지 손에 넣을 수 있게 해주는 일이다."

부모는 자녀를 수동적으로 끌고 다니기보다 능동적으로 이끌어야 한다. 그것만이 자녀가 공부를 '고통'이 아닌 '행복'으로 느끼게 하는 유일한 비결이다.

# 30퍼센트 성장의
## 마법

중학교 2학년 상훈이가 "나중에 뭐가 되고 싶니?"라는 물음에 "몰라요"라고 답을 한다.

"그래도 되고 싶은 게 있을 거 아니야?"

"없어요."

상훈의 어머니가 바로 끼어든다.

"얘가 이렇다니까요! 아무런 목표가 없어요. 그러니 공부를 왜 해야 하는지 귀에 못이 박이도록 이야기해도 소용이 없어요."

상훈이는 초등학교 때부터 별다른 꿈이 없었다. 그러니 공부에 대한 열의도 당연히 없다. 상훈이 어머니는 별의별 방법을 다 써보았다. 초등학교 저학년 때는 서당에도 보내보고, 고학년 때는 극기훈련도 보냈다. 최근에는 공부 동기 프로그램에도 2박 3일간 보내봤지만, 돌아와서 3일이면 번번이 약발이 떨어졌다고 한다. 1학년 2학기 기말고사를 한 달 앞뒀을 때, 결국 상훈이 어머니는 상훈이에게 미끼(?)를 내놓았다.

"이번 기말고사에서 반에서 10등 안에 들면 네가 갖고 싶어 하는 휴대폰으로 바꿔줄게."

"정말? 진짜지!"

그러고 나서 상훈이는 '열공' 모드로 들어갔다. 아니나 다를까? 시험이 일주일 앞으로 다가오자 상훈이가 슬그머니 말을 바꿨다.

"엄마, 20등 안에 들면 사주면 안 돼?"

"야! 너 중간고사 때 24등이었는데 고작 20등이라고? 안 돼."

그래도 어머니는 한 번 더 협상해본다.

"좋아, 15등 안에 들면 사주마."

"야호!"

상훈이는 신바람이 났다. 그리고 기말시험이 하루 앞으로 닥쳤다. 내일 첫 시험은 수학과 기술가정인데, 상훈이는 뒹굴뒹굴하며 판타지 소설만 본다. 보다 못한 어머니는 참았던 잔소리를 한마디 던진다.

"야, 너 그렇게 해서 15등은커녕 20등이나 하겠냐?"

"아 참, 걱정하지 마."

다음 날 시험을 치르고 집으로 돌아온 상훈이 얼굴에 그늘이 드리운 건 어쩌면 당연한지 모르겠다. 한눈에 봐도 시험을 망친 얼굴이었다. 어머니는 짠한 마음에 아들의 힘을 돋우기 위해 조심스레 한마디 꺼내놓는다.

"상훈아, 괜찮아. 아직 3일 남았잖아. 우리 아들 파이팅!"

"엄마, 나 새 휴대폰 필요 없어."

상훈이는 눈도 마주치지 않고 바로 자기 방으로 들어가버렸다. 보통 부모들이 가장 많이 쓰는 고전적 방법인데 아니나 다를까 이것마저 물거품이 돼버리자 상훈이 어머니는 다리에 힘이 빠져 그 자리에 서 있을 수조차 없었다.

요즈음은 상훈이같이 장래 희망이나 꿈이 아예 없거나 '무조건 돈 많이 버는 거요'라는 학생이 넘쳐난다. 내게 들어오는 강의 요청 중 가장 잦은 강의 주제는 '공부 동기'다. 그런 요청에 따라 처음에는 '공부 잘하면 좋은 점 100가지', '친구를 선의의 경쟁자로 삼아라', '고통 없이는 아무것도 얻을 수 없다(no pain, no gain)'는 등 '거룩한 말씀'을 목청 높여 외쳐봤지만 결국 그런 강의는 모두 '실패'했다. 아무런 의욕이 없는 학생들에게 이는 '쇠귀에 경 읽기'일 뿐이다.

강의 실패를 거듭한 끝에 마침내 내가 개발(?)한 방법은 '30퍼센트 룰(rule)'이다. 가령 반에서 석차가 30등이라면 다음 시험에는 30퍼센트 향상된 21등을 목표로 잡는 게 가장 효율적이다. 목표가 너무 소박하지 않느냐고 생각할 수 있지만 그렇지 않다. 이 같은 목표만 제대로 달성해도 그다음 시험에선 무난히 10등에 진입할 수 있다. 목표가 없는 아이에게 '정상이 저기다'라고 까마득한 곳을 가리키는 것보다는, 별것 아닌 것 같지만 이처럼 한 걸음씩 내딛는 목표를 세워 조금씩 성취해가는 것이 좋다. 왜냐하면 조금이라도 성적과 등수가 오르는 자기 자신을 보며 '나도 할 수 있구나'라는 자존감이 생겨나고, 이는 곧 성적 향상으로 이어진다.

"동기(목표)가 있어야 공부할 수 있다"는 말은 거의 진리처럼 들린다. 그러나 그건 상위권 학생에게나 통하는 말이다. 중하위권 학생에게는 그 반대다. 즉 성적이 올라야 자신감과 동기가 올라간다. 무난한 '목표'를 세워 이를 '성취'하면 자존감과 함께 '자신감'이 생기고 다시 '공부'에 대한 '열의'가 타올라 성적이 '향상'되는 선순환의 고리가 형성된다. 하지만 여기서 중요한 것은, 목표는 막연하거나 거창해서는 안 되며 반드시 달성 가능한 수준이어야 한다는 점이다.

멀리 보고 쏜 화살이 반드시 멀리 가는 것은 아니며, 무리한 목표는 오히려 좌절감만 안겨줄 뿐이다. 목표(동기)는 반드시 이루고자 세우는 것이지 목표로만 머무르기 위해 있는 것이 아니라는 점을 명심해야 한다. 그렇지 않으면 꿈이 없다는 학생들에게 목표를 강요하는 소위 '목표 고문'이 될 뿐이다.

## 자신을 믿어야
## 인생이 바뀐다

아래의 글은 고려대학교 경영학과 3학년에 재학 중인 인식이가 남긴 글이다. 이 글은 좀 지나친 면이 있다. 내가 한 일과 비교하면 인식이가 훨씬 더 노력을 많이 했고, 스스로 자신 있게 이겨낸 결과이기 때문이다. 그럼에도 이 글을 소개하는 이유는 분명하다. 공부에서 가장 중요한 것이 바로 동기부여이자 스스로를 믿는 것이라는 점 때문이다.

"남을 아는 사람은 지혜 있는 자이지만, 자기를 아는 사람은 명철한 자이다. 남을 이기는 사람은 힘이 있는 사람이지만, 자기를 이기는 사람은 더 강한 사람이다(知人者智也, 自知者明也. 勝人者有力也, 自勝者强也)."

《노자》의 한 구절이 생각나는 사례이기도 하다.

내가 처음 마음누리 클리닉에 간 건 중2 겨울방학 때였다. 엄마께서 가보라고 하셔서 마음누리에서 몇 가지 검사와 측정을 했다. 적성과 흥미에 관한 검사란 말만 듣고 갔는데 생각보다 오래 걸렸고, 항목도 아주 많고 다양했다. 재미도 있었지만 5시간 이상 검사를 하니 고문을 받는 느낌이었다.

그리고 몇 주 후에 검사 결과가 나왔다. 그때부터 마음누리에 본격적으로 다니기 시작했다.

첫날 내가 부족한 점이 뭔지 박사님께서 상담해주셨고 그걸 통해서 고쳐야 할 점들을 알아갔다. 그때 사실 난 "내가 마음누리를 꼭 다녀야 하나?", "더군다나 내가 미친 것도 아닌데 정신과를?"이라는 생각이었다. 그러나 난 당시 영어, 수학, 논술 이렇게 세 학원에 다니고 있었으나 별로 신통한 성적이 나오지 않았고, 그전엔 전과목 학원도 다녀봤지만 성적에 별 도움이 안 돼 끊어버린 상태였기에, 엄마에게 딱히 안 다니겠다고 내 주장만 늘어놓을 순 없었다. 그래도 외고 준비를 하던 시기라 "차라리 학원에 다니는 게 낫지 않을까"라는 생각이 지배적이었다. 그런데 처음엔 어색하더니 두세 달을 다니며 내 습관이나 행동에 나도 모르던 문제점이 많다는 점을 알았고, 상담하다 보니 지금까지 크게 느끼지 못했던 안 좋은 공부 습관들도 많이 찾아내고 교정도 받았다.

그러면서 서서히 내가 공부하는 데 엄청난 문제가 있다는 사실을 발견했다. ①시험 볼 때 너무 긴장하는 것, ②책 읽는 것보다는 딴짓하는 것, ③멍하게 흘려보내는 시간이 너무 많은 것 등이었다. 그리고 그런 점들을 고치기 위해 매주 박사님과 얘기를 나눴다. 공부에 관련된 얘기였지만 일상적은 고민이나 대화도 많이 나누었다. 또 여러 가지 프로그램을 통해 부족했던 점들도 개선해나갔다. 때론 초딩처럼 여러 가지 게임도 했고, 계획표 짜기, 하루 하루 한 일을 일주일 동안 스스로 적어보고 반성해보기 등을 통해 학습 습관도 고치기 시작했다. 난 항상 놀러 온다는 느낌으로 올 수 있었고 박사님이 내준 과제 정도만 했다. 그리고 그 과제들도 대부분 내 생

아이도 살리고 부모도 살리는
공부 동행

각을 적고 내가 자율적으로 하는 활동이어서 편하게 할 수 있었다.

그렇게 몇 개월이 지나고 몇 번의 시험을 보면서 공부 습관도 많이 고쳤다. 그리고 3학년 들어서 본 시험에선 전체적인 성적이 예전보다 아주 조금 상승했다. 그러나 나는 훨씬 큰 기쁨을 느낄 수 있었다. 시험 때 느끼던 불안감을 상담을 통해 고치면서 내 최대 약점이던 실수를 굉장히 많이 줄였다. 예를 들면 2학년 때 수학 점수가 70점 정도였는데 틀린 문제 중 반 이상이 실수로 틀린 것이었고, 계산 실수부터 심지어는 다 맞게 푼 문제를 잘못 마킹해 틀리는 경우까지 있었다. 그런데 3학년 들어와서 본 네 번의 시험에서 난 한 번을 제외하고 모두 90점을 넘었다. 실제로 공부는 예전과 똑같은 양을 했지만 예전에 낭비하던 시간을 책 읽기나 오답 노트 등을 보는 걸로 채우고 예전에 실수로 틀리던 문제들이 맞으니까 점수는 대폭 상승했다.

그리고 고1을 앞둔 작년 겨울방학에는 박사님 말씀대로 책을 많이 읽고 신문의 사설이나 칼럼을 읽고 내 생각을 쓰는 활동도 열심히 했다. 그리고 모의고사를 많이 풀어보라고 하셔서 인터넷에서 전년도 1학년 모의고사 기출문제들을 풀고 공부했다. 학원에 다니지 않아서인지 공부하는 양과 시간은 비슷해도 나가서 놀 시간도 더 많았고, 스트레스도 안 받고 즐겁게 공부할 수 있었다. 그 결과 고1 올라와서 얼마 전 본 3월 모의고사에서 전교 18등이란 성적이 나왔다. 특히 책과 신문을 많이 읽은 덕에 아무리 논술학원에 다녀도 손도 못 대던 언어영역에서 한 개를 틀리며 99점이란 점수로 1등급을 받았다. 4월에 본 모의고사도 전교 20등을 하며 상위권을 유지했다. 물론 이때도 국영수는 모두 1등급이었다.

그리고 고등학교 첫 중간고사가 다가왔다. 다른 애들은 다들 과목마다 학원으로 시험 대비 보충을 받으러 간다는데 나는 집에서 혼자 하려니 불안한 마음도 들었지만, 그동안 마음누리에서 익혀온 습관과 방식으로 내 방식대로 공부했다. 그날그날 공부해야 할 양을 정하고, 시간대별로 피곤할 때는 내가 자신 있는 과목, 정신이 맑을 때는 어려운 과목 위주로 정해서 하다 보니 학원을 안 다닌다는 불안감도 줄었다. 그렇게 공부하고 내 공부를 반성해보며 내가 학원의 도움 없이 본 첫 시험인 고1 중간고사에서, 지금까지 받아본 적 없던 평균 87.8의 전교 12등이라는 내신점수를 받을 수 있었다. 우리 학교가 인문계 고등학교치곤 주변에서 가장 공부를 잘하는 학교였기에 이 성적은 나도 믿기 어려웠다. 지금까지 학원과 과외를 열심히 해도 나오지 않던 성적이, 내 학습 습관을 조금만 바꾸고 내 약점을 찾아서 해결하자 금방 고쳐졌다. 특히 내 성격상 누가 시켜서 하기보단 내가 할 마음을 잡아야 하는 점이 학원과는 맞지 않았던 것 같다.

마음누리를 다니며 나는 많은 걸 느꼈다. 예전엔 나도 학원 안 다니는 친구들을 보면 비웃었고 내 성적이 학원 덕에 유지된다고 생각했다. 엄마께서도 어떤 과목의 점수가 잘 안 나오면 학원부터 다녀보라고 하셨다. 그런데 이제는 바뀌었다. 오히려 내가 다른 친구들이 학원을 여러 개씩 다니고 학원에서 시간을 보내면 이해할 수 없고 친구들에게 혼자 하는 것을 추천한다. 학원 가는 시간을 내가 활용한다면 집에서 비슷한 양의 공부를 하고도 스트레스도 덜 받고 운동이나 책, 신문 등을 읽으며 즐길 수 있는 시간까지 확보된다. 이런 것을 마음누리에 다니며 알게 됐다.

고1 말에 문과 이과를 정하는 데에도 도움을 받았다. 내 생각대로 문과, 특히 경영이나 경제가 맞는다고 해서서 내심 내가 좋아하는 분야인데 검사에도 그렇게 나왔다니 기쁘지 않을 수 없었다. 그 뒤 고 3까지… 결국 내가 원하는 대학과 학과에 입학했다. 내가 마음누리를 다니면서 가장 감사했던 점은 "나 스스로 공부할 방법을 찾게 해준 것", "내 성격을 알고 확실한 진로를 선택해서 내가 목표를 갖고 공부할 수 있게 해준 것", 이 두 가지는 내 생활, 더 나아가 내 인생을 완전히 바꿔놨다.

# 물고기에겐
## 뛰어놀 물이 필요하다

나는 학생을 만날 때마다 대부분 첫 번째 질문으로 이렇게 묻곤 한다.

"나중에 어떤 일을 하고 싶니?"

그런데 언제부턴가 선생님, 의사, 과학자, 변호사 등 구체적인 직업을 목표를 갖는 아이들이 점차 사라졌다. 그 대신 묘한(?) 직업군이 등장했다. "그냥, 편한 거요", "돈 많이 버는 거요", "TV에 나오는 스타요" 등등. 이 정도는 그래도 애교로 봐줄 수 있다. 목표해둔 일이 있지만 대화가 서투를 수 있기 때문이다. 그러나 정말 심각한 대답은 "몰라요"다.

"현재 성적은 염두에 두지 말고 하고 싶은 일을 이야기해봐"라고 용기를 북돋워주어도 역시 돌아오는 답은 고작 "진짜, 모른다니까요" 하며 역정에 가까운 말이다. 몇 년 전 만난 고등학교 1학년 상윤이도 마찬가지였다. 첫 질문에 그는 좀 생각하더니 "글쎄요, 진짜 모르겠는데요"라고 했다. 옆에서 이를 지켜보던 상윤이 어머니가 답답함을 참지 못하고 대화에 끼어들었다.

"너, 중1 때 의학 드라마 보면서 흉부외과 의사 되겠다고 그랬잖아?"

상윤이 역시 귀찮다는 듯이 짜증 섞인 목소리로 어머니를 째려보며 말했다.

"나, 피 보기 싫거든!"

상윤이는 전교 8등으로 중학교에 입학했으나 서서히 성적이 떨어져 졸업할 때는 중위권이었다. 혹 상윤이는 성적이 떨어져 자신의 꿈을 접은 걸까? 아니면 꿈을 접어 성적이 떨어진 걸까? 마치 닭이 먼저인지 달걀이 먼저인지를 가리는 어려운 작업에 닥친 기분이었다. 지능, 정서, 흥미, 성격, 적성, 가치관 등을 검사해 이를 바탕으로 '학습동기촉진기술평가'를 해보았다. 상윤이는 100점 만점에 23점. 결국 꿈이라는 날개를 접으면서 성적이 곤두박질친 것이었다.

상윤이는 자신이 공부를 왜 해야 하는지, 대학엔 왜 가야 하는지, 공부가 자기 인생에 어떤 도움이 될 것인지를 전혀 깨닫지 못했다. 공부 동기를 높이는 과정은 '동기 각성 → 목표 설정 → 흥미 계발 → 자신감 갖기'로 요약된다. 이 가운데 핵심은 '목표 설정'이다.

그래서 우선 상윤이가 자기만의 구체적인 목표를 갖도록 도와주기로 했다. 상윤이는 검사한 데이터를 바탕으로 고려대 생명공학부에 진학해서 바이오벤처기업 CEO가 되는 것을 목표로 삼았다. 목표를 달성하기 위한 구체적인 계획이 필요하기에 다음과 같은 순서에 따라 실행 계획을 세웠다.

1. 고려대 입학의 필요조건 조사(내신·수능 반영 비율, 수시 정보와 정시 합격
   선 등)
2. 위의 필요조건과 자기의 현재 위치 비교
3. 구체적인 학습 목표 설정과 노력
4. 목표 달성 여부 점검
5. 계획 수정과 재수립

당시 상윤이는 고려대 생명공학부에 진학하기엔 실력이 턱없이 모자랐다. 그래서 단계적인 성적 향상 목표(학습 목표)를 세우고, 일단 어려운 과목보다 좋아하는 과목부터 공부하기 시작했다. 그리고 단기 목표로 중상위권 친구를 선의의 경쟁자로 삼았다.

6개월 후 2차 검사에서 상윤이의 학습동기촉진기술평가 점수는 75점으로 처음 검사에 견줘 비약적으로 상승했다. 성적 역시 그에 비례해 올라갔음은 말할 것도 없다. 이렇게 모질게 담금질하기를 3년, 상윤이는 자기가 목표했던 고려대 생명공학부에 당당히 합격했다.

이렇게 삶의 목표와 공부에 대한 동기가 생기면 자기주도학습은 저절로 이뤄진다. 실제로 상윤이는 그 후 불필요하다고 판단한 과외·학원을 다 끊어버렸음에도 성적은 꾸준히 올라갔고 이에 따라 자연스레 어머니와의 갈등도 줄었다. 더욱이 사교육비도 거의 들지 않았으니 상윤이 어머니 말씀처럼 일석삼조(一石三鳥)가 아닐 수 없다.

자기 자식이 공부를 잘하기를 바라지 않는 부모는 세상에 없다. 그러나 그 방법이 눈앞의 성적에만 매달려 학원과 과외로 아이를 내몰아

놓고 '뺑뺑이'를 돌리면서 아이에게 성실하지 못하다고 잔소리를 해대면 아이는 이내 꿈의 날개를 접어버리고 만다. 새에겐 날개가 필요하고 물고기에겐 마음껏 뛰놀 물이 필요하다. 마찬가지로 아이들에겐 꿈이 필요하다. 그러므로 긴 안목으로 보면 내 아이에게 맞는 목표 의식 함양과 동기 유발이야말로 공부에 관한 한 부모가 물려줄 수 있는 최고의 유산임을 알아야 한다.

## 생각이
## 에너지다

어느 날 텔레비전을 보는 중이었다. 어느 에너지 기업의 광고 문구가 귀에 들어왔다.

"생각이 에너지다!"

그 회사의 빨간색 상징과 로고를 보는 순간, 진이가 나를 찾아와 상담실 책상 앞에 앉았을 때가 문득 떠올랐다. 165센티미터가 넘어 보이는 큰 키에 약간 통통한 체격, 하얗고 새침한 듯 무표정한 얼굴로 내 질문에 연신 입술의 한쪽 꼬리를 약간 올리며 시니컬하게 대답하는데 영문없이 답답하기만 했던 기억이 있다.

그날의 첫인상은 조금 오래갔는데, 아마도 진이를 만나는 여느 어른들이나 또래 친구들도 이 같은 이미지를 느꼈을 것 같다. 사실 진이는 중학교 와서 코스프레나 만화 등에 시간을 낭비해서 부모님과 늘 마찰을 겪어왔고, 자주 불안과 분노감을 표현해왔다고 했다. 또한 상담에서 어머니는 저번 시험에서는 일일이 진이의 공부를 봐주며 성적을 올려놓긴 했는데, 자신이 가르쳐주지 않으면 도통 이해하지도 못하고 외우려 하지 않는다고 했다. 공부하는가 하고 보면 멍하니 딴생각을 하고 있어서, 그런 아이의 모습에 너무 지치고 힘들다며 어려움을 호소했다. 듣는 나조차도 답답하겠구나 하는 마음이 들었다.

하지만 내가 본 진이의 심리 검사 결과는 놀라웠다. 전체 지능이 139점으로 최우수에 속하고, 전반적인 능력 또한 우수한 편이었기 때문이다. 더욱이 암기하는 것이나 집중하는 능력도 나쁘지 않아서 전반적으로 어머니가 걱정하는 부분이 어디서부터 시작됐는지 다시 점검해야 했다.

상담을 시작하고 진이를 만날 때마다 "뭐 하고 싶니?" 질문하곤 했다. 그러면 "건축가가 되고 싶어요. 그래서 멋진 성을 지을 거예요"라고 한다. 사실 듣는 나로선 멋진 꿈이지만 과연 이게 진이한테서 나온 것인가 싶기도 하고, 건축가가 진이가 꿈꾸는 것처럼 성을 짓는 것만은 아닌데 하는 생각에 진로 탐색 작업에 들어갔다.

역시나 진이는 내가 생각하는 일반적인 건축가와는 다른 꿈을 꾸고 있었다. 건설 현장에 뛰어들어서 분주하게 이리저리 움직이며 건물이 올라가는 것을 보면서 총체적으로 업무를 담당하는 건축가라기보다는 독창적이고 창의적인 건축물을 디자인하고 공간을 효율적으로 창조해내는 것을 주된 직업으로 하고 싶었던 것이다.

진이가 평소 어려운 사고력 질문에도 독창적인 아이디어를 내서 나를 깜짝 놀라게 했던 것을 생각하면 당연한 결과였을 것이다. 그래서 나는 독창적이고 새로운 건축물이 소개된 잡지나 사진, 신문기사 등을 보여주며 진이가 어떻게 생각하는지 물었다. 그러자 진이만의 독창적인 세계가 눈앞에 펼쳐지기 시작했다. 뉴욕의 빌딩들을 보며 예전에 보았던 빌딩 숲과 자신만의 상상 속에 있는 빌딩 숲과의 조화를 설명하기도 했고, 초원 위의 호화 주택을 보며 공간의 비효율적인 면이라든지 디자인의 독창적인 면을 표현했다. 거기에 더해 자신이 디자이너가 돼 더 추가하고 싶은 것을 스스로 잘 표현했다. 사실 건축을 실질적으로 공부하지 않은 진이이기에 전문적이지는 않았지만, 그 창의적인 아이디어는 내가 상담자인 것도 잊을 정도로 푹 빠지게 만들었다.

문득 생각했다. '진이가 평소에 이 많은 생각을 머리에 담고 있었으니 아이디어가 떠오르는 순간마다 얼마나 흥분됐을까? 그리고 시간과 장소에 상관없이 얼마나 많이 꿈을 꾸듯 이런 생각을 해왔을까? 과연 이런 생각을 자꾸 하지 말고 공부만 하라고 하는 것이 옳은 일일까?'

내 경험상 그 어떤 영역에서 큰 빛을 발하려면 재능이나 사고력보다도 타고난 상상력이 더 큰 의미가 있다는 점은 의심의 여지가 없다. 그래서 나는 진이의 상상력과 창의력에 날개를 달아주기로 결정했다. 사실 그것은 그리 어렵지 않았다. 머릿속에서 꿈꾸듯 지닌 진이의 생각을 말로 표현할 수 있게 도와주면 되는 것이었다.

처음에는 멈칫멈칫 나올 듯 말 듯하다가도 봇물처럼 쏟아져 나오는 진이의 생각은 회를 거듭하며 잘 갈고 닦여 스스로 자신의 능력으로 받아들일 만큼의 시간이 지나갔다. 아마도 자기 생각을 펼쳐놓을 만한 곳이 없었던 진이에게는 조금이나마 쉴 수 있는 시간이었지 않았나 싶다. 그래서인지 약간씩 한 쪽 입꼬리를 올리며 대답하던 진이의 얼굴에 해맑게 웃음꽃도 피어나고, 상담시간에 공부 얘기를 할 때는 어깨가 축 처져 있던 것이 언제 그랬냐는 듯 눈망울이 초롱거리며 두 눈에서 에너지를 발산해댔다.

이후 진이에게는 눈빛 말고도 또 다른 변화가 시작됐다. 예전보다는 스스로 공부하려는 노력도 보이고, 어머니가 봐주지 않는데도 시험 과목에 맞춰 진도를 나간다는 것이었다. 진이에게 에너지는 자신의 상상력이었던 것이다. 이제까지 진이는 잡생각이나 한다고 핀잔을 받거나 친구들로부터 독특하다며 인정받지 못했지만, 지금 진이의 창의적인 상상력은 조금씩 날갯짓하고 있다.

사실 우리나라 교육 여건상 이러한 상상력은 그다지 빛을 발휘하기가 어렵다. 때로는 시험 볼 때 시험 지문을 왜곡되게 받아들이기도 하며, 냉소적으로 반응하는 통에 선생님이나 어른들로부터 오해를 사기 십상이기 때문이다. 하지만 아이들의 이런 상상력이 미래의 우리 에너지가 될 것임은 틀림없는 사실이다.

아이에게 상상하지 말고 생각하지 말고 교과서와 참고서에 적혀 있는 대로 생각하라고 하면 우리의 생각 에너지는 어디에서 얻어야 할까? 아인슈타인은 이런 말을 자주 했다고 한다.

"나는 상상력을 자유롭게 끌어내는 예술가에 가깝다. 상상력은 지식보다 더 중요하다."

이 말처럼 엄밀한 학문인 과학에서조차 상상력은 중요하다. 아니, 어쩌면 과학이기에 상상력은 더없이 중요할지도 모른다. 우주를 상상하는 힘이 없다면 작은 과학적 현상에서 어떻게 미래를 볼 수 있단 말인가. 콩알 속에도 우주를 품을 수 있는 에너지가 숨어 있다는 상상력, 이는 허황한 잡생각이 아니다. 사실 어른들은 이런 것을 알고 있으면서도 당장 자신의 자녀에게서 이런 모습이 보이면 당황하고 걱정한다. '등잔 밑이 어둡다'는 말은 이럴 때도 적용되는 말이다.

## 엄친아의
## 몰락과 부활

고등학교 1학년 기현이는 고등학교 입학과 동시에 무단결석 열 번, 무단조퇴 서른 번, 지각은 거의 매일 밥 먹듯이 한다. 새벽까지 술을 마시고 당구장, PC방, 노래방을 전전하며 새벽 두세 시나 돼야 귀가한다. 심지어 부모에게 막말을 하기도 하고 면담을 요청한 학생주임에게 대들어 결국 징계도 받았다. 그런 기현이가 자퇴를 하겠다며 부모에게 으름장을 놓는다. 성적은 바닥을 기고 있다. 아니, 아예 공부에서 손을 뗀 지 오래다.

그러나 기현이가 어려서부터 이런 반항아는 아니었다. 오히려 그에게는 화려한 시절이 있었다.

초등학교 5학년, 한국수학인증시험 올림피아드(KMC) 금상. 중학교 1학년, 서울시교육감 최우수상. 중학교 1학년, 모 대학 영재원 총장상. 중

아이도 살리고 부모도 살리는
공부 동행

학교 2학년, 한국수학올림피아드(KMO) 금상. 그뿐이 아니다. 스케이트 대회 우승, 백일장·사생대회 대상 등 교내외의 상이란 상은 죄다 휩쓸었다. 소위 올라운드 멀티플레이어(All Round Multy-Player)로 "엄친아" 소리를 들었다. 그 덕분에 기현이 어머니는 동네의 스타였다. 그의 교육 노하우를 듣기 위한 "기현 엄마와의 점심식사"는 워렌 버핏 버금갈 정도였다.

그러나 이런 화려한 명성은 중학교 3학년으로 막을 내린다. 기현이는 영재고등학교를 준비하던 중 서서히 비뚤어지기 시작했다. 소위 노는 아이들과 어울리면서 공부를 등지고 밖으로 나돌기 시작한 것도 바로 이때부터다. 결국 영재고등학교 시험장 근처도 못 가보고 인문계고등학교에 입학한 것이다.

클리닉을 찾은 기현이를 검사해보았다. 지능지수 132로 최우수. 언어능력, 수리능력 등 소위 성적(점수)과 관계된 지적 능력은 거의 모두 상위 2퍼센트 이상으로 발달해 있었다. 그러나 최근 뇌과학의 발달로 입증된 "진정한 영재"를 판가름하는 뇌 기능 영역들에서는 최하위 수준으로 극과 극의 결과가 나왔다. 즉 주어진 상황에서 문제 해결 방안을 찾아내는 유추능력(Eductive ability), 다양하고 융통성 있는 사고를 관장하는 융통성(Flexibility), 최선의 방법을 찾는 창의적 사고(Creative thinking)와 논리적 사고(Logical thinking) 등이 하위 20~30퍼센트 정도였다.

그러니 고차수학능력(高次修學能力)을 요구하는 영재고등학교를 준비하던 기현이는 자기보다 훨씬 공부를 못했던 친구들이 하나 둘 자신을 앞지르기 시작하자 심한 좌절감을 느꼈고 공부에서 손을 뗀 것이다. 그러자 정서적 문제가 불거졌다. 심리검사 결과 기현이는 품행장애(Conduct Disorder)가 의심됐다. 품행장애란 반사회적, 공격적, 도전적 행위를 반복적으로 지속해 사회생활에 중대한 지장을 초래하는 장애를 뜻한다.

기현이는 왜 엄친아에서 뇌 기능 밸런스의 불균형과 품행장애아로 추락한 것일까?

원인은 지나친 부모의 욕심과 이를 부추긴 사교육 기관의 상술이 맞아떨어졌기 때문이다. 이 때문에 한창 뛰어놀아야 할 '어린이' 기현이는 취학 전부터 영어원어민학원, 피아노학원, 미술학원, 논술학원, 수학/과학영재학원에 다녔고 심지어 사회체육학원까지 안 다닌 학원이 없었다. 월요일부터 일요일까지, 일어나서 잠들기까지, 단 몇 분도 쉬거나 놀아본 적이 없다.

"하루 24시간이 모자라 초등학교 4학년 때부터 하루 네 시간 이상 자본 적이 거의 없어요."

"한마디로 전 엄마와 과외·학원이 만들어놓은 인조인간이라고 보시면 돼요."

이런 기현이에게 누구나 한 번 정도 겪는다는 질풍노도의 시기인 사춘기가 찾아왔다. 소위 자아정체성을 찾아가는 이 시기에 기현이에게 든 생각은 이런 것이었다. "도대체 내가 태어난 이유가 뭘까?" "내가 엄마의 부속물인가?" 등 자아에 대한 원초적 성찰이 시작됐고, 결국 "부모에게서 독립"을 선포하며 반항아로 흘러간 것이다.

나는 지난 15년 동안 지나친 사교육, 선행학습이 학생들의 정서는 물론 지적 능력에 엄청난 악영향을 미친다는 연구를 수없이 했고 언론이

아이도 살리고 부모도 살리는
공부 동행

나 논문으로 발표한 바 있다. 대부분 부모는 "아하! 그렇구나!"라며 동감하다가도 조급증을 참지 못하고 이내 빠르고 쉬운 길을 찾아 나선다. 기현이 어머니 역시 "나도 그랬노라"라며 후회하신다.

기현이는 나와 대화하면서 마음 깊은 곳의 웅어리진 분노, 공부에 대한 중압감, 부모에 대한 원망 등을 털어놓았고, 과잉 선행학습 탓에 떨어진 뇌 기능을 내가 개발한 두뇌 트레이닝 프로그램으로 보완해나갔다. 더욱이 혼자서 어떻게 공부를 해야 할지 막막해하는 기현이를 위해 자기주도학습을 시작했다.

모든 것을 엄마가 짜고 학원·과외로 감독되던 "타율 지배적 학습자"에서 벗어나 "스스로 계획하고 → 실행하고 → 평가하고 수정해 → 재실행"하는 공부를 처음 하는 기현이는 "이게 바로 진짜 공부구나!"라며 기뻐했다.

이제 10개월째, 눈에 띄게 공격성도 줄었고 알아서 공부하는 "자기주도학습자"가 됐다. 자퇴라는 말은 쏙 들어간 지 오래고 이번 중간고사에서 사회(탐구영역)를 빼고 모두 1, 2등급을 받았다. 이제 곧 있을 기말고사 땐 올 1등급을 찍겠다며 나와 내기를 하자고도 한다. 다시 엄친아로 돌아온 것이다. 학원의 ㅎ 자만 들어도 치가 떨린다며 기현이는 현재 과외·학원과는 담을 쌓은 지 오래다. 한발 더 나아가 학원 다니면서 내신과 수능을 준비하는 친구들을 보면 과거 자신의 모습이 떠올라 측은지심에 진심 어린 충고도 아끼지 않는다고 한다. 그런 기현이를 보면서 어머니도 눈물을 훔치신다.

# 적성검사와
# 사주팔자

작년 겨울, 적성검사를 문의하는 전화가 쇄도했다. 이런 일은 난생처음
이다. 어찌 된 영문인지 몰라 몇몇 어머니에게 물었다.

"옆집 지훈이가 여기서 적성검사를 했다는데 너무 정확하다기에…."

솔직히 기분은 나쁘지 않았지만, 걱정이 앞섰다.

나는 클리닉이 자리한 이 지역에서 소문이 얼마나 무서운지 익히 잘
알고 있다. 실제로 소위 "입소문"에 따라 생사가 엇갈리는 학원들을 무
수히 봐왔기 때문이다.

지훈이를 비롯해 많은 아이가 학업능력, 지능, 성격, 정서, 집중력, 기
억력, 창의력 등 다양한 검사에 더해 적성검사를 함께 받았다. 이를 근거
로 아이들의 지적 능력, 성격적 특징, 공부 스타일 등을 종합한 후 적성
검사 결과에 대비시켜 적성을 알려주었다. 그것이 마치 적성검사 하나
만으로 도출된 결과인 양 착시 현상을 일으킨 것이다.

내 직업은 의사다. 덕분에 생체신호분석(biosignal analysis)을 할 수 있
는 최신 의료장비를 갖추고 있다. 즉 학생들에게 수백 개의 문제를 제시
함과 동시에 뇌파의 활성도와 심전도를 이용한 심리적 안정감, 그리고
피 흐름을 통해 긴장도를 분석할 수 있다. 예를 들어 당장 제시된 도형
문제를 틀리거나 인체 상식 문제를 몰라도 뇌파가 활성화되고 마음이
편안하고 긴장을 안 하면 의사가 될 가능성이 올라가는 방식이다. 이 검
사가 아마도 몇몇 부모와 학생에게는 신기하게 여겨졌나 보다. 그리고

아이도 살리고 부모도 살리는
공부 동행

이는 확대재생산이라는 과정을 거쳐 마치 신비한 검사로 소문이 난 것이다. 그러나 이 한 가지 검사로 아이의 적성을 100퍼센트 알아낼 수는 없다.

사실 적성은 초등학교 4학년이면 학교에서 간편하게 검사를 진행한다. 그런데 부모들은 이런 검사를 잘 믿으려 들지 않는다. 왜일까?

"그거 뭐 그냥 제 맘대로 체크하면 직업이 수십 개씩 나오던데요?"

"단체로 하는 싸구려 검사를 믿을 수 있나요?"

"여기저기서 해보면 다 다르게 나오니 진짜 적성이 뭔지 모르겠어요."

그러나 대부분의 공신력 있는 기관의 적성검사는 그 신뢰도가 높으므로 얼마든지 자녀교육의 참고자료로 사용해도 무방하다.

적성(適性)이란 "어떤 일에 알맞은 성질이나 적응 능력, 또는 그와 같은 소질이나 성격"이다. 이런 적성은 빨라도 초등학교 4~5학년 정도가 돼야 짐작할 수 있다. 그리고 확실한 근거를 가지려면 뇌의 성숙이 어느 정도 완성되는 중학교 2학년 즈음이 적기이다.

그런데도 무려 세 살배기 아들을 데리고 온 어머니도 있다. 부모는 자녀의 적성을 될 수 있으면 빨리 알아내서 그쪽으로 "밀어주고" 싶어하기에 이해를 못 하는 바는 아니다. 그러나 간혹 "적성=사주"로 착각하는 경향이 있다. 실제로 나의 적성은 의사가 아니다. 항상 인문 혹은 사회계열이 나온다. 그러니 적성이 반드시 그 사람의 직업을 결정짓는 요소는 아니라는 사실을 알아야 한다.

적성검사란 내 자녀의 사주팔자를 알아보는 도구가 아니다. 적성은 공부에 동기를 부여하고 목표를 설정해주는 일종의 제어장치다. 실제로 아무런 꿈도 없던 초등학교 5학년 재령이는 적성이 작가나 소설가로 나오자, "나도《해리포터》를 쓴 조앤 롤링처럼 세계적으로 유명한 작가가 될 거예요"라는 야무진 꿈을 꿀 수 있었다. 그 뒤 독서광이 됐고 요즘은 영어 소설 삼매경에 빠져 있다. 그러므로 적성검사는 앞서 말했듯 "밀어주기"를 위한 검사라기보다는 "왜 꼭 공부해야 하나요?", "목표가 없어요"라고 하는 자녀에게 도움이 되는 참고자료라는 점을 강조하고 싶다.

## 하얀 거짓말

나는 지금 엄청난 시련에 봉착해 있다. 올해도 또 실패다. 스파르타식 재수를 했건만 결과는 마찬가지. 당연한 사실이지만 클리닉에 찾아오는 모든 학생이 원하는 결과를 얻지는 못한다. 그러나 학생 스스로 노력했음에도 끝내 좌절하는 모습을 보노라면, 나 또한 발을 동동 구를 수밖에 없다. 안타깝지만, 이것 또한 현실이다.

2012년 11월, 고등학교 2학년 민우가 할머니 손에 이끌려 클리닉을 찾아왔다. 키는 작지만 다부진 외모, 무엇보다 착하고 겸손해 보였다. 그런데 문제는 중학교 2학년 때부터 공부에서 손을 떼고 PC방, 노래방을 전전하며 집에서 뒹굴…. 학원이라는 학원을 다 보내봤고 대학생 과외도 시켜봤지만, 한 달 등록하면 하루 이틀만 다니고는 "선생님이 잘 못 가르쳐서", "애들이 떠들기만 해서", "마냥 잡아놓고만 있어서", "시간이 안 맞아서", "성의가 없고 돈만 밝혀서" 등등 이유를 대며 학원과 과외를

아이도 살리고 부모도 살리는
공부 동행

끊어버렸다고 한다.

그러고는 방과 후 잠들 때까지 컴퓨터와 스마트폰에 매달려 허송세월하고, 할머니가 나무라면 "아 XX, 이 판만 끝내고 공부한다니까", "잔소리 좀 그만해 XX", "아 비교 좀 하지 마" 등등 막말이 쏟아진다. 똥 싼 놈이 성낸다고 때론 물건을 집어 던지기도 하고, 게임하며 친해진 여학생을 만나러 주말이면 집을 나가버리기 일쑤였단다. 할머니는 "공부하는 건 바라지도 않아요. 저게 인간인가요? 사람만 만들어주세요"라고 하신다.

그렇게 전교 꼴찌인 민우와 만나게 됐다. 얼마간 만나보니 처음 인상대로 민우는 세상 물정 모르는 순둥이였다. 매주 한 번씩 만나서 우리가 나눈 이야기는 "공부" 이야기가 아니었다. 그저 어린 시절부터 지금까지 어떻게 지내왔는지, 그리고 앞으로 삶을 어찌해야 하는지와 같은 조금은 추상적이고 철학적인 이야기였다. 많이 후회도 하고 많이 울기도 했다.

그러기를 넉 달째, 어느덧 3학년이 된 민우는 서서히 변해가기 시작했다.

"저도 의사가 될래요. 그리고 기왕이면 박사님 같은 정신과 의사요."

아무런 목표도 없고 그냥 시간만 축내던 그에게 변화가 찾아왔다. 그게 2013년 3월 18일이다. 내 달력에 지금도 빨간 동그라미가 선명하게 남아 있다.

민우의 할머니는 "아이고, 고마워요. 애가 어쩌면 저렇게 변한대요?"라며 너무 흡족해하셨다. 왜 민우가 부모가 아닌 할머니와 함께 나를 방문했는지도 차차 알게 됐다. 아버지가 전라도에서 건설업을 하는데 어머니도 아버지 일을 도우며 늦둥이 초등학교 3학년 딸을 돌봐야 했기에, 교육특구 대치동 할머니 집으로 중학교 2학년 때 유학을 보낸 거다. 민우는 중2부터 고2까지 거의 공부를 안 해서인지 공부 습관이 전혀 몸에 배어 있지 않았다. 그런데도 공부 동기가 생기기 시작하니 눈빛도 바뀌었다. 흐리멍덩했던 동태 눈이 매서운 매의 눈으로.

그제야 공부 이야기를 시작했다. 그런데 대학입시를 몰라도 너무 모르는 민우. 어찌 고3이 이렇게까지 모를까 싶을 정도였다. 민우에게 3월 모의고사 성적표와 1, 2학년 생활기록부를 가져오라고 했다.

이때 첫 번째 위기를 맞는다.

매주 화요일 6시가 민우와 만나는 시간인데, 나타나질 않는다. 민우의 휴대폰은 꺼져 있었다. 할 수 없이 할머니께 연락드리니 "예? 그리 간다고 했는데 안 왔나요?" 하신다. 민우는 숨기고 싶었던 것이다. 어렴풋이 자신이 전교 꼴등이란 것을 말했지만 그걸 직접 나에게 보여주기에는 자존심이 허락하지 않은 거다.

우여곡절 끝에 다시 나타난 민우. 그의 손에는 꼬깃꼬깃한 성적표가 들려 있었다. 내게 그 성적표를 내미는 민우의 손이 가볍게 떨렸다. 나는 다 훑어본 뒤 "민우야! 이건 그냥 현재의 네 모습일 뿐이야. 지금부터라도 시작하면 얼마든지 가능해"라며 용기를 북돋아주었다.

"정말요? 그게 가능한 건가요? 저 같은 학생도 보신 적 있으세요?"

"그럼! 이제 인생역전 드라마를 써나가야지!"

"야호!"

그는 집으로 갔다. 그를 보낸 뒤 난 스스로에게 물었다. '찬호야, 네가 정말 그렇게 만들 자신이 있어서 그렇게 말한 거니? 아니면 그런 꿈을 꺾어버리면 안 될 것 같아 하얀 거짓말을 한 거니?'

두 번째가 맞다. 철모르는 순둥이 민우에게 그래도 꿈은 있어야 하지 않겠는가? 나는 민우의 성적표를 보며 한숨을 크게 내쉬었다. 분석해보니 현재 성적과 민우가 희망하는 의대의 차이는 국어, 영어, 수학, 과학탐구 총합 400점 만점 기준으로 자그마치 230점이 모자란다. 비유하자면 이건 다윗과 골리앗의 싸움도 아닌 하룻강아지와 범의 싸움이라고밖에….

한 주가 지나 민우의 얼굴을 쳐다보며, 현실을 알려주는 것이 옳은 건지 아니면 계속 용기를 잃지 않도록 등을 두드려주어야 하는 건지 만감이 교차했다. 결국 나는 민우에게 현실을 설명해줄 수밖에 없었다.

민우도 바보가 아니기에 예상은 했지만 이렇게까지 격차가 벌어진 것을 알고는 의기소침해 한다. 그런 그를 데리고 내 방이 아닌 건물 1층 노상 카페에서 음료수를 마시며 이야기를 나누었다.

"저도 알고 있어요. 그래도 지금부터 하면 되는 걸까요?"

그날은 비가 오고 있었다.

"그럼! 단, 지금부터 뼈를 깎는 고통이 따라야 해. 이제 겨우 수능이 일곱 달밖에 안 남았으니 말이다."

민우는 그 뒤 내가 시키는 대로 예습 복습은 물론이거니와, 무너져 있는 기초는 내가 아는 교과목 선생님께 부탁에 1대 1 과외로 다시 세우기 시작했다. 그것도 매일 내 클리닉에서 자정까지.

4월 모의고사에서 약간의 변화가 찾아왔다. 평균 6등급에서 5등급으로 한 단계 상승. 민우보다 더 좋아하는 분은 할머니와 부모님이었다. 그러나 묘하리만큼 시간은 쏜살같이 지나갔다.

그러고는 두 번째 위기가 찾아온다.

6월 5일 중요한 평가원 모의고사를 보기 전날, 이게 웬일일까? 어제까지만 해도 멀쩡했던 민우가 갑자기 몸살감기에 설사를 한다며, 마치 119에 실려온 응급환자의 모습을 하고 나타난 거다. 순간 아차! 싶었다. 그동안 각고의 노력을 했지만, 실제 수능점수를 예측할 수 있는 잣대인 평가원 모의고사가 그에게는 큰 심적 부담으로 작용한 거다.

"선생님, 저 내일 시험 보러 못 갈 것 같아요."

나는 신체화장애(특별한 내과·외과적 질환이 없음에도 두통, 복통, 관절통, 설사, 구토 등의 증상이 나타나는 질병)임을 금방 알아차렸고 급하게 약을 처방했다. 다음날, 민우는 1교시 국어부터 4교시 과학탐구 시간까지 내내 화장실을 오가거나 잠을 자버렸단다. 민우에게는 너무나 큰 시련이었다.

나는 내 하얀 거짓말이 화를 불러일으켰다는 생각에 죄책감에 시달렸다. 할머니와 상의 끝에 대학병원에서 종합검진을 했다. 당연히 몸에는 아무런 문제가 없었다.

세 번째 위기는 9월 모의고사를 아예 결시해버린 것이고, 네 번째 위기는 11월 7일, 2014학년도 수능일에 찾아왔다. 당연히 11월 27일 교부된 성적표를 나에게 가져오지 않았다. 다른 학생들이 가채점으로 수시를 준비할 때 민우는 이불만 뒤집어쓰고 있었다고 할머니는 전하신다.

다시 민우를 만난 건 4년제 정시 접수기간이 다 끝난 2013년 12월 27일이다. 수시, 정시 모두 포기해버리고 만 것이다. 이때까지도 민우는 정상 상태가 아니었다. 그러니까 6월 4일부터 12월 27일까지, 거의 7개월 가까이 정신질환과 싸우느라고 공부는 손도 못 댔고, 원서는커녕 그렇게 바라던 의대는 완전히 물 건너간 상태였다.

그러고는 며칠 뒤 민우가 찾아왔다.

"선생님, 저 재수하면 어떨까요?"

"미안한 이야긴데, 너도 알다시피 재수도 어지간해야 하는 거잖니?"

"그래도 우리 학교에 저처럼 공부 못하던 형이 재수해서 연세대 갔다고 담임선생님께서 그러시던데요?"

나는 순간 만감이 교차했지만, 민우가 예전처럼만 해준다면 불가능할 것도 없다 싶어 첫 번째 결심 때와 마찬가지로 "지금부터 뼈를 깎는 고통이 따라야 재수도 성공할 수 있어"라고 말해주었다.

"아무리 재수를 한다지만 2015학년도 수능까지 이제 겨우 300일 정도밖에 안 남았다는 점을 명심해야 한다."

"네, 한번 해볼게요. 부모님께도 죄송하고 선생님 은혜도 꼭 갚겠습니다."

그 뒤 상경한 부모님과 할머니, 민우 그리고 나까지 다섯 명은 길고긴 상의 끝에 군대보다 재수를 선택하기로 했다.

부모님과 할머니는 민우의 성격을 잘 알기에 자유분방한 학원보다는 소위 스파르타식 학원, 그것도 기왕이면 환경에 금방 휩쓸리는 민우의 성격상 상위권 학생이 많은 최상위반에 넣자고 하신다. 나 역시 동의했지만, 문제가 생겼다. 부모님이 원하시는 곳은 최소한 수능 영어와 수학중 2등급이 하나 이상이어야 입학이 가능했다.

아차! 싶었다. 그리고 민우에게 수능 성적표를 가져오라고 했다. 그랬더니 이게 무슨 소리인가.

"저, 수능 성적표 찢어버렸는데요."

"괜찮아. 평가원에서 재발부 받을 수 있어."

민우는 그전과 마찬가지로 머뭇거린다. 할 수 없이 어머니가 성적표를 재발부 받아 들고 오셨는데, 그 성적표에 어머니의 눈물 자국이 선명했다.

"저는 설마 했는데 이렇게까지 엉망인 걸…."

어머니가 또 우신다. 나 역시 대충은 예상했지만, 너무 형편없는 성적표였다. 표준점수나 백분위를 언급할 필요가 없다. 언어만 6등급이고 나머지는 모두 7등급 아래였다.

나는 다시 고민에 빠졌다. 부모님과 할머니는 거의 앓아누우셨다.

"이 성적으로 아무리 해봐야 의대는 고사하고 인 서울 아무 과라도 가능한 건가요?"

어머니의 물음에 떨리는 마음으로 입시분석 프로그램을 돌려보니, 4년제 대학은 강원도 산골짜기에 있는 A대학, 전문대라 하더라도 충남에 있는 B대학 정도가 가능했다.

민우에겐 차마 이 말은 못한 채 모두 고민에 빠졌다. 우여곡절, 장고(長考) 끝에 민우의 뜻을 한 번 더 들어주기로 했고, 나는 부모님이 원하시는 그 재수학원 관계자에게 부탁해 억지로 민우를 재수선행반에 입학시켰다. 아무것도 모르는 순둥이 민우는 언제 그랬냐는 듯이 만성 난치성 질환자에서 갑자기 유니콘으로 변해 "이제 공부할 맛이 나요", "애들

아이도 살리고 부모도 살리는
공부 동행

이 다 열심히 하니 저도 안 할 수 없네요", "이래서 재수는 필수라고 하는 거군요"라며 신바람 나게 학원에 다녔다.

그러나 다섯 번째 위기가 한 달 뒤 찾아왔다. 재수정규반은 2월 말 시작되는데, 올해 유난히 재수생이 많고 더군다나 우수 학생이 많아 민우가 시험을 잘 봐야 정규반에 남을 수 있다는 거다. 학원 자체 시험으로 당락을 가리는데, 성적이 미치지 못한다고 학원 관계자로부터 연락이 왔다. 이번엔 부탁을 넘어 청탁을 해야 할 판이었다. 다행히 민우는 정규반 중에서도 우수학생이 모여 있는 반에 배정됐다.

나는 민우에게 아침 7시 40분 등원해 밤 10시 강제 야간자율학습까지 공부하는 버릇을 들게 하려고, "6월 모의고사가 끝날 때까지 여긴 오지 말라"고 했다. 그런데 5월 초, 여섯 번째 위기가 닥친다. 다시 병이 도진 것이다. 유니콘에서 만성 난치성 질환자로 또 돌변했다.

할머니가 데려온 민우의 모습은 작년 6월에 봤던 바로 그 모습 그대로였다.

"저 못 다니겠어요. 이거 무슨 기계도 아니고 14시간을 잡아놔요? 그리고 선생도 아닌 이상한 아저씨가 돌아다니면서 좀 피곤해 졸거나 하면 작대기로 등을 때려요. 아이, 자존심 상해 못 다니겠어요. 밥도 무슨 쓰레기 같고, 비좁아서 옴짝달싹도 못하고…."

듣다 보니 중2 때로 퇴행했다는 생각마저 들었다. 어르고 달래 다시 보냈지만 결국 더위를 핑계로 7월 말 학원을 그만두었다. 혼자 독서실에서 공부하면서 틈나면 한 번씩 나를 찾아오겠노라고 했다. 그러나 11월 13일 수능일과 12월 3일 수능 성적표 배부 날까지 나는 민우를 한 번도 보지 못했다. 대신 12월 8일 민우를 대신해 할머니가 힘없이 민우의 수능 성적표를 들고 오셨다.

"민우는 또 등져 누웠고 민우 엄마 아빠는 지금 다 쓰러져서…."

"…."

나는 그저 먹먹하게 말을 잃고 말았다.

# 시험공부만이
## 공부가 아니다

아래는 성균관대학교 글로벌인재(종합학생부 전형으로 내신성적보다는 비교과 활동이 중심이 되는 전형) 사회과학 계열에 입학해 현재 심리학과를 다니는 민식이의 소위 스펙이다.

주요 교내외 활동 목록
- 교내 학급회장 활동 (1-2, 2-1, 3-1)
- 리더십 우수상, 행동발달 자주성 부문 우수상
- 학교 폭력 예방 UCC 발표 대회 동상
- 교내 또래 상담반 '○○단' 창단, 초대 회장
- 청소년 정신건강 교육프로그램 '힐링타임' 기획, 활동
- ○○구 정신건강증진센터 마음건강 또래 리더 교육 이수
- 구립○○청소년문화의집 청소년운영위원회 '한뼘' 정책실장 활동

아이도 살리고 부모도 살리는
공부 동행

- 보라매청소년수련관 생명사랑센터 청소년자살예방 활동
- 세계도덕재무장 MRA/IC 한국본부 모범청소년상 총재 표창
- 대한사립중고등학교장회 봉사상 수상
- 교내 진로동아리 '○○○○' 창단, 초대 회장
- 3국 다문화 축제 통역과 안내 봉사활동
- 제1회 중국의날 행사 지원과 자원봉사활동

민식이의 활동 목록은 위에 적힌 것의 두 배쯤 더 있다. 고3 1학기까지 봉사활동 시간이 무려 348시간이다. 심지어 민식이의 봉사활동은 〈한겨레〉에 보도되기도 하고, 서울시 교육청 홈페이지 '행복교육소식 미담사례'에 오르기도 했다.

이런 활동 덕에 민식이는 서울 강북 지역의 일반계고에서 내신 3등급인데도 수시에 당당히 합격했다. 내가 만약 대학 총장이어도 민식이 같은 학생이 있다면 당장 "모셔"갔을 것이다. 그럼 민식이는 도대체 왜 이런 어마어마한 스펙을 쌓은 걸까?

지금으로부터 6년 전, 중학교 3학년이었던 민식이는 학교에서 실시한 정서행동특성검사 결과 '자살 고위험군'으로 판명돼 〈Wee 센터〉에서 상담을 받아야만 했다. 상담교사와 나눈 자살 관련 면담기록지를 보면, 자살을 매일 5, 6회 정도 떠올리고 구체적으로 높은 다리에서 뛰어내리고 싶다고 씌어 있었다.

민식이 어머니는 민식이와 함께 클리닉을 찾아오셨다. 민식이는 한눈에 봐도 수척하고 얼굴에 "죽음의 그림자"가 드리워져 있었다. 청소년

정서행동발달선별검사지(AMPQ-Ⅱ)와 우울척도(BDI)가 각각 35점, 28점으로 나는 입원을 권유했다. 그러나 어느 부모가 정신과 입원을 선뜻 선택할까? 정신과를 다니는 것도 낙인으로 생각하는 마당에 말이다. 민식이 어머니도 마찬가지였다.

나는 좀 더 구체적으로 민식이와 상담을 시작했다.

"민식아, 왜 자살을 생각하니?"

"아버지가 1년 전 실직당하셨어요."

"아! 너무 힘들겠구나?"

하지만 그다음 말이 나에게는 더욱 충격적이었다.

"그래서 사채를 쓰시다가 조폭에게 협박도 당하고… 지금은 교도소에 계세요."

이런 사실을 학교에서는 상담 선생님께 말씀드리지 않았단다. 괜히 이런 일이 알려지면 친구들에게 이상한 아이 취급을 받을 것 같았단다. 소위 "집안의 비밀"이라 절대 발설하면 안 되는 사실이었다. 그러다 보니 민식이는 "집안의 비밀"을 감추기 위해 "오버"를 했다고 한다. 즉 "있어 보이려고 뻥도 치고 잘난 척"도 했다. 그것이 문제가 돼 일진에게 폭력도 당하고 왕따가 돼버린 것이다. 민식이에게 공부란 배부른 소리에 불과했다.

민식이에게는 집과 학교에서의 어려움을 먼저 헤아리고 정서의 안정을 찾아주어야 자살이라는 최악의 선택을 막을 수 있었다. 민식이는 매주 한 시간의 정신요법(상담)과 항우울제 처방을 병행하며 마음의 고통을 씻어가기 시작했다. 6개월이 흘렀을까? 민식이가 점차 변해갔다. 그

사이 아버지도 누명을 벗고 출소하셨다. 이때부터 민식이는 자신 같은 아이들을 돕고 싶다고 했다.

"저는 비록 공부엔 소질이 없지만 저처럼 집안이 어렵고 마음이 힘든 아이들을 위해 평생을 살고 싶어요".

그리고 민식이는 고등학생이 됐다.

"정신과 의사가 되고 싶지만, 수학이나 과학은 제가 정말 자신 없어 심리상담사나 사회복지사가 되고 싶어요"

'목표는 고통 가운데 싹을 틔우는 선물이다'라는 말이 생각났다. 민식이는 입학사정관제로 대학에 들어가 보려는 얄팍한 잔꾀를 쓰는 학생이 아니었다. 실제로 위에 열거된 그의 스펙은 "진심에서" 우러나 스스로 한 활동이었다. 그중에는 대학에서 인정하지 않는 봉사나 활동도 부지기수다. 대학에서는 고등학교 3학년 1학기까지의 학생생활기록부만 본다. 그러나 민식이는 그런 꼼수를 쓰는 학생이 아니었다. 또래 상담으로 후배들의 고통을 함께하기도 했고, 수능을 앞두고도 일요일에 잠시 짬을 내 독거노인 도시락 배달도 했다. 학생생활기록부에는 봉사 시간이 348시간으로 돼 있지만 내가 아는 바로는 400시간을 족히 넘는다.

이런 민식이를 보며 누가 누구를 치료한다고 말할 수가 있을까?

아이의 기질을 알면 앞길이 보인다
– 아이 기질에 따른 양육 학습법

## 1. 나홀로형(schizoid)

A는 16세의 중3 남학생이다. A는 학교 공부나 친구를 사귀는 것, 사람들 사이의 친밀한 관계를 바라지도 즐기지도 않으며 거의 항상 혼자서 하는 활동을 좋아한다. 뭔가 혼자만의 세계에 빠져 있는 듯 보이기도 하고 그냥 멍해 보이기도 한다. 웬만한 일에 놀라거나 슬퍼하거나 기뻐하지 않으며 화도 잘 내지 않는다. 짓궂은 친구들의 놀림에도 수치스러워하지 않는다. 단지 귀찮아할 뿐이다.

이 유형의 아이는 친구들 사이에서 고립된 채 직계 가족이나 아주 가까운 친구 외에는 주변에 마음을 털어놓거나 이야기할 만한 사람이 거의 없다. 정서적으로 메마르고 단조로운 생활을 하며 뭐든 혼자 하는 생활에 익숙하다. 친구는 필요 없다고 생각하며 말수가 적고 스스로 왕따가 돼 혼자만의 세상을 구축해 나간다. 공부에 크게 관심이 없고 공부를 잘해야 한다는 생각도 없다. 단지 의무이기 때문에 학교에 갈 뿐이다.

동물에 비유하면 목 집어넣은 거북이에 비유할 수 있다. 이때 부모는 아이의 목을 잡아당기지 말고 먹이를 주어 스스로 목을 빼는 방법을 사용해야 한다. 즉 채찍질하는 것이 아니라, 당근을 주어야 한다. 다른 사람들과 억지로 어울리게 하지 말고 아이의 성향을 고려해 가능하면 혼자서 할 수 있는 일을 찾아주는 것이 좋다. 예를 들어 아이가 역사책 읽기에 관심이 많다면, 역사 관련 연구원이나 역사 저술가 등 사람들과 크게 부딪히거나 협력이 필요하지 않은 분야로 재능을 키워주는 것이 좋다. 전반적으로 연구원, 분석가, 평론가, 작가 등과 같이

아이도 살리고 부모도 살리는
공부 동행

혼자 생각하고 연구하는 일에서 편안함을 느끼기 때문에 그러한 분야로 진로를 이끄는 것이 좋다.

## 2. 기괴형, 천재형(schizotypal)

B는 17세 고1 남학생이다. 그는 어린 시절부터 독특하다는 이야기를 많이 들어 왔다. 보통 아이들과 다르게 친구들 사귀거나 어울려 노는 것에는 별 관심이 없었고, 피라미드, UFO, 암호 등에 관심을 두며 책을 많이 읽었다. 이러한 모습을 보며 주변 어른들은 영재 같다는 이야기를 자주 하고는 했다. 고등학생이 되도록 변변하게 사귀어본 친구가 없고, 아무리 내성적인 아이라도 한 명씩은 있는 단짝친구도 없다. 학교 성적은 바닥이며, 과학 성적도 별로다. 최근에는 수학 수업을 듣다가 마법진에 끌렸고, 마법진에 관한 책과 자료들을 찾아보다가 고대 마법에까지 관심을 두고 인터넷 카페지기로 활동 중이다. 이런 식으로 어떤 주제에 관심이 생기면 닥치는 대로 자료를 찾고 거기에만 빠져들며, 점차 괴짜답고 독특한 방향으로 관심이 진행돼 주변에서 감당하기 어려울 정도이다.

이 유형의 아이는 괴팍하고 기괴하며 판타스틱한 생각으로 가득 차 있다. 또한 괴이하고 엉뚱하거나 특이한 행동 탓에 대인관계나 사회적 적응에 문제가 생기는 경우가 많다. 직계 가족 외에는 가까운 친구나 마음을 털어놓을 수 있는 사람이 없으며, 오히려 대인관계에서 친밀한 관계가 형성되면 불안해하고 불편감을 호소한다.

공부의 필요성도 못 느끼니 아예 공부에 관심이 없다. 부모가 공부하라고 하면 "내일 세상이 어떻게 변할지 모르는데 오늘 공부가 무슨 소용이야"라며 괴상망측한 변명을 늘어놓는다. 나중에 판타지 소설가나 게임 스토리 작가가 되겠다고 판타지 소설에 푹 빠져 있거나, 외계인과 UFO는 정말로 존재한다고 믿으며 관련 서적을 탐독한다.

동물에 비유하면 용에 비유할 수 있다. 현실엔 없는 상상의 동물로 비현실적이기 때문에 존재하지 않으며 잡을 수도 없는 특징이 비슷하다. 부모는 아이의 창의적이고도 독특한 관심이 현실 사회에서 구체화될 수 있도록 지도해야 한다. 예술가, 과학자, 만화가, 게임 스토리 작가, 고고학자 등 구체적인 방향으로 연결되도록 끈기와 인내를 가지고 한 가지에 매진할 수 있도록 한다. 그러나 너무 하나에만 빠지면 현실성을 잃기도 하므로 친구들과 어울릴 기회를 많이 만들어주고, 사회성 훈련 등을 받아보도록 한다.

### 3. 의심형(paranoid)

C는 18세, 고2 여학생이다. C는 학원이나 학교에서 다른 친구들 행동에 신경 쓰느라 공부를 하지 못한다. 학원 자습 시간에 혼자 교재를 보며 앉아 있지만, 주변에 모여 앉은 친구들의 이야기에 귀를 기울이느라 집중할 수가 없다. 친구들은 모여서 시트콤 이야기를 하다가 어느새 화제가 인터넷 강의로 넘어간다. C는 '그럴 줄 알았어. 다들 시트콤 본 척하지만 인터넷 강의 듣고 있었던 거야'라고 속으로 생각하며, 괜히 짜증스럽다. 수업이 시작됐지만 강의에 집중할 수가 없고, 아까 친구들이 했던 이야기를 계속 떠올리며 다른 아이들이 시트콤을 보지 않고 공부했다는 증거를 계속해 찾고 있다. C는 강의에 집중하지 못해 필기를 못했지만, 옆 친구에게 노트를 빌리지 않는다. 그 아이는 중요한 것은 따로 적어두고 중요하지 않은 것만 적었거나 혹은 알아볼 수 없게 적어서 빌려줄 것이기 때문이다.

이 유형의 아이는 불신과 열등감을 가지고 타인의 행동에 악의적인 동기가 있다고 해석하며, 친구나 주변 사람들의 성실성이나 신용이 부당하다며 의심하고 집착한다. 사소한 말이나 사건 속에서 상대방의 공격성과 숨긴 의미를 찾으려 한다. 또한 자신의 속마음을 터놓으면 그 정보가 악의적으로 사용될 것이라는 공포 때문에 마음 놓고 자신의 고민이나 힘든 점을 이야기하지 못한다.

부모는 아이가 혼자서 계속 의심만 하지 않고 스스로 상대에게 직접 확인해

봄으로써 자신의 오류를 알아가도록 해주어야 한다. 대화를 많이 해 자신이 보고 싶어 하는 이유만을 찾고 있음(논리의 오류)을 스스로 알아가게 한다. 또한 아이의 잘한 부분, 장점 등을 기회가 될 때마다 언급해 아이 자신을 향한 긍정적인 믿음을 키워주어야 한다. 무엇보다 신뢰감을 키워주어야 하는데, 아이 앞에서 항상 일관되고 진솔한 모습을 보여야 한다. 바쁘다고 약속을 잊거나 미루어서는 안 된다. 불가피한 사정이 있을 때에는 역시 솔직하게 이유를 설명해 미리 양해를 구하고, 항상 아이와의 약속을 우선시하는 모습을 보인다. 아이가 있는 곳에서 사소한 거짓말을 하거나 둘러대는 모습을 보이는 것도 좋지 않다.

## 4. 반항형(antisocial)

D는 중 3 남학생이다. 학습지 교사가 오면 오늘은 얼마만큼 할 것인지를 먼저 묻는다. 선생님의 이야기를 듣고는 매번 너무 많다며 자기 마음대로 양을 조절하려 한다. 교사가 제지하려 하면 말꼬리를 잡으며 늘어진다. '왜 꼭 그만큼을 해야 해요?', '내가 힘든데 그렇게 해야 해요?', '저번에 그만큼 했잖아요'라며 신경질을 부린다. 선생님은 말이 통하지 않아 말문이 막혀버리고, D는 자기 논리가 맞기 때문에 선생님이 할 말이 없다고 생각해 더욱 반항하며 선생님의 지시를 거부한다. 학교에서는 나쁜 친구들과 어울리며 무단결석하고 다른 학생들을 괴롭히거나 잦은 싸움을 하는 등 말썽을 일으켜 부모가 학교에 불려 가는 일도 잦다. 혼도 내고 매를 들기도 하는 등 온갖 방법을 써보았으나 소용이 없으며, 오히려 집에서조차 폭군이 돼간다.

이 유형의 아이는 다른 사람을 속이기 위한 거짓말이나 행동을 반복하며 충동적이고 빈번한 싸움이나 폭력적 행위를 보인다. 자신이 다른 사람에게 정신적, 육체적 해를 가하고도 미안해하거나 반성하는 모습을 보이지 않으며, 자신의 행위를 합리화하려는 경향이 강하다. 규칙과 규범을 무시하고 권위에 도전하며 선생님이나 부모의 이야기에 무조건 반대로 하려는 모습을 보이기도 한다.

학교에서 문제아로 찍히는 경우가 많으며, 권위적인 선생님은 싫다고 회피하려 한다. 가끔은 아이들 사이에서 영웅으로 통하기도 한다. 부모가 공부를 강요하거나 반복적으로 부모의 정해진 틀에 아이를 맞추려 하면 더 안 하고 엇나갈 수 있기에, 될 수 있으면 아이를 이해하려는 모습을 보여야 한다. 하지만 수용할 수 있는 부분과 제한할 부분의 기준을 정한 뒤에는 더욱 일관된 태도를 유지해야 한다. 또한 아이가 본인의 화난 감정을 폭력적인 행동이 아닌 언어로 표현할 수 있도록 자주 대화를 시도하도록 한다. 아이가 잘하는 부분의 특성을 살려서 진로 지도를 해주면 잘못된 행동들에서 벗어나 미친 듯이 공부에 열중해 성공할 가능성도 높다.

### 5. 짜증형(histrionic)

초등학교 4학년 여학생인 E는 학교에서 친구들의 일에 참견을 많이 한다. 말이 많고 자주 웃거나 울어 가끔 철이 없다는 이야기를 듣곤 한다. 학교에서도 선생님이 자신보다 다른 친구를 더 예뻐하는 것 같으면 마구 화를 내고 그 친구를 질투한다. 늘 모든 사람이 자신에게만 관심을 쏟아주기를 바라는데, 지난번 수학여행 때에도 마구 울며 집에 가고 싶다고 하는 것을 간신히 진정시켜 놓았다. E가 그렇게 울었던 이유는, 같은 반 친구가 몸이 아파 친구들과 선생님이 걱정하는 것을 보고 자신도 배가 아프다며 봐달라고 했는데 선생님이 잠깐 보시고는 괜찮다고 해 울었다는 것이다. 미술 시간에도 자기의 그림에는 아무 말씀 안 하시다가 다른 친구의 그림은 칭찬하셨다며, 아무래도 그 친구만 편애하는 것 같아 학교에 가기 싫다고 한다. 이렇듯 어디서든 자신이 관심의 초점이 되지 못하면 불편해하고 초조해하며 주변의 눈치를 살피고 칭찬을 받으려 한다. 부모는 E의 이러한 모습 때문에 혹시나 다른 친구들이 따돌리지는 않을까, 선생님들이 미워하지는 않을까 걱정하며 어떻게 해야 할지 몰라 근심이 크다.

이 유형의 아이는 다른 사람에게 인정받고 관심을 끌기 위해 지나치게 노력하고 과도한 감정 표현을 하는 것이 특징이다. 항상 인정받으려고 지나치게 사람들에게 매달리는 행동을 해서 다소 산만하게 보일 수도 있다. 감정의 기복이 심하며, 자신의 감정을 표현할 때에도 다른 사람이 듣기 불편할 정도로 과장되게 이야기하지만 내용에 깊이가 없고 피상적이다.

성취에 대한 욕구가 높아 비교적 양호한 결과물이 나오기도 하지만, 기분에 따른 변화가 크고 시시각각 변하기 때문에 아주 형편없는 성적이 나오기도 한다. 하지만 반대로 갑작스럽게 공부가 잘된다며 공부에 몰두해 좋은 성적을 내기도 한다.

부모는 이렇듯 아이의 널뛰는 감정 기복에 따른 공부 스타일과 결과에 휩쓸리지 않도록 하고, 늘 같은 규칙을 적용해 일관된 모습을 보여주도록 한다. 예를 들어 "오늘은 ○○의 생일이니까 하루만 학원 빠지자", "오늘은 기분도 안 좋고 하니까 하루만 쉬자" 등 상황이나 기분에 따른 변화를 주지 말아야 한다. 아이를 대할 때에도 너무 감정적으로 대하지 말고, 친구나 과외 선생님도 감정적 성향보다 이성적인 스타일과 함께하도록 해준다.

### 6. 나잘난형(narcissistic)

고등학교 2학년인 F는 자신이 다른 친구들과는 달리 매우 특별한 존재라고 생각한다. F는 다른 친구들은 멍청하며 바보 같다고 생각하고 잘 어울리지 않는다. 또한 자신이 너무 뛰어나기 때문에 다른 친구들이 자신을 질투한다고 믿는다. 가끔 F와 친해지려 다가오는 친구들과도 항상 다툼이 생겨 사이가 나빠지는데, 항상 자기 생각이 옳다며 친구들에게 고집을 부리고 친구에 대한 배려가 없어서 그렇게 되는 경우가 많다. F는 자신이 친구들보다 뛰어난 점이 많아 이러한 갈등이 생기는 것으로 생각하며 아예 친구들을 대놓고 무시한다. 이번 중간고사는 시험을 엉망으로 봤는데 학원 선생님의 실력이 좋지 않았기 때문이라고 생각한다. 다른 친구들 같았으면 더 나쁜 성적이 나왔겠지만 그나마 내가 똑똑

하기 때문에 이 정도의 성적이 나온 것이라고 얘기한다.

이 유형의 아이는 특권의식을 가지며 자신은 다른 아이들과는 다른 뛰어난 능력의 소유자라고 생각한다. 세상의 중심은 '나'라고 외치며 뭐든지 자기 생각이 옳다고 주장하는 경향이 있다. 다른 사람들이 보기에는 거만하고 방자하다고 생각될 만큼 행동하며, 다른 사람들을 쉽게 비난하는 반면 공감하는 능력은 매우 부족하다. 다른 사람들이 자신의 잘못된 행동이나 생각을 바로잡아주려 하면, 자신을 질투하기 때문에 그러한 행동을 한다며 오히려 그들을 한심하게 생각한다.

공부할 때도 다른 사람의 의견을 존중하지 않고 자기가 생각하는 대로 밀고 나가는 스타일이며, 시험 성적이 좋지 않게 나와도 실수라며 변명하기에 바쁘다. 부모는 아이가 항상 타인과 비교하며 자신보다 못하면 매우 열등하게 취급하는 아이의 이분법적인 사고 습관을 고치도록 도와준다. 또한 자신이 최고라는 생각을 고집하지 않도록, 사람마다 장단점이 있으며 부족한 부분은 서로 도와가며 고쳐나가는 것이라는 사실을 깨우쳐준다. 무엇보다 부모가 스스로 남을 배려하는 모습을 아이에게 보여주어야 한다.

### 7. 좌충우돌형(borderline)

중학교 3학년 여학생인 G는 어머니에게 욕설을 퍼붓고 물건을 집어 던지며 끊임없이 불평을 이야기한다. 지난번엔 자살 시늉 행동을 보이며 죽어버렸으면 좋겠다고 해 가족들을 놀라게 했다. 한동안 즐겁게 잘 지내다가 갑작스럽게 공부하기 싫다며 소리 지르고 문제집을 집어 던져 엄마가 꾸중했더니, 엄마는 나를 스트레스 해소용으로 낳았다고 하며 누구도 자기를 신경 써주는 사람이 없어서 힘들다고 이야기한다. 요즘 G는 집에 오면 늘 머리가 아프다며 누워 있고, 밥을 먹으면 소화가 안 된다며 신경질을 부린다. 딱히 어디가 크게 이상이 있는 것은 아닌데 종종 이렇게 몸의 어딘가가 불편하다며 짜증을 부린다. 엄마는 아

아이도 살리고 부모도 살리는
공부 동행

무래도 병원에 한번 가봐야겠다고 생각한다.

이러한 유형의 아이는 극단적인 심리 불안이 있어, 기분이 좋다가도 사소한 일에 갑자기 엄청나게 화를 내며 분노한다. 특히 스트레스 상황에서 자신의 감정 조절 능력이 부족해 충동적인 행동이 많으며, 극단적인 감정 표현을 하기도 한다. 어떤 대상을 향한 평가가 극과 극을 오가기도 해서, 어떤 날은 '세상에서 제일 실력이 좋고 착한 선생님'이 어느날엔 '능력 없고 형편없는 선생님'이 되기도 한다.

자아 정체성이 확립되지 못해 "내가 누군지 모르겠다"라는 말을 자주 하기도 한다. 친구를 사귀더라도 친구가 늘 함께해주고 신경 써주기를 바라는데, 만약 그것이 충족되지 못하면 강렬한 분노를 느끼며 증오심을 갖고 상대방을 평가절하한다. 때로는 지나친 낭비나 자해 행위, 폭력 등의 매우 충동적인 모습을 보이기도 한다. 아이가 해달라는 것을 해주지 않기가 매우 어려운 유형인데, 그래도 부모는 늘 강경한 태도로 모든 것을 충족시켜주지 않도록 해야 한다.

공부도 남에게 보이기 위해, 지는 것이 싫어서 하는데, 불안정한 심리 탓에 시험을 볼 때도 실수하는 경우가 많다. 또한 호기심에 따른 주의집중의 기복이 심해 끈기 있게 학습하지 못한다. 부모는 아이가 열심히 공부하거나 시험 성적이 좋을 때에는 적절한 칭찬을 해주어야 하고, 못하더라도 지나치게 꾸짖거나 화내며 아이를 닦달하는 것이 아니라 다음에는 잘할 수 있을 것이라며 적극적 지지를 해주어야 한다. 또한 아이가 자살 시늉을 하거나 위협을 할 때에는 이것이 남에게 보이기 위한 행동이라 생각하고 무시하지 말고, 실제 자살로 이어질 수도 있기 때문에 아이의 상태를 신중히 살펴보고 신경 써야 한다.

## 8. 꼼꼼형(obsessive)

고등학교 1학년인 H는 주위 물건과 책 등이 늘 깔끔하게 정리돼 있고 노트는 완벽하게 필기돼 있다. 하지만 필기하고 정리하는 데 너무 많은 시간을 빼앗겨

정작 본격적인 공부를 하려면 시간이 모자라거나 피곤해져서 할 수가 없다. 이 것도 외워야 하고 저것도 완벽하게 외우고 싶고, 중요한 것이나 중요하지 않은 것 모두 다 중요한 것 같아서 전부 외우려다가 지쳐버리기 일쑤다. 지난 시험 때도 시험공부를 시작하려고 책상 앞에 앉았는데 책장 정리, 서랍 정리, 노트 정리가 안 돼 있는 것이 거슬려 다시 정리했다. 문제집과 책을 모두 꺼내어 내용을 살펴보고 잘 보지 않는 문제집은 손이 잘 닿지 않는 곳에 정리해두고, 과목별로 교과서, 자습서, 주 문제집, 부 문제집, 요약집, 노트 순서대로 책장에 정리했다.

이 유형의 아이는 모든 것을 완벽하게 잘해내야 한다고 생각하는 것이 특징이다. 원칙을 중요하게 생각하고 융통성이 없으며 구체적인 규칙과 절차에 집착한다. 자신의 행동이 완벽하다는 확신이 들 때까지는 행동하기를 주저하고 망설이기 때문에, 일을 할 때 쉽게 결정을 내리지 못하고 시간도 오래 걸리게 된다. 자신이나 친한 친구, 가족들에게 구두쇠로 불릴 정도로 인색하며 고집 센 성향을 보이기도 한다.

책상에 앉아서 늘 열심히 공부 혹은 다른 무언가를 하지만 성적은 좋지 않다. 공부하려 해도 항상 무엇인가가 제대로 돼 있지 않아서 지나치게 확인하는 습관 때문에 계획한 만큼 실천해내기가 어렵다. 이럴 경우, 부모는 아이에게 지나치게 엄격하게 정리하는 모습을 가능한 한 보이지 않도록 한다. 아이를 통제하거나 규제하기보다는 자유롭게 행동할 수 있도록 한다. 어떠한 일의 결과만 언급하기보다는 준비 과정과 마음가짐 등을 언급하면서 긍정의 강화를 도모한다. 계획을 세울 때는 시간과 분량뿐 아니라 중요도와 최종 마감일 등을 함께 고려해 융통성 있게 계획을 수정할 수 있도록 지도한다.

## 9. 의존형(dependent)

중학교 2학년인 I는 혼자서는 무슨 일이든 할 수 없다고 생각하며 늘 엄마가 함께 해주기를 바란다. 엄마의 도움 없이는 일상적인 일도 잘 결정을 내리지 못하

아이도 살리고 부모도 살리는
공부 동행

고 혼자 알아서 해야 하는 상황에서는 두려워한다. 학교에서는 특정 친구와 늘 함께하기를 바라고 그 친구가 하자는 대로 따라간다. 자신의 의견은 전혀 없이 늘 친구의 의견에 찬성하고 따라가기만 해서 가끔은 친구가 화를 낼 때도 있다. 하지만 I는 어차피 제 생각보다는 친구의 의견이 맞기 때문에 그랬던 것인데 친구가 화내는 이유를 모르겠다.

이 유형의 아이는 부모가 과잉보호한 결과일 가능성이 높다. 자신감, 독립성, 자율성이 매우 부족하고, 혼자 남겨져 자기 스스로 결정하고 책임을 져야 하는 상황에 놓이는 것을 두려워한다. 친구들이나 주변 사람들과 잘 어울리나 자신의 의견을 이야기하기보다는 상대방의 의견에 무조건 찬성하며 동의하는 경우가 많다. 누군가에게 책임을 미뤄두고 자신은 그 뒤에서 보호받기를 원하며 권리를 주장하지 않는다. 공부할 때에도 스스로 무언가를 계획하고 실천하는 것이 아니라 유명한 학원이나 과외 선생님에게 의존하며 그들과 함께하면 성적도 좋아질 것이라고 믿는다.

따라서 아이가 스스로 자신감을 갖도록 하는 것이 가장 중요하다. 스스로 문제를 해결할 수 있는 문제 해결 기술이나 의사 결정 기술을 습득하도록 도와주고, 제 생각을 표현할 수 있는 능력도 향상시켜주어야 한다. 그렇게 되면 타인에 대한 의존이 많이 줄어들 것이고 스스로 학습할 수 있는 능력을 갖추게 될 것이다.

## 10. 회피형(avoident)

고등학교 1학년인 J는 어려서부터 수줍음이 많고 조용한 성격이었으며 많은 사람 앞에서 무언가를 해야 하는 것을 끔찍하게도 싫어했다. 그러한 상황이 생기면 너무 불안해서 전날 잠을 못 잘 정도였다. 중학교 때부터 고등학교에 진학한 지금까지 성적도 꽤 좋았으나 발표 수업만 되면 아무것도 할 수가 없다. 고등학생이 된 이후 발표 수업이 많아지면서 학교에 가기가 점점 싫어지고 있다. 지난

번 국어 발표 시간에도 J가 발표하는 모습을 보고 친구 몇몇이 웃는 것을 본 뒤로는 더욱 자신감이 없어지고 반 친구들과 어울리기도 싫어졌다. 선생님은 발표 내용이 좋았다고 칭찬하지만, 아마 발표한 내용이 너무 형편없어서 친구들이 웃었을 것이라 생각한다. 조별 활동에서도 J와 같이 하는 걸 다들 피할 것이라 생각하고 자신은 누구와 해야 하나 고민한다. "이제 친구들은 나를 바보로 생각할 거야"라며 다음 음악 실기시험은 그냥 포기해야겠다고 다짐한다.

이 유형의 아이는 자신이 매우 못난 사람이기 때문에 친구와의 관계에서 거부당하거나 비난당할 것으로 생각한다. 또한 상대에게 호감을 주고 있다는 확신이 서지 않으면 만남 자체를 피하기도 하고, 창피와 조롱을 당할까 두려워서 친밀한 관계를 만들지 않는다. 무엇보다 자신이 열등하고 매력이 없다고 생각하기 때문에 새로운 사람을 만나거나 여러 사람 앞에서 무언가를 해야 할 때 굉장히 위축된다. 새로운 것에 도전하는 것은 상상할 수 없고 아예 시도조차 하지 않는다. 여러 사람 속에서 있는지 없는지조차 모르는 존재로 있는 경우가 많고, 가장 두려워하는 것은 자신에 대한 타인의 부정적인 평가이다. 그렇기에 그런 상황을 피하려 하는 행동이 반복된다.

항상 자신을 "난 바보야", "난 아무것도 제대로 할 수가 없어"라며 스스로 비하하고 다른 아이들보다 더 잘하려는 경쟁심이 전혀 없기에, 공부 자체를 싫어하는 것은 아니지만 결과적으로 좋은 성적이 나오기가 어렵다. 송사리처럼 이리저리 피해 다니기 바쁘며 경쟁심이 없어 지나치게 다른 사람에게 양보하는 모습으로 보일 수도 있다. 아이가 자꾸 회피하려는 이유는 실패가 두렵기 때문이므로 그 결과가 나쁘더라도 과정의 중요성에 의미를 크게 두도록 교육한다. 처음부터 시도조차 하지 않으려는 경우가 많으므로 사회적 상황이나 새로운 상황을 접하게 될 때 용기를 북돋아주도록 한다. 또한 근본적으로 자기 비판적 성향이 강하기 때문에 균형 있게 자신을 바라볼 능력을 키워주도록 한다. 타인의 부정적 평가나 비난 등을 스스로 이겨낼 힘을 길러주어야 한다.

아이도 살리고 부모도 살리는
공부 동행

# 공부의 왕도를 찾아서

아무리 좋은 방법도 아이에 따라 다르다

이해하는 과목은 강하지만
외우는 건 딱 질색이에요.

# 공부의 묘약?
# 진시황에게 묻다

요즘 소위 '찌라시' 신문이나 인터넷에 들어가보면 눈이 번쩍 떠지는 내용의 '공부 잘하는 비방(祕方)'이 즐비하다. "이 기계만 사용하면 성적이 쑥", "이 훈련만 하면 서울대 합격", "이것만 먹으면 뇌짱은 물론 몸짱까지", "이 수련만 하면 ADHD는 뚝" 등등. 이런 비방들의 특징은 "이거 하나면 공부는 식은 죽 먹기다"라고 주장하는 것과 '비포 애프터', 즉 전후 비교다. 마치 성형외과의 수술 전후의 차이를 보여주는 것처럼 드라마틱하게 변한다는, 귀가 솔깃할 만큼 자극적인 내용이다. 읽다 보면 심지어 나도 우리 애들을 보내고 싶은 유혹에 빠진다.

서울 소재 공대가 목표인 중학교 2학년 남학생 정인이의 어머니도 나랑 비슷한 증상이 있나 보다. "애가 좀 집중력이 떨어지는 것 같아서 별의별 방법을 다 써봤는데 신통치 않아 찾아왔어요"라며 클리닉의 프로그램을 이미 다 아는 듯한 표정을 지었다. 같이 온 정인이에게 물었다.

"도대체 뭘 해봤니?"

정인이는 "몇 학년 때요?" 하며 쳐다봤다. 일단 마음을 푸는 게 필요했다. "그냥 생각나는 대로 말해봐"라고 하자 정인이는 줄줄이 읊어대기 시작했다.

"아주 어렸을 때는 가부좌하고 머리 위에 뭘 올려놓는 학원도 다녔고요. 머리에 띠 두르고 뇌파 치료도 해봤어요. 빨강 파랑 방에서 다른 애들과 춤도 췄고요. 요즘엔 색안경 쓰고 컴퓨터에 나오는 도형 문제 푼 적도 있고, 헤드폰 끼고 발 바꾸면서 박수 친 적 있고, 또…."

내가 그만하라고 하지 않으면 밤새우겠다는 생각이 들었다. 정인이의 말을 슬쩍 끊고 어머니에게 물었다.

"이런 건 어떻게 알고 시키셨나요?"

"워낙 선전도 많이 하고 남들도 다들 하기에… 혹시나 하는 마음에…. 하지만 큰 기대를 한 건 아니에요."

어머니는 이내 표정 관리에 들어갔다.

'대한민국 어머니'라면 정인이의 어머니에게 돌을 던질 수 있는 이는 없을 것이다. 공부 잘하는 비책이 있다면 낙타 없이 사막이라도 건널 수 있는 사람이 우리네 어머니들 아닌가? 그러니 정인이 어머니의 마음을 이해 못 할 바도 아니었다.

심리·인지 기능과 학습능력을 검사한 결과 정인이는 그야말로 대한민국의 평범한 남학생이었다. 특별한 문제가 드러나지는 않았다. 단지 공부에 대한 동기와 의욕이 떨어진 정도. 그러나 그 안엔 자신을 믿지 못하는 부정적인 자아가 강하게 자리 잡고 있었다.

학습 클리닉을 15년째 하다 보니 공부 잘하게 만들어주는 신통력 있는 물건을 들고 찾아오는 이들을 자주 만나게 된다. 판매를 위해, 때론 추천서를 받기 위해서다. 그때마다 임상실험을 제안하면 그들은 이내 꼬리를 내린다. 과학적 근거가 부족하기 때문일 것이다. 어떤 기계 또는 약물이 과학적으로 검증되려면 꽤 오랜 시간의 데이터가 축적돼야 한다.

정인이가 읊어댔던 여러 방법이 효과가 있을 수도 있다. 아니, 거기에는 노벨의학상감이 숨어 있을 수도 있다. 그러나 '아직은 모른다'가 정답이다. 누구는 효과를 봤다고 하고 누구는 돈만 날렸다고 주장한다. 아직은 위약 효과(Placebo Efect)일 가능성이 높다는 방증이다.

공부를 지금보다 잘하려면 공부하는 능력, 즉 학습능력을 키워야 한다. 그러기 위해서는 일단 학습능력의 정체가 무엇인지, 그것이 어떤 이유 때문에 높아지거나 떨어지는지를 제대로 알아야 한다. 이를 모르고 '남들이 하니까' 하는 트렌드만 쫓다 보면 아무리 높은 관심과 풍부한 뒷바라지가 있더라도 자녀의 성적을 끌어올리는 건 영원히 불가능하다.

공부는 한두 가지 능력만으로 성패가 결정되는 단순한 게임이 아니다. 그것은 뚜렷한 동기와 체계적 전략, 효과적인 기술, 좋은 습관 등이 함께 어우러져야 하는 복잡한 게임이다. 또 머리만 쓰는 두뇌전이 아니라 심리적 안정이 뒷받침돼야 하는 심리전이다. 주위에서 좋은 환경을 만들어주어야 한다는 점에서는 학생 혼자만의 개인전이 아닌 단체전이기도 하다. 그 모든 것이 두루 갖춰지지 않은 상태에서는 학습능력, 나아가 성적이 절대 향상되지 않으며 원하는 만큼의 성취를 이룰 수도 없다.

흔히 영화를 21세기 종합예술이라고 한다. 시나리오, 연출, 연기, 촬

영, 음향, 컴퓨터그래픽 등 다양한 요소 중 하나라도 부족하면 억만금을 투자하더라도 결코 좋은 작품을 만들 수 없다. 공부 역시 마찬가지다. 다양한 요소가 조화를 이루고 균형을 유지해야지, 무조건 1년 내내 책상 앞에 붙어 있다 해도 좋은 성적은 절대 나오지 않는다. 불과 100여 년의 역사를 지닌 영화와 달리, 공부는 수천 년 인류 역사와 함께해온 가장 오래된 종합예술이란 것을 알아야 한다. 소위 한두 가지 '비방'으로 아이를 공부의 신으로 만들 수 있을까? 확신한다면 해볼 수밖에. 하지만 청소년 시절은 일생에 한 번이다. 그 시절을 임상실험으로 보낼 수는 없다. 검증된 방법을 따라 스스로 해야 실패가 없다.

## 시험에 강해지는
## 세 가지

첫째, 공부의 뼈대는 암기다.

"저는 이해하는 과목은 강하지만 외우는 건 딱 질색이에요."

클리닉을 찾아온 중2 민호는 사회, 역사 등 암기과목에 약점을 보였다. 그렇다고 주요 과목을 다 잘하는 것은 아니었지만, 논술처럼 자기의 의견을 펼치는 과목에서는 강점을 보였다. 특히 시험을 치르면 시간이 늘 모자랐고, 아는 것도 틀릴 때가 잦았다.

이런 학생들은 '공부는 외우는 것이 아니라 이해하는 것'이라는 그럴듯한 얘기에 사로잡힌 경우가 허다했다. 더욱이 이해하는 것은 옳고, 외우는 것은 나쁘다는 이분법적 생각에 빠져 있는 경우도 종종 본다. 나는 민호와 대화를 시작했다.

"구구단 외울 수 있니?"

"그럼요."

"9×9는?"

"81이요."

"외워서 알았니? 원리를 이해해서 알았니?"

"…외웠죠."

공부를 건축에 비유하자면 암기는 일종의 벽돌 같은 것이다. 벽돌이 있어야 집을 지을 것이 아닌가! 우선은 외워야 응용이 가능한 것이다. 민호는 남들이 외워서 쉽게 넘어가는 문제를 이해해서 해결하려니 시험 시간이 턱없이 부족했던 것이다. 수학 공식을 외우지 못하면 문제를 풀 수 없듯이 공부의 뼈대를 갖추려면 암기는 필수다. 편식이 몸에 좋지 않듯이, 무조건 암기도 문제가 있지만 무턱대고 이해만으로 문제를 풀려 는 태도도 시험을 망치는 지름길이다.


둘째, 목차는 문제를 읽는 열쇠다.

중3 성균이는 사회 시험을 봤는데 망쳤다는 말부터 했다. 좀 더 자세 히 설명해달라고 하자, 성균이는 가방을 뒤져 답안이 적힌 시험지 한 장 을 꺼냈다. 그러더니 문제 하나를 가리키며 좀 봐달라고 한다. 다음과 같 은 문제였다.

다음은 경제 현상을 설명한 내용이다. 옳은 것은?

① 농산물은 가격의 변동에 따라 수요와 공급이 빠르게 반응을 보이지 않는다.

② 독점 기업에서는 소비자의 기호에 맞는 다양한 상품이 공급된다.

③ 공공재는 민간 기업 간의 경쟁으로 생산되는 것이 바람직하다.

④ 공산품은 지역적 특수성을 지니고 있어 가격 변동이 크다.

⑤ 기업의 경제적 집중을 억제하고 불공정 거래를 규제하기 위한 법이 소비자보호법이다.

비교적 쉬운 문제였다. 답은 바로 1번이었다. 성균이도 정답을 알고 있었다. 그런데 5번이 자꾸만 마음에 걸렸단다. 5번이 정답일지 모른다는 생각이 들었던 것이다. 1번에서 4번까지는 사회 영역의 수요 공급 내용을 다룬 문항이다. 반면 5번은 법률상의 문제를 다룬 것이다. 성균이는 수요 공급을 다룬 4개 문항의 옳고 그름은 분명히 알고 있었지만 마지막 5번이 문제였다. 이는 교과 내용 중에 목차별로 다른 문항이 나오면 혼동을 일으키기 때문에 빚어진 결과다.

예로부터 인간의 신체 중 가장 중요한 부분이 눈이라 하였다. 목차(目次)란 말 그대로 눈에 버금간다는 뜻이다. 즉 사람에게 가장 중요한 부분이 눈이라면 책에서는 바로 목차라는 말이다. 따라서 목차만 제대로 숙지해도 간단하게 풀 수 있는 문제가 많다. 문제를 잘 모를 때 어쩔 수 없이 찍게 되더라도 정답을 맞힐 확률이 그만큼 높아진다.

아이도 살리고 부모도 살리는
공부 동행

셋째, 서브 노트는 성공 지도다.

"참고서가 있는데 왜 노트 필기를 하죠?" 전혀 노트 필기를 하지 않는 고1 남학생 진호의 말이다. 진호는 노트 필기를 전혀 하지 않는다. "그러면 시험 때는 뭘 보고 정리를 하니?"라고 물었더니, 참고서에 다 요약이 돼 있는데 굳이 정리할 필요가 있느냐고 반문했다.

진호는 수업시간에도 노트 필기를 하지 않아 선생님들에게 야단을 맞은 적이 한두 번이 아니다. 그러나 자신은 노트 필기를 시간 낭비라고 생각한다며 상황의 심각성을 대수롭지 않게 여겼다.

중간고사, 기말고사 등 눈앞에 닥친 시험에서는 참고서와 문제집을 통해 성과를 올릴 수 있다. 그러나 수능시험 등 장기적 준비가 필요한 큰 시험에 대비하려면 노트 필기가 필수다. 고시 공부를 하는 이들이 수많은 과목을 소화하기 위해 자신만의 서브 노트를 수년에 걸쳐 작성하는 이유도 여기에 있다.

남이 만들어놓은 것을 눈으로 읽는 것과 자신이 직접 노트를 만들어 정리해 이해하고 외우는 것은 효과 면에서도 상당한 차이를 보이게 마련이다. 시간이 지나 그 부분을 다시 확인할 때는 서브 노트가 정말 유용하다. 사람의 기억에는 한계가 있기 때문이다. 특히 서브 노트는 숲과 나무를 짧은 시간에 동시에 파악할 수 있는 유일한 지도이자 계보도라는 사실도 잊지 말자.

# 일일 계획표를
## 짜라!

중학교 3학년인 철수는 매우 조용하며 힘이 없는 아이였다. 철수가 클리닉을 방문한 이유는 낮은 성적 때문이었다. 철수는 자신이 잘하는 과목인 영어에서만 점수가 잘 나왔으며 다른 과목에서는 점수가 시원찮았다. 이렇게 성적이 저조해도 집에서 전혀 공부하지 않았다. 첫 만남 때 이런저런 질문을 해봐도 한참 동안 묵묵부답이었다. 겨우 '네', '아니요'로 대답하는 것이 전부였다.

이런 철수를 좀 더 많이 알고자 우선 철수가 공부 동기를 가졌는지부터 설문으로 조사했다. 설문지의 문항은 '나는 부모님께서 공부하라고 해서 한다' 등의 내용이었다. 철수가 표시한 답을 화제로 삼아 대화를 시도하자 다행히 처음보다 수월하게 이야기를 나눌 수 있었다.

그 결과 철수가 공부하지 않는 가장 큰 이유는 '해도 안 될 것 같다'라는 생각 때문으로 보였다. 철수는 자신감이 매우 없는 상태였는데, 어차피 공부해도 성적이 오르지 않는데 공부할 시간에 차라리 잠을 자거나 다른 것을 하는 게 더 낫다고 생각했다.

이 얘기를 듣고 철수가 왜 그동안 그렇게 무기력한 모습을 보였는지 이해할 수 있었다. 공부를 해봤으나 성적이 오르지 않아서 어차피 해도 안 된다는 식의 사고가 깊게 자리 잡았고, 결국 자신감 상실로 노력해볼 의지가 없어진 것이었다. 문제점이 파악되자 철수에게 자신감을 심어주는 것이 가장 중요하다는 결론을 내렸다. 다음 단계로 철수의 장점을 파악해보기로 했다.

　자신의 공부 계획, 실천력 등 여러 가지 영역을 점검한 결과, 철수의 장점은 계획표를 세우면 지키려 노력한다는 것이었다. 다만, 계획표를 스스로 잘 세우지 않는 게 문제였지만 어쨌든 이는 큰 장점이었다. 철수가 이러한 장점을 가지고 있으니 이를 최대한 활용하는 방향으로 상담을 진행해나갔다. 우선 철수가 일일 계획표를 세우는 것을 도와주었다.

　일일 계획표 세우기는 우선 자신이 그날에 있을 일정과 숙제 등에 할애할 시간을 표시해놓는 것이 첫 단계다. 이렇게 하면 우선 숙제나 기타 꼭 그날 해야 하는 일이 표시돼 있기 때문에 할 일이 무엇인지 잊어버리는 일이 없다. 그다음 단계는 이제 사이사이에 비는 시간에 그날 할 수 있는 공부 계획을 세워 넣는 것이다. 이로써 전체적으로 그날 해야 하는 공부의 전체적인 분량 또한 대략 정할 수 있다. 무엇보다 중간에 비는 시간이 생겼을 때 무엇을 할지 미리 알고 있기 때문에 멍하게 있거나 '뭐해야 하지?' 하면서 우왕좌왕하는 시간을 없앨 수 있다.

　철수와 만나는 날마다 함께 일주일치의 일일 계획을 세우기 시작했다. 일일 계획표를 처음 제안하고 어떻게 하는 것인지 설명할 때, 철수의 얼굴이 무척 밝아지는 것을 볼 수 있었다.

　"전에는 계획표를 어떻게 세워야 할지 잘 몰랐거든요. 그리고 시간이 비어도 그냥 멍하게 있었어요."

　철수는 공부하기 싫어서 안 한 것이 아니라, 어떻게 해야 하는지 몰라서 못 했던 것이다. 일일 계획표를 쓰기 시작한 뒤부터 철수는, '하면 되지 않을까?' 하는 생각이 든다고 했다.

이전까지 철수의 가장 큰 문제는 스스로 공부하지 않았다는 것인데, 일일 계획표를 쓰기 시작하고 나서는 그 계획표를 착실히 지켜나가기 시작했다. 항상 무기력하고 해봤자 안 된다는 생각이 지배적이었던 철수였지만 일일 계획표 작성 이후 자신감을 되찾았다. 그뿐 아니라 공부를 해야겠다는 의지가 강해지고 더 활기찬 모습이 보이기 시작했다.

이제 중간고사가 다가왔다. 이전의 철수였으면 해도 안 될 것이라는 생각 때문에 손을 놓고 있었겠지만, 달라진 철수는 일일 계획표를 더욱 열심히 짜고 지키면서 공부를 해나갔다. 결과는 말 그대로 놀라웠다. 반에서 하위권에 머물던 철수가 불과 몇 개월 만에 중위권으로 올라온 것이다.

짧은 시간에 이렇게 많은 발전을 한 것에 나는 아낌없이 칭찬을 해줬다. 철수의 얼굴에 함박웃음이 피어났다. 철수의 함박웃음은 자신감의 다른 이름이었다. 하면 된다는 생각으로 충만한 철수는 앞으로 목표를 더 높게 잡아서 상위권에 들도록 열심히 공부해보겠다고 했다.

자신감을 되찾은 철수의 놀라운 성적의 변화로 볼 때, 공부의 첫 단계는 역시 '나는 할 수 있다'는 자신감이다. 이를 잃지 않는다면 간혹 성적이 떨어져도 곧 회복할 수 있다. 어쨌든 공부는 당사자가 하는 것이기에.

# 산만해야
## 공부 잘하는 아이

중학교 2학년 여학생 민정이의 별명은 '돌부처'다. 명석한 두뇌는 물론 어지간해선 흔들리지 않는 안정된 심리 상태 때문에 붙여진 별명이다. 학교 선생님들뿐 아니라 같은 아파트 이웃에게도 "요즘 아이들 같지 않다"는 말을 수없이 들어왔다. 모범생 하면 떠오르는 이미지가 바로 민정이였던 것이다. 더욱이 공부 또한 뛰어나서, 민정이 어머니는 학부모 회의에서나 동네 모임에서나 다른 어머니들의 우상이었다.

이런 민정이가 왜 클리닉을 찾아왔을까? 모범생 민정이는 중학교 1학년 때까지였다. 2학년에 들어서면서 민정이가 변하기 시작했다. 민정이 어머니는 딸의 성품이 돌부처가 아니라, '머리'가 점점 돌부처가 되는 것 같다고 느꼈다. 민정이의 성적이 곤두박질치기 시작했다. 학원이나 과외가 문제인가 싶어 바꿔보기도 했지만 아무 소용이 없었다고 한다.

민정이를 처음 보는 순간, 바둑 황제 이창호가 여중생으로 둔갑해 있는 것이 아닌가 하는 생각이 들었다. 지나칠 정도로 예의 바르고 겸손했다. 모든 학습능력 검사에서 최상의 결과가 나왔다. 그런데 왜 성적이 곤두박질치는 걸까? 그래서 민정이의 공부 습관을 찬찬히 뜯어봤다. 공부할 때는 반드시 책상에서 정자세를 하고 서너 시간을 꼼짝하지 않았다. 하지만 문제가 있었다. 교과서나 참고서를 눈으로만 보는 것이다. 손을 움직이는 것은 고작 수학 문제를 풀 때뿐이었다.

민정이에게 방정을 떨 것을 주문했다. 그리고 구체적으로 어떻게 방정을 떨어야 할지 알려주었다. 입으로 시끄럽게 떠들며 공부해라. 친구들과 재잘거려라. 그러면 지루함이 사라진다. 집이나 독서실에서 탈출해라. 공원이면 어떻고 지하철 안이면 어때? 익숙한 곳은 편하기도 해서 긴장감이 떨어져 집중력이 저하되기도 한다. 기억력이 떨어지는 것은 오랜 시간 지루하게 공부하기 때문이다. 몸을 이리저리 흔들고 리듬을 타라, 다리를 흔들어라, 등등.

민정이 어머니는 "학습 클리닉에서 애 버릇만 나쁘게 만든다"며 처음에는 이러한 방식을 이해하지 못했다. 그러나 기말고사가 끝난 후 결과를 보고서야 의심을 지웠다. 모든 학생에게 그래서는 안 되겠지만, 민정이처럼 수동적이고 차분하기만 한 학생에게는 이런 방법이 때론 효과적일 때가 있다.

공부에 관한 잘못된 속설 중 하나는 '공부는 한 자리에서 하라'는 것이다. 나는 이 말에 공감할 수 없다. 매일 자기 책상에서만 공부하라는 것은 매일 같은 음식만 먹으라는 것과 같은 말이다. 흔히 사람들은 한곳에 찰떡처럼 오래 붙어 앉아서 공부하는 게 좋다고 생각하지만 그건 오해다. 과목별로 장소를 옮겨가며 환경을 바꿔가며 공부하는 게 집중이나 기억에 더 유리하기 때문이다.

국어는 내 책상에서, 영어는 주방 식탁에서, 수학은 거실 앉은뱅이 탁자에서…. 이렇게 하면 일단 지루함이 줄기 때문에 그만큼 집중력에 보탬이 된다. 또 장소의 특징과 공부한 내용 사이의 연상 작용으로 그렇게 외운 것은 오래도록 잊히지 않는다. 가령 거실에서 동양화를 보며 외운 공식, 식탁에서 수저통을 톡톡 두드리며 외운 단어 등.

공부와 관련된 오해가 어디 그뿐일까? 책 보면서 다리를 떠는 아이에게 '복 달아난다'고 핀잔하는 것도 공부 과학의 차원에서 보면 그릇된 편견에 불과하다. 공부할 때 손으로 뭔가를 톡톡 두드리거나 리듬에 맞춰 다리를 떠는 것은 우뇌를 활성화하고 좌뇌의 피로를 줄여준다. 또한 신경을 집중시키고 졸음을 쫓는 '일석사조'의 공부 방법이기도 하다. 스님이 염불을 욀 때 목탁을 두드리는 것이나 서당 학동이 천자문을 읽을 때 몸을 좌우로 흔드는 것 등도 모두 같은 맥락이라고 할 수 있다.

그래서 클리닉에서 내가 가르치는 암기 방법 중에 '리듬법'이 포함돼 있다. 정신의학의 아버지 프로이트는 외국어를 외울 때 방을 빙빙 돌아다니면서 자신이 아끼는 골동품을 나무로 톡톡 치는 습관이 있었다고 한다.

공부는 눈으로만 하는 것이 아니다. '공부를 잘하려면 방정을 떨라'는 말이 있는데, 이것은 의학적 근거가 있는 이야기다. 뇌의 지각피질과 운동피질은 서로 가까이 있다. 그래서 운동피질을 자극하면 지각피질이 활발해져 집중력과 기억력이 높아진다.

민정이 어머니는 민정이에게 어렸을 때부터 '공부는 한 곳에서 진득이 앉아 바른 자세로 해야 한다'고 강조해왔고, 바른 생활 소녀인 민정이도 어머니의 이 말을 꿋꿋이 지켜왔던 것이다. 교과과정 특성상 중학교 1학년까지는 민정이처럼 그저 눈으로 보고 외우는 것만으로도 높은 성적을 유지할 수 있다. 하지만 전반적인 난이도가 올라가는 중학교 2학년 과정에 들어서면 단순히 눈으로 보는 것만으로는 공부를 잘할 수 없다. 특히 2학년 2학기가 되면 눈만으로 공부한 학생과 온몸으로 공부한 학생의 성적 차이가 확연히 나타나기 시작한다.

## 아바타가
## 필요한 아이

이번엔 창피했던 내 이야기를 먼저 해볼까 한다. 의대를 졸업하고 인턴으로 있을 때 일이다. 동료 인턴이 내가 쓴 차트를 보고는 고개를 갸우뚱하며, "구토(嘔吐)는 'vomitting'이 아니라 'vomiting' 아니야?" 하고 물었다. 나는 몹시 기분이 나빴다. 굳이 비교하자면 고등학생에게 "학교는 'scool'이 아니라 'school'이야"라고 꼭 집어주는 것과 같았기 때문이다.

내가 옳다고 생각하면서도 혹시나 싶어 "급하다 보니까 실수로 잘못 썼나?"라며 그 상황을 얼버무렸다. 그리고 친구가 사라지자마자 '별놈다 있네'라며 자신 있게 의학 사전을 뒤적였다. 그런데 이게 웬일인가? 내가 잘못 알고 있었던 것이다. 정말이지 쥐구멍에라도 찾아 들어가고 싶은 심정이었다.

중학교 3학년 순철이의 가장 큰 약점은 '실수가 잦다'는 것이다. 조사해본 결과, 그 원인을 '검증 없는 독학'에서 찾을 수 있었다. 순철이는 공부 욕심이 많다. 그러다 보니 친구들과 지식을 공유하거나 토론하는 것을 시간 낭비라고 여긴다. 한 번 배운 것을 혼자 외운 후 그게 옳은지 검토하는 법이 없다. 그러니 내가 인턴 때 그랬던 것처럼 어처구니없는 문제를 틀리는 일이 다반사다. 애초에 잘못 알고 굳어진 기억은 시간이 지나면 수정하기가 여간 어려운 게 아니다. 그러므로 기억을 '오래' 하는 것만큼이나 중요한 것은 '제대로' 하는 것이다.

공부한 내용이나 지식을 '제대로 오래' 기억하는 방법 두 가지는 다음과 같다. 첫째는 '아바타 이용법'이다. 영화 〈아바타〉를 떠올리면 이해가 쉬울 것이다. 먼저 나의 분신을 만들고, 내가 나를 가르치게 한다. 예를 들어 책상 위에 인형이나 마스코트 등을 올려놓고 그것을 바로 자신으로 생각하면서 가르치는 방법이다.

순철이에게 이 방법을 적용한 결과 대성공이었다. 순철이는 자신을 닮은 곰돌이 아바타를 가르치려다 보니 정확하지 않은 것이 있는지 다시 확인하는 습관이 생겨난 것이다. 심지어 시험 때에도 그 아바타를 들고 가서는 자신이 잘 모르는 문제를 물어보면 신기하게도 희미했던 기억이 생생히 떠오른다고 했다. 순철이는 이제 어처구니없는 실수를 하지 않는 것은 물론 성적도 수직으로 상승했다. 이는 정신의학에서 행동하는 나(acting ego)와 관찰하는 나(observing ego)로 자신을 둘로 나누면 많은 깨달음을 얻을 수 있다는 이론을 응용해 시도해본 방법이다.

두 번째 방법은 '친구 이용법'이다. 친구와 대화를 통해 지식이나 정보를 교환하면, 아직 뿌리내리지 못한 기억을 확실히 하거나 수정하는 기회를 갖게 된다. 특히 우리나라 학생들은 너무나 '고독'하게 공부한다. 공부의 양 자체가 많을뿐더러 일제강점기부터 내려온 주입식 교육, 대학 입학을 지상 과제로 한 과열 경쟁 때문에 그렇다. 그래서 나 홀로 공부할 수밖에 없고 누구에게도 검증받지 않은 자폐적 지식으로 굳어져간다.

'친구 이용법'은 친구와 유익한 질의응답 시간을 갖는 것이다. 이로써 상호 보완을 통해 지식의 불확실성을 해결하고, 토론하는 능력을 기르며, 또 다른 이해 방법을 배우는 일석삼조의 효과가 나타난다. 더욱이 남을 가르칠 기회가 있다면 '친구 이용법'은 확실한 효과를 낸다.

남을 가르쳐야 한다는 의무감은 긴장과 집중력을 높인다. 언제 어떤 질문을 받을지 모르기 때문에 철저하게 준비하게 된다. 가르치는 것은 자기가 아는 것을 다른 방법으로 반복하는 과정이기 때문에 더 오래 그리고 확실히 기억된다. 더불어 남 앞에 설 수 있는 자신감이 생긴다. 이는 선생님의 입장에 서서 선생님의 고충도 이해할 수 있는 그야말로 전인적인 학습법이다. 많은 이들이 자기주도학습은 '독학'이라고 잘못 이해하고 있다. 아마 '자기'란 말 때문에 그런 오해가 생긴 듯한데, 진정한 자기주도학습이란 '제대로 된 검증 시스템을 갖춘 독학'이다.

## 독서가
## 인생을 바꾼다

학습 클리닉을 하다 보면 특이한 학생을 발견하게 된다. 지진아 수준이던 아이가 갑자기 개과천선(?)하는, 정말 공부를 못하던 아이가 갑자기 성적이 급상승할 수가 있다. 그런데 이들은 책을 많이 읽었다는 공통된 특징이 있어서 이른바 '다독이'로 불린다. 어려서부터 하라는 공부는 안

아이도 살리고 부모도 살리는
공부 동행

하고 맨날 방에 틀어박혀 책만 읽던 책벌레가 공부에서도 대기만성을 유감없이 발휘하며 막판 뒤집기를 하는 것이다.

미래학자 앨빈 토플러가 "책 읽기는 미래와 만나는 가장 좋은 방법"이라 했듯이, 어렸을 때 책에 빠져 시간을 보낸 사람들의 미래는 역시 창대했다. 세계 최고의 갑부 빌 게이츠는 "책 읽는 습관은 하버드대학교 수석 졸업장과도 바꿀 수 없다"고 했고, 토크쇼의 여왕 오프라 윈프리 역시 "책을 통해 인생에 가능성이 있다는 걸 알았다. 독서는 내게 희망을 줬다. 책은 내게 열린 문과 같다"고 했다.

고등학교 문과 2학년 진철이는 꽤 공부를 잘하는 친구다. 그런데 진철이가 틀린 문제를 보면 황당 그 자체다. 다음은 《구운몽》의 지문 일부를 읽고 푸는 문제다.

※ 다음 글을 읽고, 물음에 답하시오.

(가) 급히 세수하고 의관을 정제하며 방장에 나아가니 다른 제자들이 이미 다 모였더라. 대사, 소리하여 묻되,

㉠"성진아, 인간 부귀를 지내니 과연 어떠하더뇨?"

성진이 고두하며 눈물을 흘려 가로되,

"성진이 이미 깨달았나이다. 제자 불초하여 염려를 그릇 먹어 죄를 지으니 마땅히 ㉡인세에 윤회할 것이어늘, 사부 자비하사 하룻밤 꿈으로 제자의 마음 깨닫게 하시니, 사부의 은혜를 천만 겁이라도 갚기 어렵도소이다."

"네, 승흥하여 갔다가 흥진하여 돌아왔으니 내 무슨 간예함이 있으리요? 네 또 이르되 인세에 윤회할 것을 꿈을 꾸다 하니, 이는 인세와 꿈을 다르

다 함이니, 네 오히려 꿈을 채 깨지 못하였도다. '장주가 나비가 됐다가 나비가 장주 되니' 어니 거짓 것이요 어니 진짓 것인 줄 분변치 못하나니, 이제 성진과 소유가 어니는 진짓 꿈이요 어느 꿈이 아니뇨?"

성진이 가로되,

"제자, 아득하여 꿈과 진짓 것을 알지 못하니, 사부는 설법하사 제자를 위하여 자비하사 깨닫게 하소서."

(나) 팔 선녀, 대사의 앞에 나아와 합장 고두하고 가로되,

"제자 등이 비록 위부인을 모셨으나 실로 배운 일이 없어 세속 정욕을 잊지 못하더니, 대사, 자비하심을 입어 하룻밤 꿈에 크게 깨달았으니, 제자 등이 이미 위부인께 하직하고 불문에 돌아왔으니 사부는 나종내 가르침을 바라나이다."

대사 왈,

"여선의 뜻이 비록 아름다우나 불법이 깊고 머니, 큰 역량과 큰 발원이 아니면 능히 이르지 못하나니, 선녀는 모로미 스스로 헤아려 하라."

팔 선녀 물러가 낯 위에 연지분을 씻어 버리고 각각 소매로서 금전도를 내어 흑운 같은 머리를 깎고 들어와 사뢰되,

"제자 등이 이미 얼굴을 변하였으니 맹서하여 사부 교령을 태만치 아니하리이다."

대사 가로되,

"선재, 선재라, 너희 팔 인이 능히 이렇듯 하니 진실로 좋은 일이로다."

(다) 대사 성진의 계행이 높고 순숙함을 보고 이에 대중을 모으고 가로되,

"내 본디 전도함을 위하여 중국에 들어왔더니, 이제 정법을 전헐 곳이 있으

니 나는 돌아가노라."

하고 염주와 바리와 정병과 석장과 금강경 일 권을 성진을 주고 서천으로

가니라.

이후에 성진이 연화 도량 대중을 거느려 크게 교화를 베푸니, 신선과 용신

과 사람과 귀신이 한 가지로 존숭함을 육관대사와 같이 하고 여덟 이고가

인하여 성진을 스승으로 섬겨 깊이 보살 대도를 얻어 아홉 사람이 한 가지

로 극락 세계로 가니라.


1. 이 글의 내용과 부합하지 <u>않는</u> 것은?

① 팔 선녀는 대사에게 가르침을 요청했으나 대사가 이를 거절했다.

② 팔 선녀는 자신들 스스로의 의지로 머리를 깎고 불도에 귀의했다.

③ 대사는 성진의 계행을 칭찬하고 자신의 의발을 전수해주었다.

④ 대사는 전도를 위해 중국에 왔으며, 목적을 달성하고 돌아갔다.

⑤ 성진의 도와 계행이 육관 대사의 경지에까지 이르렀다.


진철이는 5번을 답으로 골랐다. 그러나 정답은 1번이었다. 그 이유는

팔 선녀의 요청에 대사가 불도의 어려움을 이야기한 것은, 거절의 뜻이

라기보다는 불도에 정진하겠다는 결단으로 보아야 한다. 과연 진철이는

이 내용을 몰라서 틀렸을까? 그렇지 않았다. 지문을 이해하지 못해서도

아니다. 부합(附合)이란 한자어의 뜻을 몰랐기 때문이었다. '일치한다'는

뜻의 부합이 아닌, 합치되지 않는다는 뜻의 부합(不合)으로 알고 그야말

로 '일치하지 않는 것'을 고른 것이 아니라 '일치하지 않는 것이 아닌 것'

을 고른 것이다. 이렇게 어휘력이 떨어지고 글의 근간을 모르면 7차 교육 과정 이후 전 과목에서 서술형 문제가 대세인 요즈음, 알아도 틀리게 되는 것이다. 과학 문제도 마찬가지다. 어휘력과 이해력이 없으면 손대기 어렵다.

책을 많이 읽으면 과연 이런 문제가 해결될까? 책을 1,000권 읽은 효과는 과연 어떤 정도일까? 어떤 연구소의 설명에 따르면 대학교를 다섯 군데 다닌 효과라고도 한다. 뒤집어 얘기하면 4년제 대학을 다니는 사람은 전공서 등을 200권 정도 읽어야 한다는 것이다. 그렇지 않다면 졸업장을 받아도 졸업을 한 것이 아니라는 얘기다.

요즈음은 대학을 나오지 않아도 공부하고자 하는 열정과 노력만 있으면 독학으로도 얼마든지 대학 수준 이상의 학식을 갖추는 것이 가능한 시대다. 미국에서 저학력이면서 자수성가한 부자나 전문가들을 인터뷰한 결과를 보면 이는 자명해진다. 그들은 정상 교육을 받지 못했어도 자기 나름대로 보이지 않는 노력으로 많은 책을 읽었다고 한다. 그 결과 그들의 언어 수준은 하버드대 경영대학원 1년생의 수준에 도달해 있다고 한다. 마이크로소프트 사의 빌 게이츠도 "진정 지금의 나를 키워준 것은 국가도 아니고, 더구나 부모님도 아니다. 그것은 내가 태어난 동네의 작은 도서관이었다"고 말할 정도로 책 읽기의 중요성은 크다.

또 미국의 부통령 헨리 월슨도 가난한 가정에서 태어나 제대로 학교 교육을 받지 못했지만, 21살이 되기 전에 1,000권의 책을 읽어야겠다고 계획을 세우고 그대로 실행에 옮겼다. 그로부터 12년 후 정계에 입문해 정치가로 두각을 나타내게 됐다. 한국의 정주영 현대 회장도 서울로

아이도 살리고 부모도 살리는
공부 동행

무작정 상경해 부기학원에 다니고 있을 때, 휴일에 링컨 책을 사서 읽고 깊이 감동해 몇 번이나 읽었다고 한다.

'민들레영토'라는 카페를 운영하며 '스타벅스'라는 대자본과 손색없는 경쟁을 펼치고 있는 지승룡 사장도 목사직을 그만두고 인생의 고통스러운 전환기의 3년 동안 정독도서관에서 무려 2,000권 이상을 책을 독파했다고 한다. 100권 이상의 책을 펴낸 용혜원 시인의 거실에 빼곡히 들어찬 책에서 알 수 있듯이, 많은 책을 읽은 것이 글 쓰는 원동력임을 쉽게 이해할 수 있다. 지도 밖으로 의욕의 행진을 거듭하는 한비야 씨도 고1 시절에 꿈을 담고서 1년에 100권 읽기에 도전했다 한다. 그때 읽은 책은 그의 여행에 나침반이 됐을 것이다.

책 속에 있는 정보와 지식, 그리고 마음의 양식은 제한된 육체 속에 사는 우리의 한계를 우주 차원으로 넓혀주고, 자신의 폐부를 찌르는 감동의 글 한마디는 종종 인생을 바꿔놓기도 한다. 또한 세계적으로 유명한 석학의 살아 있는 생각과 행동을 읽고 느끼게 해준다. 심지어는 그들을 '마음속의 스승'으로 삼기도 한다. 그들의 수제자가 돼 그들의 높은 정신과 영혼을 배울 수 있기 때문이다.

청소년 시기, 눈앞의 성적에 연연해 책을 읽지 않는다면 정말 큰 시험에서 좋은 결과를 얻기 어렵다. 어릴 때, 젊을 때 읽은 책은 영원한 '인생의 동반자'이자 '마음의 양식'이며 자신의 '삶을 개척하는 원동력'이란 말이 단지 책을 읽히기 위해 허투루 만든 말이 아님을 알려면 결국 책을 읽는 수밖에 없다. 책은 그만큼 여러 분야에서 활동할 때 '현명한 눈'을 갖게 하는 밑거름이 된다.

# 실수를
## 줄이는 방법

클리닉을 찾아온 중학교 3학년 용석이 어머니는 다짜고짜, "이젠 안 속아요. 시험 때면 맨날 100점이라며 마치 금메달이라도 딴 양 태극기 휘날리며 집으로 와요. 그런데 성적표를 보면 늘 자기가 말한 점수에서 10점, 심하면 30점이 모자라요." 하면서 자리에 앉았다. 그래서 어머니가 용석이에게 붙여준 별명이 '뻥석이'였다.

그 원인을 꼼꼼히 찾아보니 용석이는 허풍쟁이가 아니라 '실수의 제왕'이었다. 수학은 서술형 문제에서 완벽하게 풀이해놓고 마지막 덧셈 뺄셈을 잘못해서 틀린다. 국어, 영어는 지문을 이해하고서도 문제를 제대로 안 읽어 틀린다. 심지어 OMR 카드를 밀려 쓰기도 한다. '실수도 실력'이라는 말이 있지만, 이 정도면 부모도 두 손 두 발을 들 만했다. 용석이 같은 아이들을 정밀 검사해보면 대략 네 가지 부류로 나뉜다.

첫 번째는 동작성 지능(우뇌)이 언어성 지능(좌뇌)에 견줘 터무니없이 허약한 경우다. 즉 아는 것은 많은데 이를 실제로 적용해서 풀어내는 데 실패하기 때문이다. 이는 마치 총구가 휘어진 것을 모른 채 가늠쇠와 과녁만 일치시켜 방아쇠를 당기는 것과 같다.

두 번째는 정신운동속도와 정확성이 떨어지는 경우다. 시험의 필요충분조건은 '정확성'과 '속도'다. 시간이 남을 정도로 재빨리 문제를 풀긴 했지만 정확성이 없다면 0점이다. 또 제아무리 정확히 문제를 푼다 해도 시험에는 시간제한이 있는 법, 속도가 느리면 끝에 가서는 급히 풀다가 실수를 하기 마련이다.

세 번째는 기억력에 문제가 있는 경우다. 기억이란 공부한 내용이 뇌의 해마에 입력, 저장됐다가 인출되는 과정이다. 그런데 이 과정에서 '가짜 기억'이 형성되기도 한다. 뇌과학적으로 내측 측두엽은 '진짜 기억'이 만들어질 때만 활성화되지만, 왼쪽 뇌 하전두 이랑은 '진짜 기억'과 '가짜 기억' 모두에서 활성화된다. 이는 무언가 의미를 부여하려 할 때 나타나는 현상이다. 예를 들어 가축류인 '말, 닭, 양, 염소'라는 단어를 외웠는데 마치 '소'도 있었던 것으로 착각하는 경우를 말한다. 이렇게 착각된 '가짜 기억'이 시험 시간에 힘을 발휘하면 바로 실수로 이어진다. 이럴 때 학생은 강력히 '소'도 답이라고 우기기 십상이다.

네 번째는 성격적인 요인이다. 지나치게 꼼꼼해서 숲을 보지 못하는 학생과 꼼꼼함이 부족해 나무를 보지 못하는 학생 모두에서 실수가 일어난다. 숲을 보지 못하는 학생은 근간을 묻는 문제에서, 나무를 보지 못하는 학생은 보기가 많은 문제나 조합형 문제에서 헷갈려 실수한다. 한 사람에게 이 두 가지 요소 중 더 나은 부분이 있겠지만 어느 한 쪽이 현격히 부족할 때 시험에서 실수하는 것은 불을 보듯 뻔하다.

사람들은 무조건 '실수는 덜렁대서'라고 생각한다. 그 때문에 용석이 모자처럼 갈등의 골이 깊어가는 경우를 흔히 본다. 물론 덜렁대서 실수하는 경우가 눈에 띄기 쉬우므로 그게 대부분이라고 생각하지만, 용석이의 경우는 위의 네 가지 원인 중 자그마치 세 가지 문제를 가지고 있었다.

자녀가 시험에서 실수가 지나치다고 무조건 덜렁이라며 나무라거나,

성실하지 못하다고 윽박질러서는 안 된다. 그러면 그럴수록 아이는 기가 죽어 시험이라는 고양이 앞에 쥐 신세가 될 뿐이다. 더 나아가 '부모가 나를 이해하지 못한다'고 생각해 공부뿐 아니라 부모와도 담을 쌓게 된다. 그러기 전에 혹시 내 아이의 '실수'에 숨은 비밀을 찾아주고 개선해주는 것이 세심한 부모의 배려가 아닐까? 그것이 제대로 된 내리사랑일 것이다.

<br>

## 공부도
## 과학이다

"도무지 알 수가 없어요. 과외 선생님이나 학원 선생님이 테스트를 해보면 분명히 90점 이상은 받고도 남을 실력이라는데, 막상 시험을 보면 70점도 안 나와요. 집에서는 문제도 잘 풀고 알아서 공부도 잘해요. 그런데 시험만 보면 다 틀리는 거예요. 과외 선생님 앞에서는 풀기 만만찮은 문제도 속 시원하게 풀면서 막상 진짜 시험에서는 맥을 못 추고, 애들이 다 맞는 쉬운 문제조차 어처구니없이 틀리기 일쑤니, 과외 선생님도 무슨 영문인지 알 수가 없다고 고개를 저어요."

중학교 2학년 은정이 어머니의 하소연이다. 고등학교 1학년 민수도 은정이와 다를 바 없었다. 학원에서 내신 준비를 위해 모의고사를 보면 거의 모든 영역에서 1등급을 받는데, 실제 학교 성적은 3등급도 턱걸이 하기 어렵다. 은정이나 민수 같은 학생이 참 많아지고 있다. 과외·학원에서 학교보다 어려운 문제도 척척 풀어내는 아이들이 실전에서는 전혀 힘을 쓰지 못하는 것이다.

이렇게 평소 실력은 '왕'인데 시험 성적은 '꽝'인 학생들을 살펴보면 시험불안이 아닌 경우 크게 두 가지 원인이 있다.

첫째 원인은 과외와 학원 의존증이다. 은정이는 옆에서 누군가 나를 도와줄 사람이 있으면 마음이 차분해지면서 어려운 문제도 척척 풀어낸다. 상담해보니 과외 선생님이 옆에 있을 때는 마음이 편안해지고 제 실력도 낼 수 있다고 한다. 이는 누군가에게 의지하지 않고 '무소의 뿔처럼 혼자' 가는 것이 두려워서 나타나는 현상이다. 그렇다고 과외 선생님을 가방에 넣어 시험장까지 데리고 갈 수는 없는 노릇 아닌가?

더욱이 은정이는 시험 때뿐 아니라 매사 의존적이다. 옷을 고를 때도 자기가 맘에 드는 옷보다는 어머니나 친구가 "와, 잘 어울린다"고 해야 사는 성격이다. 이런 학생은 학교에서 시험을 볼 때 내 옆에는 나를 도와줄 누군가가 있다는 마인드 컨트롤이 필요하다.

둘째 원인은 정신운동속도, 즉 기민성이 떨어지기 때문이다. 민수는 언어, 수리, 외국어 등 모든 영역에서 전체 문제의 75퍼센트까지는 잘 풀지만 나머지 25퍼센트는 거의 찍고 나온다고 한다. 실제 뇌 기능 검사를 해보니 같은 또래의 평균이 10점인데 민수는 4점으로 거의 지체 수준이었다. 정신운동속도 검사란 자신이 아는 지식을 얼마나 빠르고 또 정확하게 풀어내느냐를 보여주는 검사다.

민수는 시간만 충분하다면 100점 만점의 실력이다. 그러나 시험은 늘 시간제한이 있다는 점이 문제다. 그래서 민수에게는 정신운동속도를 향상시키는 프로그램을 시행했다. 처음에는 낮은 수준에서도 당혹감을 감추지 못했다. "너무 빨라요, 이걸 어떻게 금방 해요"라며 민수는 2, 3단계 훈련에서도 계속 실패하고 짜증을 냈다.

그러나 워낙 경쟁심이 강한 성격이다 보니 악착같이 10단계까지 마치는 데 성공하고야 말았다. 이 과정을 마치는 데 딱 6개월이 걸렸다. 그리고 다시 정신운동속도를 체크해보니 12점으로 자그마치 세 배의 기민성이 생겼다. 그런 후 시험 때 시간이 모자라는 일은 당연히 없어졌고 성적도 공부한 만큼은 나오게 됐다.

위의 두 사례처럼 평상시 공부할 때와 시험 성적 간에 너무 큰 편차가 나타나면 과외나 학원을 바꾸기보다는 그 진짜 이유를 찾아보는 것이 우선 필요하다. 열이 난다고 무조건 해열제를 처방하는 의사는 돌팔이다. 명의는 그 원인이 감기 때문인지 폐렴 때문인지 아니면 대장염 때문인지 병인(病因)을 찾아 그것에 맞게 처방하는 의사다. 공부를 해도 성적이 안 나오는 학생이라면 면밀한 관찰과 검사가 선행돼야 한다. 공부 역시 과학이기 때문이다.


# 자기주도학습의
# 함정


요즘 "자기주도학습"이란 말이 대유행이다. 이는 2010년 교육과학기술부(현 교육부)에서 외고 입시에 "자기주도학습전형"을 도입하겠다고 발표

아이도 살리고 부모도 살리는
공부 동행

한 직후부터이다. 그래서일까? 아침 신문을 받아들면 쏟아지는 학원 전단마다 "자기주도학습"이라는 말이 빠지지 않는다. 마치 2000년대 초 "논술학원"이 우후죽순으로 난립했던 모습을 연상시킨다.

이런저런 전형들이 나오면 그때마다 어느 부모 할 것 없이 궁금증과 더불어 대책을 세워야 한다는 압박감에 시달리는 것은 당연하고 자연스러운 일이다.

국제중을 준비 중인 초등학교 5학년 희찬이 어머니. 최근 주변에 3~4명의 엄마와 자기주도학습전형 설명회에 참석했다고 하신다. 10명 정도 소규모 단위로 강의가 이뤄지는데, 어떤 스펙이 필요한지 또 어떻게 스스로 공부했는지에 대한 계획표 짜기를 배웠다고 한다. 더불어 학원에 등록하면 이 모든 것을 다 알아서 해주겠노라는 다짐도 받았다고 한다. "그런데 지나치게 고액이라 무척 고민이 돼요"라고 나에게 털어놓으신다.

외고를 준비하는 중2 현주 어머니도 사정은 마찬가지다.

"영어 내신이 중요하다는데, 혹시 지방으로 이사하는 것은 어떨까요?"

"영어학원도 벅찬데 거기다가 독서, 자기계발계획서에 봉사까지 너무 할 일이 많아졌어요."

다들 우왕좌왕하는 모습이다. 그러다 보니 일선 초중등 학교에서 소위 "자기주도학습 전문가"를 초빙해 방과 후 수업을 하는 곳도 있다. 또한 어머니는 모 학원에서 받은 매뉴얼을 보여주신다. 내가 시행하는 학습향상프로그램과 거의 유사했다. 한 가지 다른 점은 국영수 교과목에서 틀린 문제를 그 자리에서 교정해준다는 점이다. 심지어 "자기주도학습 전문가 과정"이라는 것을 만들어 소정의 수강료를 내고 몇 번 가서 수업 듣고 시험을 통과하면 자기주도학습 전문가 1급, 2급 등 민간 자격증을 준다는 곳도 있다고 들었다.

그야말로 복마전을 방불케 한다. 이럴 때일수록 부모들의 현명한 판단이 그 어느 때보다 중요하다. 교육부가 강조하는 부분은 크게 세 가지다.

첫째, 자기주도학습과 계획

둘째, 봉사·체험활동

셋째, 독서활동

특강, 선행학습, 국외연수 등도 좋지만 아이가 스스로 공부 계획을 짜서 실천하는 것을 도와주고, 함께 봉사와 체험 학습을 즐기고, 책을 읽는 분위기를 만들어주는 것은 어떨까? 비록 하루아침에 이뤄지지는 않겠지만, 평소에 자기 성찰과 탐색을 통해 스스로 삶의 목표를 정하고 실천·반성해가는 태도가 습관화돼야 한다. 이는 길게 보면 성인이 돼서도 자기 주도적인 삶을 살아가고 꾸준히 성장해갈 잠재력을 만들어가는 과정이기도 하다.

스티븐 코비는 성공하는 사람들의 습관 중 첫 번째로 "자신의 삶을 주도할 것"을 주문했다. 자기주도학습자는 지금의 입시정책에서뿐 아니라 자신의 인생에서도 성공할 가능성이 상당히 높다. 스스로 공부하는 습관은 자기 인생의 진정한 주인공으로 거듭나는 초석이 될 것이라 믿어 의심치 않는다.

# 올바른 자기주도학습
## 진단법

아래의 항목에 내 아이는 몇 가지나 해당할까. 네다섯 개를 넘는다면 이어지는 이야기에 귀를 기울이길 바란다.

1. 공부 계획표가 초인적이거나 혹은 아예 없다.

2. 공부하기 전에 책상 정리 등 워밍업 시간이 공부 시간의 세 배를 넘는다.

3. 공부하는 위치가 책상, 밥상, 소파, 침대로 점차 아래로 내려간다.

4. 공부할 때나 등교할 때만 되면 이상하게 머리나 배가 아프다.

5. '공부하고 자야지'가 아니라 '좀 자고 나서 맑은 머리로 공부하자' 하고는 일어나면 아침이다.

6. 공부방에만 들어가면 묘하게도 목이 타고 소변이 마려워 냉장고와 화장실을 들락거리게 된다.

7. 시험 때만 되면 평소엔 거들떠보지도 않던 뉴스나 신문이 오락 프로그램만큼 재미있어진다.

8. "이번 시험에서 몇 등 안에 들면 갖고 싶은 물건 사주기"라고 부모와 내기를 했다가 막상 시험 기간이 되면 그 물건 필요 없다고 한다.

9. 시험 기간에 함께 포기한 진정한(?) 친구와 100통이 넘는 메시지가 오간다.

10. 성적표가 나오면 내 밑에 몇 명이 있는지 세어본 후 자신을 위로한다.

초등학교 4학년 석찬이, 중2 민철이, 고3 은정이도 위 항목 중 6개 이상은 바로 자기를 두고 하는 이야기 같다며 머쓱하게 웃는다. 이런 자녀를 둔 부모는 대부분 공부 동기가 부족하다는 진단을 하고 '극기훈련'이나 '정신 수련' 캠프에 아이를 보낸다. 그러나 캠프를 갔다 온 뒤 의지 충만해 있는 모습을 보고 흐뭇해하지만 길면 보름, 짧으면 사흘 안에 곧바로 원래의 의지박약으로 돌아온다. 마치 2년 동안 군기가 꽉 들어 있던 군인이 제대 다음날 바로 늦잠을 자는 게으른 생활로 돌아가는 것과 같다.

이런 학생들에게 필요한 것이 바로 자기주도학습을 위한 공부 습관 개조 프로그램이다. 이는 국영수 같은 교과목을 다루기 전에 '왜 공부해야 하는가' 또 '어떻게 공부해야 학업 성취도를 높일 수 있을까'에 초점이 맞춰져 있다. 이를 위해 학생의 잠재력과 학업 역량을 더욱 높일 수 있도록 계획을 짜고, 실행하고, 수정하는 과정이 필수적이다. 또한 이 프로그램에는 공부하는 데 필요한 기억력·집중력 향상, 창의적인 문제 해결력을 높일 수 있는 내용도 포함돼 있다.

무엇보다 이 프로그램은 자기관리, 대인관계 기술, 스트레스 관리와 같은 심리 사회적 요인도 다루므로 학생들은 이를 배우고 익혀가는 가운데 학습 능률 향상뿐 아니라 성격, 감정, 가치관 등 개인적 성장과 적응에서도 긍정적인 성과를 얻을 수 있다. 즉 '물고기를 잡아주는 것'이 아니라 '스스로 물고기를 잡아 요리할 수 있도록 그 방법을 가르쳐주는 것'에 비유할 수 있다. 이런 프로그램을 선진국에서는 '공부를 위한 공부(learn for learn)'라고 부르는데 이는 매우 일반화돼 있다.

오래된 한국의 우스갯소리에 노인의 '늙으면 죽어야 해', 노처녀의 '시

아이도 살리고 부모도 살리는
공부 동행

집 안 갈래', 장사꾼의 '밑지고 팝니다' 등 3대 거짓말이 있다. 이와 견줄 수 있는 우등생의 3대 거짓말이 있다. '공부가 제일 쉬웠어요', '수업 충실히 듣고 예습 복습을 철저히 했을 뿐이에요', '부모님께서 저를 믿어주신 덕분입니다' 등이 바로 그것이다. 이런 우등생을 보면 '사교육은 정말 안 받았을까' 하는 의심이 들지 않을까. '공부가 어려운 학생의 열 가지 항목'에 해당하는 학생들은 도저히 믿지 못할 말이기 때문이다.

하지만 이 우등생의 3대 거짓말은 공부 습관 개조 프로그램을 거친, 스스로 공부할 줄 아는 학생에게는 '진실'일 것이다. 그렇다면 남은 문제는 한 가지밖에 없다. 이 '진실'이 학생과 학부모의 마음에 가닿도록 하기 위해서는 공교육 안에 공부 습관 개조 프로그램을 조속히 도입하는 방법밖에는 없다.

자기주도학습이란 학습 지향적 공부를 말한다. 다시 말해 스스로 '동기'를 세워 '계획'하고 '실행'한 뒤 '평가'하고 부족한 부분을 '보충'해나가는 것으로, 이 모든 과정에 즐거움이 가득한 바로 그런 공부를 말한다.

좀 쉽게 이야기해보자. "돈을 쫓는 자는 돈을 벌 수 없다. 그러나 자신이 하는 일을 즐기고 열심히 하다 보면 돈이 따라온다"라는 말이 있다. 이 말 한마디에 자기주도학습의 정확한 정의가 들어 있다. 1등급을 쫓는 자는 '타율 의존적 학습자'를 말하고, 즐기고 열심히 하다 보니 1등급이 따라오는 자가 바로 '자기주도학습자'이다.

공부 기술을 익히는 목적은 단순히 시험 점수를 잘 받는 데에만 있는 게 아니다. 더 중요하고 궁극적인 목적은 '스스로 공부하는 능력'을 키우는 데 있다. 과외나 학원에만 의존하는 중하위권 학생들이 상위권 학생들을 이기지 못하는 이유는 그런 능력이 부족하기 때문이다. 달리 말하면, 상위권 학생들은 스스로 공부하는 과정에서 효과적인 학습 기술을 터득해 자기 주도적으로 학습하게 된다는 말이다.

그런데도 상당수의 학생과 부모들은 이를 잘 받아들이지 않는다. 혼자 공부하는 것보다 학원에 가서 배우는 게 더 낫지 않느냐는 생각이 굳어 있는 듯하다. '족집게' 강사들의 도움을 받으면 공부 시간도 줄일 수 있고 성적도 올릴 수 있는데 왜 혼자 힘들게 머리를 싸매느냐는 것이다.

정말 그럴까. 물론 학원이나 과외가 공부에 도움을 줄 때도 있을 것이다. 당장 눈앞에 닥친 한두 번의 시험에서는 상당한 효과를 볼 수도 있다. 하지만 그런 식으로 수동적인 공부를 하다 보면 스스로 문제의 핵심을 찾아 해결하는 능력은 절대 길러지지 않는다. 또 공부를 위한 시간 관리 능력도 생겨나지 않는다. 오로지 누군가가 던져주는 내용만을 학습하는 일종의 '꼭두각시'가 되고 마는 것이다. 심지어 학습 클리닉에 자녀를 데리고 찾아와 다짜고짜 '공부하는 비법을 알려 달라'고 요구하는 부모도 많다. 학습 클리닉은 비법을 알려주는 곳이 아니라 학생의 문제점을 과학적으로 파악해 스스로 공부하는 능력을 키워주는 곳이라고 아무리 설명해도, 귀를 닫고 자신이 원하는 것만 요구한다. 수동적 주입식 공부에 익숙한 그들은 공부 기술조차도, 주입할 수 있는 '속성 공부 비법' 정도로 여기는 모양이다.

스스로 공부하는 능력의 차이는 고스란히 성적의 차이로 나타난다. 그리고 그 차이는 학년이 올라갈수록 점점 커진다. 중위권 수준에서 만족한다면 모를까 더 나은 성적을 원한다면, 스스로 공부하면서 공부 기술을 터득해나가는 과정이 반드시 뒤따라야 한다.

스스로 날지 못하는 새는 더는 새가 아니다. 스스로 공부하지 못하는 학생 역시 온전한 의미에서는 학생이라고 할 수 없다. 자기주도학습은 성적을 올려주는 방법을 터득하는 과정인 동시에 학생으로서의 정체성을 찾아가는 과정이기도 하다. 헨리 포드는 "손수 장작을 패게 하라. 그러면 이중으로 따뜻해지는 걸 알게 된다"고 했다. 간단하지만 이 말 속에 자녀교육의 열쇠가 들어 있다.

## 자기주도학습 점검표

다음 문항을 읽고 자신에게 해당하는 곳에 ○표를 하세요.

1. 나는 공부 목표를 스스로 설정한다.
2. 나는 목표가 있고 그것을 구체적으로 설명할 수 있다.
3. 나는 설정한 목표가 잘 실행되는지 정기적으로 검토한다.
4. 나는 현재 학습하는 내용을 잘 설명할 수 있다.
5. 나는 공부하다가 궁금한 것이 있으면 직접 자료를 찾아 확인하고 이해한다.
6. 나는 과목별로 중요한 부분의 개념을 정의할 수 있다.
7. 나는 과목별로 효과적인 공부 방법을 알고 있다.
8. 나는 다음 주에 어떤 내용을 학습하게 되는지 설명할 수 있다.
9. 지난주 공부 내용과 이번주 공부 내용의 연관성을 설명할 수 있다.
10. 나는 취약한 부분의 경우, 이를 해결할 방법을 찾아 실행한다.
11. 나는 공부가 잘되는 나만의 필기 방법이 있다.
12. 시험 보기 전, 교과서와 문제집을 충분히 풀어서 시험에 자신 있다.

13. 시험에서 찍어서 맞힌 내용은 반드시 다시 학습한다.

14. 오늘 하루 공부해야 할 것들을 머릿속에 떠올린다.

15. 공부하면서 나의 실력이 쌓여간다는 사실이 너무도 좋다.

16. 공부는 힘들지만, 젊은 날의 고생을 통해 스스로 싸우는 법을 배우고 있다고 생각한다.

17. 감당하기 어려운 과제라도 일단 시작하고 본다.

18. 나는 시간을 잘 활용해 좋은 성과를 얻은 성공 사례가 있다.

19. 나는 나만의 스트레스 해소법을 가지고 있다.

20. 컴퓨터를 사용할 때, 사용 시간을 정해놓고 사용하는 편이다.


**15개 이상**  스스로 공부하는 자기주도학습자. 구체적인 장단기 목표를 세우고 명확한 학습 방향을 설정한다면 공부에 대한 의지도 높아질 것이다.

**7~14개**  효과적으로 학습하는 방법이 다소 부족하므로 학습 방법을 점검해줄 누군가가 필요하다. 구체적인 계획을 세우고 목표를 관리하는 방법을 배우도록 한다.

**6개 이하**  스스로 공부하는 습관이 부족하다. 구체적인 목표가 없을 수 있으므로 학습 방향에 대한 조언자가 필요하다. 지속적인 학습 멘토링을 통해 목표를 설정하고 좋은 공부 습관을 기르도록 노력한다.

아이도 살리고 부모도 살리는
공부 동행

# 어정쩡한 어학연수,
## 아이를 망친다

초등학교 4학년 도연이 어머니가 나를 찾은 것은 도연이를 영어연수에 보낼까 말까 하는 고민 때문이었다.

"옆집 언니네 아들이 초등학교 5학년 때 1년간 미국 동부의 ○○국립 초등학교에 유학 후 지금 고1인데, 영어 공부 하나도 안 해도 만점을 받으니 국어, 수학만 하면 돼서 공부 부담이 팍 줄었다고 해서요. 제 딸도 그 집 아들처럼 될 수 있을지 고민하다가 찾아왔어요."

"제가 해드려야 할 일이 뭐지요?"

도연이 어머니는 매우 혼란스럽다고 한다. 옆집 언니는 무조건 보내는 게 장땡이라고 하고, 다른 어머니 몇몇은 "괜히 어린 애 보냈다가 본전도 못 건지는 꼴 많이 봤으니 절대 보내지 말라"고 한다. 그래서 도연이가 유학을 갔을 때 성공할 수 있는지를 알고 싶다고 하셨다.

나는 유학을 떠나는 학생을 무수히 본다. 강남 학생의 25퍼센트가 초·중등 시절 외국유학이나 장기 영어연수를 다녀오다 보니 자주 접하게 된 거다. 그래서 우선 도연이의 전반적 지능, 사회성, 적응능력을 알아보고 이런 전반적인 능력이 우수하면 보내보는 것도 나쁘지 않겠다고 생각했다. 그런데… 뭔가 좀 불안하다. 적응능력이 약하게 나왔기 때문이다. 나는 어렵게 말씀드렸다.

"도연이가 1년 이상 유학을 가기보단 우선 방학 때 단기연수를 보내보고 난 후에 이에 잘 적응하면 그때 보내는 건 어떨지요?"

도연이 어머니는 약간 실망한 듯한 모습이셨다. 그도 그럴 것이 도연이 어머니는 이미 마음속으로 모든 결정이 끝나 있는 상태에서 혹시나 몰라 나의 "조언 아닌 조언"만 듣고 싶었던 것이다.

그럼 도연이 어머니는 도연이 유학을 위해 나를 만나기 전 무슨 일을 한 것일까?

도연이 어머니는 1년 전부터 소위 유명하다는 유학원을 샅샅이 뒤지기 시작했다. 주변에 유학을 보내 성공한 부모들의 조언도 수첩에 빼곡히 적으셨단다. 유학 1번지로 알려진 강남역 부근 진수 엄마에게 추천받은 "ㄱ유학원"을 찾았다고 한다. 당시 상담실장의 화려한 말솜씨와 다양한 프로그램, 그리고 1대 1 튜터 같은 유학원의 최첨단 관리 시스템을 보며 눈이 휘둥그레지셨다고 한다. "아하! 그래서 진수가 영어 박사가 됐구나" 싶은 생각이 잠시 드셨다고 한다. 그래도 혹시 모르니 찬영이 엄마가 소개한 대치동 "ㄴ유학원"을 또 찾아가 보셨다고 한다. ㄱ유학원보다는 첨단은 아니지만 자연 친화적이라는 장점을 갖추고 있었다. 도연이 어머니는 고민에 빠졌으나 그 고민도 잠깐, 비싸긴 해도 밀착형 유학원인 ㄱ유학원을 선택한 상태였다. 그리고 우선은 1년 예정으로, 그리고 잘만 된다면 2년까지도 바라보며 거액의 투자를 해서라도 도연이를 보내기로 했다.

장소는 캐나다 밴쿠버 인터내셔널 초등학교. 우리나라 아이들은 눈을 씻고 찾아봐도 없는 곳이란다. 동양인이 10퍼센트 미만이고 그들의 국적도 대부분 일본과 중국이란다. 사실 엄마가 따라가고 싶지만 도연이 동생도 있고 집안 대소사를 치러야 하니 엄두가 나지 않아 무의식중에 밀착형을 찾았는지도 모른다. 도연이를 맡아줄 캐나다인 노부부와 화상

아이도 살리고 부모도 살리는
공부 동행

전화도 했단다. 매우 인자해 보이고 전부터 홈스테이를 많이 해왔는지 자신감을 보이는 것도 마음에 드신다고 했다. 또 튜터 선생님들도 일류 대학 출신으로 학교수업이 끝나면 모자라는 영어는 물론이고 유학생들이 겪는 어려움 중의 하나인 수학을 가르쳐준다니 더욱 마음이 놓여 도연이를 중1에 입학시키려 하신 거다.

나는 물었다.

"도연이 어머니 기분 나쁘실지도 모르겠지만 도연이를 영어권 지역으로 유학 보내려는 이유가 혹시 뭔가요?"

나는 돌아올 답을 이미 알고 있었다. 아니나 다를까, 늘 귀에 못이 박인 답이다.

"도연이에게 좀 더 넓은 세상을 보여주고, 국제화 시대에 여러 나라 아이들과 사귈 기회를 주기 위해서지요."

내 성질이 못돼서일까? 난 단도직입적으로 물었다.

"아까, 옆집 언니분 자제가 고1이라고 하셨는데… 혹시 영어 하나만큼은 확실히 잡아서 오면 좋겠다는 생각은 없으신가요?"

"…."

또 늘 같은 대답이 돌아왔다.

"그럼 금상첨화지요."

또 내 못된 성질에 발동이 걸린다.

"그럼, 글로벌 인재냐 영어 때문이냐 둘 중 하나만 고르신다면요?"

이쯤 되면 여기는 클리닉이 아니고 법원 냄새가 물씬 풍긴다.

"솔직히 영어 때문이지요. 아시면서."

"외람되지만 만약에 도연이를 외국에서 계속 공부시키고 싶거나 진정한 글로벌형 인간으로 키우기 위해서라면 유학을 보내는 것에 찬성합니다. 그러나 대입을 위한 투자라면 안 하느니 못합니다."

내 말에 눈이 휘둥그레지신다.

"왜요? 영어권에 몇 년 다녀온 아이들이 대입에서 영어를 안 해도 되니 수월하고, 따져보면 국내 사교육비나 유학비나 크게 차이가 나지 않는데…?"

나는 이쯤에서 한 유학생의 예를 들려주었다. 태호라는 남학생 이야기다.

태호는 초등학교 3학년부터 5학년까지 미국에서 유학했다. 미국에서 돌아온 태호는 초등학교 졸업 때까지 원어민 선생이 빠지는 날에는 영어수업을 대신 담당할 정도로 영어를 잘해 친구들의 선망의 대상이었고, 그의 부모도 우쭐해하시며 유학 보낸 것에 전혀 후회가 없다고 하셨다. 그런데 이게 웬일인가. 중학교에 올라오면서 태호는 거의 지진아가 돼버렸다. 초등학교까지는 성적표에 석차가 나오지 않아 그저 "노력을 요함"만 없으면 꽤 잘하는 것으로 알았는데, 중학교 1학년 1학기 중간고사 성적이 바닥이다. 물론 다른 초등학교에서 우수한 아이들이 많이 왔다고 해도 도대체 이해가 안 간다. 심지어 믿었던 영어마저도 한 반 38명 중 5등이다. 수학은 중간, 국어와 사회는 거의 30등. 태호 부모는 자신의 눈을 의심하고 싶었다.

태호의 학교 적응도 점차 어려워졌다. 커리큘럼이 주로 발표와 토론으로 일관되는 미국식 교육과 달리 주입식 교육을 하는 우리나라 교육

시스템이 영 맘에 안 들고 적응도 안 된다. 그러다 보니 태호는 서서히 빗나가기 시작했고, 주말이면 미국서 같이 공부했던 친구들과 어울려 코엑스며 놀이공원을 돌아다니는 것이 유일한 낙이다. 그 뒤 점차 노는 아이로 전락해갔다. PC방에서 두세 시간은 기본이고 최근에는 담배에도 손을 댔다.

사실 태호 같은 학생들이 매우 많다. 공부는 학생에게 자존감과 연관되기 때문에 성적이 나오지 않으면 아무래도 빗나가는 일이 비일비재하기 때문이다.

물론 나는 도연이 어머니가 바라는 말도 해드렸다. 즉 태호와는 반대로 유학에서 큰 성공을 거두어 진짜 글로벌라이즈된 학생의 예도 들려드렸다. 세상 모든 일이 다 그렇듯 유학도 약이 될 수도 있고 독이 될 수도 있다. 그러나 나는 절대 대입을 위한 영어권 유학은 권하지 못한다. 그럴 만한 증거가 있기 때문이다.

몇 년 전 대입수학능력시험에서 영어 1등급을 차지한 학생들의 유학 비율을 조사해보니, 유학을 다녀온 학생은 20퍼센트에 불과했고 그냥 한국서 공부한 학생이 80퍼센트였다. 이 자료를 보여드리니 도연이 어머니는 눈이 휘둥그레지시며, "이게 사실이냐?"고 되물으신다. 결국 도연이 어머니는 도연이의 유학을 포기하고 만다.

무릇 부모란 사채빚을 내서라도 내 자녀만큼은 더 잘해주고 싶은 본성이 있음을 모르는 바 아니다. 하지만 주변에 한두 명의 성공 사례만 보고 무작정 덤비는 것은 자칫 자녀를 구렁텅이로 몰아넣는 우를 범할 수 있음을 알아야 한다.

## 유학을 보낼 것인가 말 것인가?

다음은 내가 2011년 12월 12일부터 2012년 1월 30일까지 50일간 강남구 소재 3개 고등학교 학생 1,619명을 대상으로, 2012학년도 대입수학능력시험에서 영어권 조기유학생이 일반 학생에 비해 외국어 영역 성적이 얼마나 높았는지를 조사한 연구 결과이다.

**해외파와 국내파의 수능 외국어 영역 1등급자 비율**

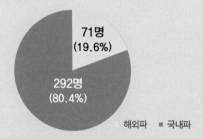

  그 결과 일반인의 예상과는 판이한 결과가 나왔다. 즉, 조기유학을 다녀온 소위 국외파 학생보다 오히려 국내파 학생이 네 배 이상 많이 수능 영어 1등급을 차지한 것이다. 국내파의 압승이었다. 이런 결과는 "영어 하나만이라도 끝장을 보겠다", "평생 영어 걱정 없이 살기 위해 1~2년 정도 투자쯤이야!"라고 생각하는 부모에게 시사하는 바가 크다. 만일 외국에서 대학까지 나오고 평생 외국에서 살아갈 학생이라면 조기유학이 나쁘지 않을 수 있겠으나, 국내 대학을 목표로 한다면 조기유학의 의미는 퇴색할 수밖에 없다.

아이도 살리고 부모도 살리는
공부 동행

그렇다면 과연 조기유학을 다녀온 학생들은 얼마나 수능 영어 성적이 우수한지를 알아보았다. 즉 앞의 그래프가 양적 평가라면 이 그래프는 질적 평가라고 할 수 있겠다. 그런데 이 역시도 결론은 마찬가지였다. 조기유학을 다녀온 국외파 학생은 총 231명이었는데 이중 71명(31퍼센트)만이 수능 영어 1등급을 받았다. 즉 조기유학으로 목돈을 쓴 10명 중 3명만이 1등급이라는, 전체적으로는 초라한 성적표를 받았다는 것이다.

이상을 종합해보면 조기유학이 수능 영어 성적과 상관관계가 미미하거나 없다는 것을 알 수 있다. 또한 조기유학이 대입에 유리한 고지를 점령하리라는 것은 착각이다. 따라서 한 해 1억 원 가까운 사교육비를 외국에서 쓰는 것은 외화 낭비라고밖에 볼 수 없다.

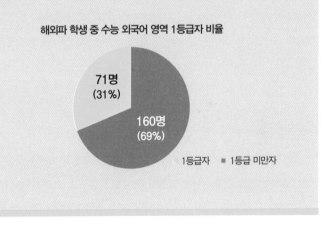

해외파 학생 중 수능 외국어 영역 1등급자 비율

71명
(31%)

160명
(69%)

　1등급자　■ 1등급 미만자

Q. 중학교 1학년 여학생입니다. 부모님께선 수업만 잘 들어도 내신의 절반은 떼놓은 당상이라지만 저는 이상하리만큼 수업시간이면 집중이 안 되고 딴짓을 하게 됩니다. 어떡하면 좋을까요?

A. 수업을 들을 때 항상 집중할 수 있다면 얼마나 좋을까요? 그러나 쉽지 않은 일이지요. 집중하려 해도 딴생각이 곧 떠올라 수업을 따라가기가 어렵겠어요. 그러다 보면 수업을 놓치게 되고 중간에 다시 정신을 차리고 들어보려 해도 이미 수업 내용 중에 놓친 부분 때문에 집중이 더 안 되지요. 가장 중요한 것은 수업 초반에(수업이 시작되면서) 온 힘을 다해 집중하도록 노력하는 것입니다. 수업 초반을 잘 들어야 전체적인 흐름과 맥락을 알 수 있으니까 수업에 빠져들기 더 쉬울 것입니다. 또한 집중력이 흐트러지려 할 때마다 "1분만 더 듣고"라는 말을 속으로 되뇌면서 집중하도록 노력해보세요. 집중력이 떨어지려는 그 순간만 참고 넘긴다면 집중력이 전체적으로 흐트러지는 것을 막을 수 있습니다.

Q. 초등학교 5학년 남학생입니다. 학교나 학원 친구들을 보면 꼼짝도 않고 한 시간 이상 앉아서 집중하는데, 저는 30분도 버티질 못합니다. 그래서인지 성적이 제대로 나오지 않는 것 같기도 하고요. 저처럼 집중력이 짧은 학생은 어찌하면 좋을까요?

A. 집중할 수 있는 전체적인 시간이 길지 않아서 생기는 문제라고 볼 수 있습니다. 너무 스스로를 탓하지 마세요. 집중할 수 있는 시간이 길면 길수록 좋겠지만, 그것도 개인마다 차이가 있습니다. 비록 집중할 수 있는 시간이 짧다 해도 그것에 맞게 공부방법을 사용한다면 한꺼번에 집중을 길게 한 것만큼이나 공부 효과를 누릴 수 있습니다. 우선 앉아서 집중해서 공부하다가 집중력이 떨어질

아이도 살리고 부모도 살리는
공부 동행

때까지의 시간을 측정할 필요가 있습니다. 예를 들어 그 시간이 20분이라고 해봅시다. 20분 공부하고 나면 엉덩이가 들썩이고 집중력이 떨어진다면 그때 과감히 공부를 멈추고 약 5~10분 동안 휴식을 취해보세요. 이때 중요한 것은 책상 앞을 떠나지 않은 채 휴식을 취해야 한다는 것입니다. 그냥 앉아서 잠깐 눈을 감거나 낙서를 하거나 등의 휴식을 취해보세요. 휴식시간이 지나면 다시 20분 동안 집중해보세요. 이러한 연습을 반복하다 보면 휴식시간도 점점 짧아지고 집중할 수 있는 시간도 늘어날 것입니다.

**Q. 저는 중3 여학생입니다. 서점에서 우연히 본 책에 "하루 영어단어 30개를 외우지 못하면 대학 갈 생각을 하지 마라"는 글을 보고 그 뒤로 매일 30개씩의 새로운 단어를 외우려 노력합니다. 그런데 매번 실패로 끝나고 말아요. 저도 꼭 좋은 대학에 가고 싶은데…. 도무지 안 되는 이유가 뭘까요? 머리가 나빠서 그런 것인지요?**

A. 그 책이나 학생의 계획처럼이라면 1년에 1만 단어를 자신의 머리에 쏙 집어넣을 수 있다는 것인데…. 그러면 얼마나 좋겠어요. 그러나 현실적으로 그것은 너무나 무리 있는 계획입니다. 모든 계획은 욕심을 내고 자신의 역량 이상으로 무리하게 짜면 실패하는 법입니다. 자신의 역량에 맞게 현실적으로 계획을 짜야 실현할 수 있겠지요? 우선 하루에 외우기로 한 단어 수를 대폭 줄일 필요가 있어요. 단어 수를 줄이는 대신 그 단어들을 확실하게 외워서 절대 잊어버리지 않게 하는 것이 훨씬 중요하고 효과적입니다. 따라서 10개의 단어 정도로 하는 것이 좋을 것 같습니다. 매일 10개의 단어를 외우고 다음날 새로운 단어를 외우기 전에 꼭 복습하세요. 반복적으로 복습해야 잊어버리지 않습니다. 즉 "적은 단어의 수를 반복적으로 복습해라!"입니다. 머리가 나빠서가 아니라 공부방법을 잘못 선택했기 때문으로 보입니다. 파이팅!

Q. 고2 남학생입니다. 저는 어려서부터 늘 쉽게 피곤하고, 조금만 움직여도 녹초가 되는 저질 체력의 소유자입니다. 그래서인지 체육시간이 제일 싫어요. 병원에서 종합검진까지 받아봤는데 아무런 이상은 없다네요? 저 같은 사람은 어떻게 공부를 해야 하는지가 궁금합니다.

A. 공부하는 데 체력은 매우 중요합니다. 컨디션이 좋지 않으면 그만큼 집중하기 어려우니까요. 더욱이 고등학생이라면 두뇌싸움도 중요하지만, 소위 "엉덩이 싸움이 승부를 가른다"는 우스갯소리가 우스갯소리만은 아니지요. 오히려 건강이 공부만큼이나 중요합니다. 혹시 체질검사까지 받아보셨는지요? 머리카락이나 타액(침)을 통해 그 사람의 체질이 어떤지를 알아보는 과학적으로 검증된 검사가 있으니 추천합니다. 이 검사는 전국 대학병원이면 어디에서나 시행하니 가까운 대학병원을 한번 찾아가 보세요. 그리고 평소에 최소한의 운동을 권합니다. 무산소 운동보다는 유산소 운동, 즉 빠르게 걷기, 계단 오르기, 줄넘기 등이 더 좋습니다. 운동량은 사람마다 차이가 나지만 땀이 좀 난다 싶을 정도가 가장 적당합니다(15~30분 정도). 그리고 음식은 제가 학생의 체질을 모르기 때문에 함부로 권하기는 어렵지만, 통상적으로 보면 비타민C가 부족하더군요. 비타민C는 피로와 스트레스를 푸는 역할을 하는데, 부신피질이라는 호르몬을 촉진합니다. 편하다고 약으로 먹지 말고 음식으로 섭취하는 것이 더 좋습니다. 비타민C가 많이 포함된 음식은 많지만, 고등학생이니만큼 유자, 레몬, 키위, 딸기 등 좋아하는 과일을 생으로 또는 주스로 섭취할 것을 권합니다.

Q. 재수생 여학생입니다. 아무래도 재수라는 부담 때문인지 고3까지만 해도 이런 걱정 안 했는데 6월 들어서면서부터 잠이 제때 오질 않습니다. 10시까지 야간자율학습하다 파김치가 돼서 집에 오면 몸은 피곤한데 영 잠을 이루지 못해 새벽 3~4시까지 뜬눈으로 새우기도 하고, 심할 때에는 아예 밤을 홀라당 새우기도 합니다. 그래서 한번은 약국에서 수면유도제까지 먹었는데, 잠이 오기는 하는데 입이 마르고 다음날

**"멍"해서…. 잠이 오긴 하지만 그때뿐이고 다음날까지 입이 말라 정말 미치겠습니다. 무슨 방법이 없을까요?**

A. 사람이 건전지라면 잠은 충전기라고 표현할 수 있습니다. 즉 하루 동안 열심히 공부하고 방전된 상태에서 잠이라는 충전지에 충전해야 다음날 공부가 가능한 것이지요. 그런데 학생처럼 그렇게 불면에 시달린다면 아마 "양 999마리"만으론 안 돼 약까지 드신 듯합니다. 약국에서 판매하는 수면제는 일반의약품으로 항히스타민제 성분이 들어 있어 졸음이 올 수 있습니다. 그러나 그 성분은 감기약 중 콧물약을 복용하면 졸린 것과 마찬가지 효과입니다. 더불어 말씀하신 것처럼 입이 마르고 다음날 머리가 개운하지 않습니다. 자! 그럼 우선 전문의를 찾아 처방을 받기 전에 다음과 같이 해보세요(이를 수면 위생이라 함).

1) 공복으로 잠을 자면 잠이 안 오니 약간의 간식을 드세요.

2) 아마 저녁을 학원에서 드실 테니 8시경 우유 한 잔을 권합니다. 혹은 집에 와 간식으로 상추샐러드를 드셔보세요. 이 두 가지 음식은 트립토판 성분이 있어 숙면을 유도해줍니다.

3) 귀가해 어차피 샤워할 텐데 시간이 아깝다고 생각하지 말고 욕조에 뜨거운 물(26~30°C)을 받아 20분간 온욕을 하세요.

4) 불빛 조심입니다. 빛이 눈에 들어오는 순간 잠은 달아나게 돼 있습니다.

① 될 수 있으면 커튼을 이용해 외부 불빛을 차단해주세요.

② 휴대폰은 끄세요. 잠이 안 오면 자꾸 꺼내 시간을 보거나 이런저런 일(카톡, 카스, 웹툰, 서핑)들을 하게 됩니다. 그러면 그럴수록 휴대폰에서 나오는 불빛 때문에 잠이 싹 달아납니다. PC는 당연히 더 하겠죠?

③ 화장실도 불을 켜지 말고 들어가서 볼일을 보세요. 우리 눈은 어둠에 적응하기 때문에 아무리 어두워도 변기는 보입니다. 또 매일 사용하는 곳이기 때문에 위치를 알고 있습니다.

④ 냉장고도 조심하세요. 화장실이야 내 손으로 전원을 끄고 켤 수 있지만, 냉장

고는 여는 순간 자동으로 불빛이 새어 나옵니다. 그러니 미리미리 냉장고에서 필요한 것을 꺼내어 머리맡에 두세요.

⑤ 시계를 보지 마세요! 시계를 보는 순간 만약 새벽 3시, 4시라는 사실을 알면 더욱 불안해지고 빨리 자야겠다는 생각이 오히려 잠을 쫓아냅니다. 특히 휴대폰 시계는 불빛까지 나오니 더 잠을 날려버립니다.

⑥ 억지 잠은 금물입니다. 누구나 잠자리에 들어 20분이 지나도록 잠이 안 오면 불안해져 뒤척거리게 되고, 베개 방향도 바꿔보고 다리 밑에 베개를 끼우는가 하면 심지어 다른 방에서 잠을 청하지만 별반 소용이 없습니다. 이런 행동들이 오히려 잠을 방해합니다. 잠이 안 온다 싶으면, 일어나서 시계나 불빛이 없는 거실 소파나 자신의 방 의자에 약 5분간 앉아 있다 다시 잠자리로 향해보세요. 이때 5분이라 하니까 또 시계를 보려 한다면 낭패입니다. 그냥 느낌으로 5분이 지났다고 생각되면 그때 잠자리로 가는 겁니다. 서너 번 반복할 수도 있으나 염려 마세요.

⑦ 저녁 운동은 삼가주세요. 운동은 아침이나 점심시간을 이용하셔야 합니다. 운동이 학생에게 "약"임은 두말할 여지가 없습니다만, 오후 4시 이후의 운동은 "독"이 될 수 있습니다. 왜냐하면 해가 서서히 기우는 4시 이후에 우리 뇌에선 숙면에 도움이 되는 멜라토닌이란 물질이 나오는데, 이 시간 이후에 운동하면 이런 이로운 물질이 나오려다 다시 들어갑니다. 자칫 불면에 시달리는 학생 중에 몸을 피곤하게 만들면 잠이 올 거라 생각하고 저녁에 격하게 운동하는 학생을 자주 보는데, 그건 "우리 몸 사용설명서"를 모르고 하는 행동입니다. 이상의 방법을 다 해보아도 불면이 해결되지 않으면 정신과 전문의를 찾으세요.

아이도 살리고 부모도 살리는
공부 동행

## 공부 환경, 부모가 할 일이 많다
### - 집중력을 높여주는 공부방 인테리어

공부에 영향을 끼치는 건 공부방의 위치나 공간 배치만이 아니다. 벽지와 커튼 색깔, 조명, 가구 배치 등도 그에 못지않게 중요한 비중을 차지한다. 색채심리학을 비롯한 심리학의 각종 이론은 거주 공간의 인테리어가 사람의 정서와 집중력에 많은 영향을 끼친다는 사실을 꾸준히 밝혀내고 있다. 그 내용을 적절하게 활용하면 공부의 능률 또한 획기적으로 올라가게 된다. 다음은 내가 부모들에게 권하는 공부방 인테리어의 기본 원칙들이다.

### 1. 공부방은 북쪽이나 동북쪽이 좋다.

공부방은 직사광선이 들지 않는 북쪽이 좋다. 밝고 환한 남향이 좋다고 생각하기 쉽지만, 사실은 가장 피해야 할 곳이 바로 남향이다. 남향은 직사광선이 직접 들어오기 때문에 여름에 매우 더울 뿐만 아니라, 밝은 빛이 쏟아져 들어오면 활동하고 싶은 동적 욕구가 강해져 정신을 집중하기에도 그만큼 어렵다.

### 2. 책상은 입구를 향해 배치한다.

출입문을 등진 채 벽을 바라보며 공부를 하면 더 잘 될 것 같지만, 사실은 그 반대다. 그렇게 하면 틀어박힌 듯한 답답한 느낌을 주기 때문에 공부에 오래 집중할 수 없다. 책상은 입구 쪽을 정면으로 향하게 하거나 아니면 창에서 비치는 빛을 비스듬히 받는 위치에 두는 게 좋다. 클리닉에서의 실험 결과 책상이 입구를 향할 때 공부하고자 하는 의욕이 훨씬 더 강해지는 것으로 나타났다.

### 3. 벽지는 밝은색으로 한다.

공부방에는 밝고 안정된 느낌을 주는 색상이 좋다. 가능하면 연녹색이나 연분홍, 베이지색, 흰색 등이 배합된 밝은 분위기의 벽지를 고르도록 한다.

### 4. 커튼 색은 벽지와 조화를 이루도록 한다.

커튼 색이 너무 도드라지면 신경이 자꾸만 창문 쪽으로 분산된다. 특히 여학생들은 밤에 주로 그런 현상이 나타나기 쉽다. 커튼 자체의 색깔이 예쁜 것보다는 벽지와 조화를 이루도록 하는 게 바람직하다. 시험을 앞두고 있을 때는 빛을 투과시키지 못하는 차광 커튼은 피하는 게 좋다. 차광 커튼을 치면 (마치 백화점에 창이 없어 시간 가는 줄 모르고 쇼핑하듯) 시간 가는 줄을 몰라 계획한 공부량을 달성하기가 어렵다.

### 5. 가구는 꼭 필요한 것만 둔다.

가구는 책상과 의자, 옷장, 침대 한 개씩이면 적당하다. 가구가 너무 많으면 정신이 산만해지기 쉽다. 가구 색상은 밝고 광택이 나는 것보다는 차분한 느낌을 주는 녹색이나 나무색, 회색 등이 적당하다.

### 6. 바퀴 없는 의자를 사용한다.

학생들이 사용하는 의자엔 대부분 바퀴가 달려 있다. 그러다 보니 공부하다가 조금만 지루해지면 빙글빙글 돌거나 앞뒤로 죽죽 밀고 다니며 딴짓을 하게 된다. 집중력이 분산되고 학습 능률이 떨어지는 건 물론이다. 그러므로 가능하면 식탁 의자처럼 바퀴가 없는 의자를 사용하는 게 좋다. 이미 바퀴 달린 의자를 마련한 상태라면 의자 밑에 카펫을 깔아서 움직임과 소음을 최소화하는 것도 좋은 방법이다.

## 7. 컴퓨터는 정면에 놓지 않는다.

컴퓨터와 모니터의 전자파에 노출되면 쉽게 피로해진다. 전자파를 줄이려면 LCD 모니터를 사용하는 게 좋고, 일반 모니터를 사용할 때는 옆쪽으로 비스듬히 놓고 사용해야 전자파에 조금이라도 적게 노출된다. 컴퓨터 본체는 몸과 멀리 떨어질수록 좋고, 사용하지 않을 때는 반드시 꺼두도록 한다.

## 8. 마음을 가라앉히는 장식물을 둔다.

공부방에 화분을 놓아두면 한층 안정된 분위기가 된다. 둥근 시계나 화분은 마음을 차분하게 안정시키는 작용을 한다. 그러나 미술품의 경우, 특히 복잡한 추상화는 상상력을 자극해 잡념을 부를 수 있으므로 피하는 게 좋다.

## 9. 침대는 책상에 앉았을 때 보이지 않는 곳에 둔다.

침대가 눈에 정면으로 노출돼 있으면 누구라도 공부하기가 싫어진다. 특히 침대보가 편안하고 아늑해 보이는 색상이라면 자꾸 침대에 뛰어들고 싶어질 것이다. 거듭 말하지만, 책상과 침대는 상극이므로 멀면 멀수록 좋다.

## 10. 책장은 오른쪽에 둔다.

오른손잡이는 주로 책장의 왼쪽을 많이 쓰고 시선도 왼쪽에 주로 머문다. 따라서 책장이 왼쪽에 있으면 아무래도 주의를 빼앗기기 쉽고 집중력도 떨어질 가능성이 많다. 삐죽 튀어나온 책, 대충 얹힌 책, 울긋불긋한 만화책, 선반 여기저기에 얹혀 있는 CD, MP3 등등…. 그러므로 오른손잡이는 반드시 책장을 오른쪽에 두고, 왼손잡이는 왼쪽에 두어야 한다.

## 11. 조명은 백열등으로 한다.

짧은 파장의 형광등보다는 긴 파장의 백열등이 눈의 피로를 줄여주고 정서적 안정에도 도움을 준다. 조명이 너무 어두우면 학습 능률이 떨어지고 너무 밝으면 산만해지므로 방 크기에 맞는 적절한 조도를 선택해야 한다. 방 전체의 조명이 다소 어두울 때는 책상 위에 스탠드를 두는 것이 눈에도 좋고 집중력을 높이는 데도 도움이 된다. 또 다른 이론은 수학이나 과학 같은 이과 과목은 형광등이 집중에 도움되고, 국어나 사회 같은 문과 과목은 백열등이 도움이 된다는 연구가 있다.

### 12. 작은 책상이 집중력을 높인다.

크고 널찍한 책상이 공부하는 데 좋을 것이라는 생각은 매우 잘못된 고정관념이다. 오히려 책상이 작을수록 집중하는 데 훨씬 유리하다는 게 여러 실험을 통해 입증되고 있다. 책상이 크면 공부와 상관없는 잡다한 물건들을 자꾸 늘어놓게 되고, 보지도 않으면서 이 책 저 책 꺼내놓다 보면 결국 집중력만 자꾸 떨어지게 된다. 자식 사랑을 책상의 크기나 가격으로 표현할 필요는 전혀 없으며, 집중력과 성적은 오히려 책상의 크기와 정확히 반비례한다.

얼마 전에 한국인 최초로 하버드대학교 학생회장이 된 여학생이 언론에 소개된 적이 있다. 그녀가 타국에서 어렵게 공부한 사연을 담은 다큐멘터리에서 가장 인상적이었던 건 초등학교 때부터 쓰던 작은 책상을 지금까지 쓴다는 것이었다. 시청자들은 '얼마나 형편이 어려웠으면…' 하면서 혀를 끌끌 찼겠지만 내 생각은 달랐다. '바로 저 책상이 오늘의 그녀를 만든 원동력 중 하나가 아니었을까!' 이런 생각이 전혀 과장이 아닐 정도로 책상의 크기는 학습효과와 밀접한 연관성을 지닌다.

아이도 살리고 부모도 살리는
공부 동행

짧으면 짧고 길면 긴 15년이었다. 주마간산처럼 떠오르는 얼굴들이 무수하다.

　울산에서 상경해 경상도 사투리를 쓰며 공부 빼고는 만능 재주꾼이었던 초등학교 여학생이 아빠의 부도로 다시 울산으로 내려가던 날 애써 웃으며 "그동안 감사했습니다"라는 말을 남기고 돌아서던 뒷모습…. 늘 양볼이 붉었던 중학교 2학년 남학생을 그저 안면홍조증으로만 알았는데, 사실 어머니에게 뺨을 맞아 볼이 항상 붉었던… 그 어머니에게 "이건 너무하십니다" 했다가 봉변당했던 일…. 소위 "공부의 신"으로 불리며 서울대 법대를 졸업했으나 사시를 통과 못해 서른세 살에 나를 찾은 고시생도 기억에 남는다. 검사해보니 좌우 뇌 편차가 28점이나 벌어져 이미 때를 놓쳤다고 말씀드리자 주루룩 눈물만 흘리던 모습…. 알고 보니 같은 학교에서 수석으로 사시에 합격해 로펌에 다니는 여자 후배가 재학생 시절 "아무래도 이상하니 오빠 한번 내가 다니는 클리닉에 가봐"라고 했을 때 "내가 미친놈이냐?" 하고 단박에 거절한 걸 후회한다고…. 어느날 갑자기 빨간 선글라스를 쓰고 등장한 고1 여학생도 있었다. "저 난독증이래요"라고 해서 검사한 뒤 단호하게 난독증이 아니라고 말해줘도 믿지 못하며 선글라스를 쓴 채 돌아가던 모습…. 그러나 무엇보다 공부라는 괴물 앞에서 사투를 벌이며 정신분열증 증상을 보였으나 부모의 무관심으로 자살을 택할 수밖에 없었던 철구가 가장 마음에 걸린다.

참으로 질곡이 많았던 세월이다. 점점 아이들은 사라져가고 공부 기계만 남는다. 부모들도 밥상머리 교육은 포기한 채 입시 전문가로 나서 정보 수집에 혈안이다. 언론이나 인터넷도 공부, 입시, 성적, 명문대, 특목고 전략, 대입 전략, 보딩스쿨, 학원 정보, 학습 전략, 공부 컨설팅 등으로 도배되어버린 지 오래이다.

그럼 나는 이런 세상에서 자유로울까? 답은 "아니다"이다. 나도 두 아이를 키우는 아비이기 때문이다. 남들이 "자제분들은 공부 잘하겠네요?"라고 할 때마다 쥐구멍을 찾아야 한다. 나도 그들과 하나도 다르지 않다. 아니, 더하면 더했지 못하지 않을 것이다.

그러나 한 가지, 아이들을 마구잡이식 공부 기계로 만들고, 받아오는 성적표를 보며 일희일비하는 성적지상주의자가 되기 전에 "왜?"를 한 번

아이도 살리고 부모도 살리는
공부 동행

쯤 생각해보는 것이 진정한 부모의 도리라 생각한다. 나는 이 책에서 1등 비법, 공부의 왕도를 다룬 게 아니다. "왜? 그렇게 될 수밖에 없는 이유가 무엇인지? 그리고 그 처방은 무엇인지?"를 다루고 싶었다.

마지막으로 다시 한 번 나의 가장 소중한 스승이자 동반자였던 학생들과 부모들에게 감사의 인사를 전한다.